SCORPIO

Christine Merzeder

GEGEN-GIFT

NARZISSTISCHEN MISSBRAUCH ÜBERWINDEN

Konkrete Hilfen für den Alltag

SCORPIO

Wichtiger Hinweis

Die Informationen und Ratschläge in diesem Buch wurden mit größter Sorgfalt von der Autorin und dem Verlag erarbeitet und geprüft. Sie bieten jedoch keinen Ersatz für kompetenten medizinischen Rat. Alle Leserinnen und Leser sind daher aufgefordert, selbst zu entscheiden, ob und inwieweit sie die Anregungen in diesem Buch umsetzen wollen. Eine Haftung der Autorin und des Verlags für Personen-, Sach- oder Vermögensschäden ist ausgeschlossen.

Dieses Buch enthält Links zu externen Webseiten Dritter, auf deren Inhalte der Scorpio Verlag keinen Einfluss hat. Deshalb können wir für diese fremden Inhalte auch keine Haftung übernehmen. Für die Inhalte der verlinkten Seiten ist stets der jeweilige Anbieter oder Betreiber der Seiten verantwortlich. Die verlinkten Seiten wurden zum Zeitpunkt der Verlinkung auf mögliche Rechtsverstöße überprüft, rechtswidrige Inhalte waren nicht erkennbar. Bei Bekanntwerden von Rechtsverletzungen werden wir derartige Links umgehend entfernen.

FSC www.fsc.org
MIX
Papier aus verantwortungsvollen Quellen
FSC® C014889

Der Umwelt zuliebe
- produzieren wir zu über 90 % in Deutschland
- achten wir auf kurze Transportwege
- drucken wir auf Papier aus nachhaltiger Waldwirtschaft und anderen kontrollierten Quellen

Aktualisierte, erweiterte Neuausgabe

Umschlaggestaltung: Hauptmann & Kompanie Werbeagentur, Zürich
Konzept und Idee für den Umschlag: Gerhard Merzeder, Mark Grünberger
Texte und Konzept in Zusammenarbeit mit Barbara Rusch, München
Satz: Danai Afrati, Margarita Maiseyeva
Druck und Bindung: Pustet, Regensburg
ISBN 978-3-95803-604-8

Scorpio-Newsletter:
Mehr zu unseren Büchern und Autoren kostenlos per E-Mail!
www.scorpio-verlag.de

Für meine tapferen und starken Vorbilder
Renate Apollonia und Svenja …
und für Max und Alexander

Inhalt

Vorwort von Prof. Dr. med. Reinhard Haller

Unsere Gesellschaft ist narzisstisch geworden. Dies zeigt sich in den großen politischen Entwicklungen und sozialen Strömungen, in Wirtschaft und Religionen, in Verhaltensweisen der Gruppen und zwischenmenschlichen Begegnungen, in Partnerschaft und Berufswelt, in Selbstbild und Eigendarstellung. Narzissmus als eine zum menschlichen Wesen gehörende Persönlichkeitseigenschaft hat es zwar immer gegeben. Über Jahrhunderte galten narzisstische Haltungen jedoch als Sünde, waren im Volk verpönt und nur den Mächtigen, Reichen und Schönen vorbehalten. Später wurden egozentrisches Empfinden und Agieren, basierend auf einer Publikation Sigmund Freuds aus dem Jahr 1912, zu einer psychischen Krankheit – der narzisstischen Persönlichkeitsstörung – erklärt. Heute hat sich der Narzissmus als gesellschaftliches Ideal etabliert. Die Menschen bekennen sich zu ihrer narzisstischen Einstellung, zentrieren sich auf Eigeninteressen oder persönliche Strebungen und wollen in erster Linie sich selbst verwirklichen.

Mit der digitalen Revolution um die Jahrtausendwende, die den Einzelnen zum Herrscher über das große Netz gemacht hat, wurde der Narzissmus gleichsam demokratisiert. Dies ist nichts Schlechtes, allerdings sollte es um den gesunden Narzissmus und um die Frage des rechten Maßes gehen. Tatsächlich hat der moderne Mensch allen Grund, sich befreit, selbstsicher und einzigartig zu fühlen. Noch nie in der Geschichte der Menschheit gab es so viel Wohlstand für alle, noch nie eröffneten sich jedem Einzelnen solche Möglichkeiten. Die Menschen wollen in erster Linie sich selbst behaupten und verwirklichen. Sie stellen die individuellen Ansprüche ganz in den Vordergrund, setzen ihre eigenen Bedürfnisse mehr oder weniger rücksichtslos durch und sind ganz auf die Ego-AG zentriert. Ganz nach dem Motto: »Jeder ist sich selbst der Nächste, nur ich bin mir am nächsten.«

Nun ist Narzissmus mit hohem Eigenwert und Selbstvertrauen, mit Durchsetzungs- und Überzeugungsfähigkeit, ja mit Anspruchsdenken und fordernder Haltung nichts Schlechtes. Hätten wir diese ichbezogenen Züge nicht, müssten wir dauernd mit Minderwertigkeitsgefühlen und neurotischen Versagensängsten kämpfen. Probleme entstehen erst bei zu hoher Dosis, wenn die Egozentrik den Blick einengt und die Eigensüchtigkeit zur Unfreiheit führt, wenn ein Einfühlen in die Bedürfnisse anderer immer schwerer möglich wird, wenn das Selbstbewusstsein aus der Entwertung anderer geschöpft wird. Zu viel Narzissmus führt unweigerlich zur emotionalen Kälte und sozialen Entsolidarisierung, zu Kränkungen und seelischen Verletzungen, letztlich zur Isolation, ja zum Absturz des Narzissten.

Entscheidend ist immer die Leidensgrenze, also die Frage, ob durch narzisstisches Agieren jemand zu Schaden kommt. Die Mitmenschen, welche die häufigen Entwertungen nicht mehr ertragen, oder die Narzissten selbst, weil es im Lauf der Jahre einsam um sie wird.

Daher wundert es nicht, wenn narzisstisches Verhalten des Partners heute als einer der häufigsten Scheidungsgründe gilt. Gelebter Narzissmus fordert Opfer, er führt zu Gekränktheit, ohnmächtiger Wut, zu Angstzuständen und Depressionen, zu

Sucht und zu Abhängigkeit in vielerlei Hinsicht. Auch in der Berufs- und Arbeitswelt richten narzisstische Entwertungen der Mitarbeiter, in narzisstischer Selbstherrlichkeit getroffene Fehlentscheidungen oder die Teamunfähigkeit narzisstischer Vorgesetzter enormen Schaden an. Mag narzisstisches Verhalten mit großem Selbstbewusstsein, mit starkem Durchsetzungsvermögen und Begeisterungsfähigkeit lange Zeit ein Karriereförderer sein, so erweist es sich mehr und mehr als Hindernis für die Entwicklung von Unternehmen und Betrieb. Niemand hält beleidigende Vorgesetzte, nichtempathische Kollegen und ein narzisstisch-kaltes Betriebsklima auf Dauer aus. Und was ist denn Mobbing anderes als narzisstisches Kränken mit System?

An dieser Stelle setzt der Ratgeber von Christine Merzeder an. Sie unternimmt nicht den meist ohnehin aussichtslosen Versuch, narzisstische Persönlichkeiten zu heilen. Vielmehr richtet sie sich an die Opfer narzisstischen Missbrauchs. Sie will den Menschen ein Rüstzeug an die Hand geben, wie man in einer narzisstisch gewordenen Gesellschaft zurechtkommt, wie man mit den immer zahlreicher werdenden Narzissten konstruktiv umgehen kann und wie man narzisstische Konfrontationen möglichst unbeschadet übersteht. Angesprochen werden somit in erster Linie all jene, die unter narzisstischen Mitmenschen leiden, aber auch deren Bezugspersonen und – so bleibt zu hoffen – die potenziellen Verursacher.

In konsequenter Weiterentwicklung ihres Bestsellers *Wie schleichendes Gift* hat die Autorin nun wirksame »Gegengifte« entwickelt. Diese sollen den Lesern helfen, narzisstische Strategien zu erkennen und aufzudecken, sich aus narzisstischen Abhängigkeiten zu befreien, narzisstische Verletzungen zu überwinden und so die narzisstisch gewordene Welt wieder ein Stück weit empathischer, achtsamer und menschlicher zu machen.

Einleitung zur Neuausgabe

Als ich *Gegengift – Narzisstischen Missbrauch überwinden* im Jahr 2018 veröffentlichte, sollte es als »Werkzeugkiste« für Praxis und Therapie dienen. Ich knüpfte damit an mein erstes Buch *Wie schleichendes Gift* an, das 2015 erschien und 2023 umfassend überarbeitet und erweitert in die zehnte Auflage ging. *Wie schleichendes Gift* ist weiterhin sehr stark nachgefragt. Viele Betroffene bezeichnen es sogar als »Standardwerk« zur komplexen Thematik narzisstischen Missbrauchs und die Rückkehr in ein erfüllteres Leben.

Auch *Gegengift* gilt mittlerweile als ein »Standardwerk«. Aus zahlreichen Rückmeldungen und persönlichen Begegnungen durfte ich mit Freude erfahren, dass es sich vor allem in therapeutischen Kreisen, bei Fachleuten und in Selbsthilfegruppen als ein führendes Handbuch rund um praktische Fragestellungen zu narzisstischem Missbrauch etabliert hat. Indem *Gegengift* die ganze Bandbreite narzisstischer Verhaltensweisen aufzeigt, fasst es für die Betroffenen erstmals in Worte, was sie oft jahrelang erfahren und erdulden mussten. Fachleuten wiederum hilft es, die Schilderungen ihrer betroffenen KlientInnen verstehen zu lernen, das von ihnen Erlebte richtig einzuordnen – und auf dieser Erkenntnisbasis ihre Beratung und ihre Behandlung auszurichten. Dazu gehört auch, zu begreifen, dass im Umgang mit narzisstischen Taktiken ein Miteinander und konkrete Lösungen kaum möglich sind.

Es sind nur einige Jahre vergangen, seitdem *Gegengift* – und zuvor *Wie schleichendes Gift* – erstmals veröffentlicht wurden. Seitdem wächst langsam ein Bewusstsein für die Problematik narzisstischen Missbrauchs, bilden sich immer mehr Selbsthilfegruppen von Betroffenen, sind Themen wie Gewaltschutz und Gewaltprävention Inhalt gesellschaftlicher Debatten und vielerorts endlich auch in der Politik angekommen. Diesen und anderen Entwicklungen trägt diese neue, gründlich überarbeitete und um verschiedene Aspekte erweiterte Auflage Rechnung.

Es ist viel geschehen in dieser relativ kurzen Zeit. Trotzdem gibt es noch viel zu tun.

Wichtige Botschaften

Mit diesem Buch möchte ich Menschen wirksam unterstützen, die heute an der gleichen Stelle wie ich im Jahr 2012 stehen. Als meine Welt buchstäblich in Trümmer fiel und ich lernen musste, Verantwortung für meine Heilung nach einer Dekade narzisstischen Missbrauchs zu übernehmen. Das geballte Erfahrungs- und auch Fachwissen, das in *Gegengift* einfloss, hält einige wichtige Botschaften bereit.

Ob im privaten Bereich oder im beruflichen Rahmen – um Betroffenen effektiv helfen zu können, muss man sich so umfassend wie möglich über narzisstischen Missbrauch informieren.

Für narzisstisch Missbrauchte ist es von fundamentaler Bedeutung, mit ihren leidvollen Erfahrungen nicht alleingelassen zu werden. Mit *Gegengift* möchte ich ihnen dabei helfen, den erlittenen Missbrauch verstehen und so beschreiben zu können, dass ihn auch andere verstehen. Für Betroffene ist dies in vielfacher Hinsicht unglaublich wichtig. Es hilft ihnen, Unterstützung zu erhalten und das Erlebte zu verarbeiten – und sie helfen damit auch anderen Betroffenen. Denn je mehr persönliche Erfahrungen weitergegeben werden, desto bekannter und nachvollziehbarer werden die verheerenden Mechanismen und Folgen narzisstischen Missbrauchs.

Idealerweise ergänzen Fachleute ihr Fachwissen mit Erfahrungswissen von Betroffenen. In *Gegengift* finden sie hierzu reichlich Material.

Als Gesellschaft müssen wir uns dringend der Gewaltprävention in Erziehung und Schule widmen – denn NarzisstInnen fallen nicht vom Himmel.

Jede und jeder Einzelne kann Wichtiges bewirken und in Selbsthilfegruppen, durch aufklärende Schulungen und Vorträge zu einer Bewusstseinsänderung beitragen. Ich wünsche mir von Herzen, dass Vorbilder wie Svenja Beck und Renate Apollonia Mitterer viele NachahmerInnen finden.

Und nicht zuletzt wünsche ich mir, dass dieses Buch weiterhin ein wirksames Gegengift gegen das schleichende Gift des narzisstischen Missbrauchs bildet.

Zürich, im Februar 2024

Christine Merzeder

Zweifel

Das nach dem Alphabet letzte Wort noch gleich vor dem »A«, weil es so wichtig ist: Auf Ihrem Weg aus dem → narzisstischen Missbrauch, vom Erkennen Ihrer → Anfälligkeit bis zur Überwindung Ihrer → Wut werden Sie immer wieder Zweifel begleiten. Zweifel an sich selbst, an Ihrer geistigen und psychischen → Gesundheit, an Ihren Gefühlen, Ihrer Einschätzung der narzisstischen Person oder Ihrer Situation. Machen Sie sich aber auch darauf gefasst, dass Ihnen andere Zweifel entgegenbringen und Ihnen nicht glauben werden. Das gilt für Ihr → Umfeld genauso wie für Mitarbeitende bei Behörden und Institutionen, die Ihnen mit → Hilfe und Unterstützung zur Seite stehen sollten. Denken Sie immer daran: Zum einen wissen sehr viele Menschen nichts oder nur wenig über Narzissmus und narzisstischen Missbrauch, deshalb können Sie die Erfahrungen anderer in toxischen Beziehungen bisweilen nicht glauben, geschweige denn einordnen. Hier muss noch viel → Aufklärung betrieben werden. Zum anderen können NarzisstInnen andere Menschen meisterhaft → manipulieren, sei es den Schwager, die beste Freundin, den Polizisten im Revier oder die Therapeutin bei der Mediation. Machen Sie sich darauf gefasst, dass Sie immer wieder Überzeugungsarbeit leisten müssen – vielleicht hilft Ihnen dabei auch dieses Buch, ich würde es mir wünschen.

Persönlicher Kommentar

Lassen Sie sich durch Zweifel nicht zur Verzweiflung bringen und verlieren Sie nie die → Hoffnung! Das, was Sie durchleben, ist real!

Anfälligkeit für NarzisstInnen

Wie konnte das geschehen? Warum haben meine Alarmglocken nicht geschrillt? Wieso habe ich diesen Menschen in mein Leben gelassen? War ich blind? Naiv? Und: Könnte mir das auch passieren? Kann ich mich vor NarzisstInnen schützen, und wenn ja, wie?

Wer → narzisstischen Missbrauch erlitten hat oder Menschen kennt, die davon betroffen sind, wird sich unweigerlich diese Fragen stellen, immer und immer wieder. Hier gilt es, sich ganz klar bewusst zu machen: Niemand ist davor gefeit, sich auf NarzisstInnen einzulassen und letztendlich emotional, geistig und physisch missbraucht zu werden. Es kann immer Situationen geben, in denen man trotz aller Lebenserfahrung und Menschenkenntnis Gefahr läuft, sich dem oder der Falschen zu öffnen. NarzisstInnen sind meisterhaft darin, andere zu manipulieren, sei es durch → Love Bombing und → Breadcrumbing, durch ihre Kommunikationsstrategien oder durch andere Formen der → Manipulation.

Die Erfahrung zeigt, dass psychisch stabile Menschen, die sich gut abgrenzen können, NarzisstInnen eher als »taube Nüsse« erkennen und ihnen deshalb aus gutem Grund aus dem Weg gehen. Aber: Niemand ist immer gleich stark und stabil. Wir alle hegen Selbstzweifel und tragen → Verletzungen in uns, die NarzisstInnen dank ihrer kognitiven → Empathie für sich als Türöffner nutzen können, um in unser Leben einzudringen. Dies gilt insbesondere, wenn man gerade eine schwierige Zeit durchlebt oder erlebt hat, sei es durch Probleme in der Familie, Schwierigkeiten am Arbeitsplatz, Veränderungen in der Lebenssituation. Gerade wenn eine Beziehung in die Brüche geht oder gerade in die Brüche gegangen ist, ist man sehr anfällig für narzisstische Strategien, allem voran für Love Bombing, das unser verletztes Ego durch gezielte → narzisstische Zufuhr streichelt.

Erheblich gefährdet sind darüber hinaus häufig Menschen, die narzisstischen Missbrauch in der Familie erlitten haben und deren daraus entstandene Wunden noch nicht geheilt sind. Dies gilt auch für Betroffene, die eine narzisstisch-missbräuchliche Beziehung hinter sich haben. Tief verletzt und noch immer von der Vorstellung des → idealen Partners oder der idealen Partnerin geleitet, sind sie leichte Beute für NarzisstInnen.

FALLBEISPIEL

Nach dem Ende meiner Beziehung war ich längere Zeit allein gewesen. Eigentlich war ich schon vor der Trennung allein gewesen, denn viel abgespielt hatte sich mit meinem Ex schon während der Beziehung nicht mehr – auf keiner Ebene. Auf einer Geschäftsreise lernte ich B. kennen, der mich nach allen Regeln der Kunst umgarnte. Ich war ein wenig amüsiert, weil ich ihm eigentlich nicht glaubte, doch zugleich fühlte ich mich auch ziemlich geschmeichelt. Und ich gab zum ersten Mal nach der Trennung vor mir selbst zu, dass ich mich sehr einsam und auch gar nicht mehr als Frau fühlte. Ich ließ mich auf B. ein, und wir begannen eine angebliche Fernbeziehung, die für mich immer wichtiger wurde. Soweit es ging, richtete ich mein Leben nach unseren Treffen aus – bis er mich ohne Vorwarnung »abschoss« und den Kontakt ohne Erklärung abbrach. Tatsächlich war ich nur eine von vielen Eroberungen gewesen, die er neben seiner festen Beziehung pflegte. Ich war am Boden zerstört und schämte mich für meine Naivität. Es dauerte einige Zeit, bis ich danach wieder etwas Selbstbewusstsein aufgebaut hatte.

Was tun?

Der beste Schutz vor NarzisstInnen ist ein stabiles → Selbstwertgefühl. Für NarzisstInnen sind autonome, selbstbewusste Menschen, die sich abgrenzen und Nein sagen können, in der Regel als mögliche Opfer uninteressant. Pflegen oder entwickeln Sie also Ihr Selbstwertgefühl. Wenn Sie dazu → Hilfe brauchen, zögern Sie nicht, sie in Anspruch zu nehmen und ggf. eine → Therapie zu machen. Kurzzeittherapien sind oft besonders hilfreich und effektiv.

Setzen Sie sich mit Ihren tief verborgenen seelischen Verletzungen und negativen Überzeugungen auseinander, die Sie seit frühester Kindheit in sich angesammelt haben. Solche inneren Skripte und Selbstzweifel tragen wir alle in unterschiedlichem Maß in uns. Wir haben sie so tief verinnerlicht, dass wir sie nie infrage stellen, sondern uns unbewusst von ihnen steuern lassen. Auch wer (scheinbar) stabil und erfolgreich mit beiden Beinen im Leben steht, kann solche negativen Überzeugungen in sich tragen und deshalb für das Love Bombing und andere manipulative Strategien narzisstischer Menschen anfällig sein. Informieren Sie sich über Narzissmus und narzisstischen Missbrauch. So gewappnet fällt es Ihnen leichter, narzisstische Warnzeichen (Red Flags) zu entdecken, wenn Sie einen Menschen kennenlernen, den Sie in Ihr Leben einlassen möchten. Achten Sie auf Ihr → Bauchgefühl, nehmen Sie sich den → Narzissmusradar zu Herzen und pflegen Sie allgemein ein gesundes Misstrauen. Und, so platt es auch klingen mag, glauben Sie nicht alles, was man Ihnen erzählt. Widerstehen Sie bewusst der

Versuchung, sich von charismatischen Menschen in ihren Bann ziehen zu lassen. Versuchen Sie, neutral zu bleiben.

Seien Sie besonders vorsichtig, wenn Sie sich in einer Krisensituation befinden. Gerade in solchen Lebensstationen ist man besonders dünnhäutig, verletzlich und anfällig dafür, auf NarzisstInnen hereinzufallen.

Achten Sie auch auf mögliche ablehnende, warnende Reaktionen von guten Freundinnen und Freunden oder Ihnen nahestehenden Familienmitgliedern sowie von anderen, die die besagte Person schon vor Ihnen kannten. Manchmal erkennen Außenstehende deutlicher als die Betroffenen selbst, dass mit dem neuen Menschen in deren Leben etwas nicht in Ordnung ist. Denken Sie auch daran, dass NarzisstInnen aufgrund ihrer zwiespältigen Natur – glatte charmante Oberfläche und wütende innere Leere – häufig heftige, gegensätzliche Reaktionen in ihrem Umfeld hervorrufen. Werden Sie misstrauisch, wenn ein Mensch die einen vollkommen bezaubert und andere zugleich regelrecht abstößt.

Persönlicher Kommentar

Menschen, die narzisstischen Missbrauch erleben oder erlebt haben, quälen sich immer auch mit der Frage, warum gerade sie einem Menschen so verfallen konnten. Wichtig ist, dass man sich nicht schuldig fühlt, sondern sich mit den Verletzungen auseinandersetzt, die es der narzisstischen Person ermöglicht haben, Macht über einen zu erlangen. Und denken Sie immer daran: Es kann jeden treffen. Viele Betroffene, die ich kenne, waren selbstbewusste, beliebte, beruflich erfolgreiche Menschen, die einen großen Freundes- und Bekanntenkreis, Lebenserfahrung und Menschenkenntnis besaßen. Dennoch konnten sie die Warnzeichen nicht deuten und ließen die narzisstische Person in ihr Leben hinein.

Und noch etwas: Setzen Sie die Latte bei neuen Beziehungen hoch: Verletzungen, »Heruntermachen«, Unehrlichkeiten dürfen keinen Platz haben. Eine Freundin sagte mir einmal: »Lieber keinen Partner als einen, der mir ständig Energie absaugt. Ich habe Besseres verdient!«

Ängste

Ob in Beziehungen, in Familien oder im Beruf: Ängste spielen im Umgang mit narzisstischen Personen eine wichtige Rolle. Wie Selbstzweifel und → Verletzungen machen sie uns → anfällig für NarzisstInnen und → narzisstischen Missbrauch – und sie können Betroffene daran hindern, den Weg aus einer Beziehung mit einer narzisstischen Person zu finden.

So ist die Angst vor der Einsamkeit ein Türöffner für NarzisstInnen, der es ihnen erleichtert, in das Leben anderer einzutreten, Menschen emotional an sich zu binden, zu manipulieren und zu kontrollieren. Darüber hinaus ist sie ein starker Grund, warum Betroffene in missbräuchlichen Beziehungen bleiben. Die Angst, von der Person, von der man emotional abhängig ist, verlassen zu werden, kann alles andere überlagern. Oft ist sie stärker als der Leidensdruck, der sich durch den narzisstischen Missbrauch aufbaut.

Hinzu kommt häufig die Angst vor den Leiden der → Trennung. Einen Vorgeschmack davon erhalten Betroffene, wenn ihr narzisstisches Gegenüber das → Love Bombing stoppt und sie emotional sozusagen im Regen stehen lässt. Um eine Trennung, auch wenn sie noch so gewünscht wird, durchzuziehen, zu überstehen und Heilung zu finden, ist es wichtig, sich mit den eigenen seelischen Verletzungen auseinanderzusetzen. Dies kann ebenso Angst machen wie die Vorstellung, das Leben ohne den narzisstischen Partner, die narzisstische Partnerin führen zu müssen. Wie soll man das schaffen? Diese Angst kann eine unüberwindbar scheinende Hürde auf dem Weg aus dem Missbrauch darstellen. Nicht selten gilt die Sorge aber auch den NarzisstInnen: Er kommt nicht ohne mich zurecht! Niemals kann ich sie alleinlassen, sie wird untergehen!

Diese Ängste können Betroffenen allen Lebensmut rauben und sie daran hindern, Abstand zu finden, sich zu schützen, auf das eigene Wohl zu achten und sich zu lösen. Hinzu kommen konkrete Ängste, die es ihnen erschweren oder gar unmöglich erscheinen lassen, eine Beziehung zu beenden: die Angst vor dem → finanziellen Ruin oder die Angst, die → Kinder zu verlieren, das Aufenthaltsbestimmungsrecht oder gar das Sorgerecht entzogen zu bekommen.

Auch ganz konkrete, handfeste Bedrohungen lösen möglicherweise lähmende Angst aus: Es ist die Angst vor der narzisstischen → Wut. Eine berechtigte Angst, die man gerade während der Trennungsphase unbedingt ernst nehmen sollte. Denn auch NarzisstInnen haben Ängste. Aufgrund ihres labilen Selbstwertgefühls haben sie Angst vor Nähe und zugleich Angst, verlassen zu werden. Bei Trennungen, die sie nicht »autorisiert« haben – die also nicht von ihnen ausgehen –, haben sie Angst, ihre narzisstische Zufuhr, die Kontrolle und ihre Machtposition über den anderen zu verlieren. Verlassen zu werden, empfinden sie als einen massiven Angriff, der ihr ganzes grandioses Ego erschüttert. Deshalb können sie in solchen Situationen extrem gekränkt, wütend und rachsüchtig reagieren. Eine gütliche, einvernehmliche Trennung ist in solchen Fällen kaum möglich. Stattdessen muss man mit allem rechnen: mit Wutausbrüchen, → Stalking, → Gewalt, Schmutzkampagnen, endlosen → Prozessen und einem gnadenlosen Kampf um die Kinder.

FALLBEISPIEL

Als meine Ehe in die Brüche gegangen war, war ich so ausgehungert nach Liebe und Zuwendung, dass ich mich Hals über Kopf in eine neue Beziehung stürzte. Ich fühlte mich schwach und liebte deswegen die Stärke meines neuen Mannes, der mir sagte, wo es langging. Irgendwann bestimmte er mein ganzes Leben und schrieb mir all meine Aktivitäten vor. Dadurch gewann er nach und nach Kontrolle über mich. Und während ich in unserer Beziehung immer kleiner und schwächer wurde, wurde er immer dominanter. Er genoss es, wenn ich mich ohne ihn hilflos fühlte. Meine Abhängigkeit und seine Macht über mich waren für ihn die perfekte narzisstische Zufuhr. Mit der Zeit entwickelte ich immer stärkere Ängste. Ich fürchtete mich, andere Menschen zu treffen, die Wohnung zu verlassen oder auch nur die kleinste Entscheidung selbstständig zu fällen. Ich hatte Angst, mein Leben nicht mehr ohne ihn leben zu können. Über ein Onlineforum fand ich schließlich Menschen, die Ähnliches erlebt hatten. Zum ersten Mal in meinem Leben fühlte ich mich verstanden und nicht mehr allein. Seitdem versuche ich mir mehr Freiräume zu schaffen. Ich spüre, dass ich sehr viel mehr Kraft in mir habe, als ich gedacht habe, und mein Selbstbewusstsein wächst. Mittlerweile traue ich mich sogar, über eine Trennung nachzudenken.

Was tun?

Ängste können lähmen und sind oft keine guten Ratgeber. Um Ängste zu überwinden, hilft oft nur professionelle Unterstützung durch TherapeutInnen. Dabei ist es wichtig, das eigene → Selbstwertgefühl zu stärken und sich mit den eigenen seelischen Verletzungen auseinanderzusetzen.

Die Trennung von einer narzisstischen Person kann emotional und körperlich schwer belastend sein. Suchen Sie sich in dieser schwierigen Phase jede mögliche → Hilfe. Wichtig ist zudem, dass Sie Ihre → Selbstfürsorge ernst nehmen und gut auf Ihre körperliche → Gesundheit achten. Halten Sie sich so weit wie möglich an die Regel, jeden → Kontakt mit der narzisstischen Person zu meiden.

Die Angst vor finanziellem Ruin überwindet man am besten, indem man sich bestmöglich beraten und unterstützen lässt. Im Idealfall hat man sich natürlich auch in der Beziehung seine finanzielle Unabhängigkeit bewahrt, sodass man gesichert ist. Wenn Sie jedoch, wie es häufig vorkommt, nicht finanziell abgesichert sind, suchen Sie sich einen guten juristischen Beistand, um Ihre Ansprüche durchzusetzen. Im Fall einer Notlage erhalten Sie vom Staat finanzielle Unterstützung zur Existenzsicherung über die Sozialämter. Informationen dazu finden Sie gewöhnlich auf den Internetportalen oder den Auskunftstellen Ihrer Heimatgemeinde.

Wenn Sie Angst haben, bei einer Trennung Ihre Kinder zu verlieren, sollten Sie jede Hilfe in Anspruch nehmen, die sich Ihnen bietet. Die Möglichkeiten, dies zu verhindern, sind weitaus umfangreicher, als Sie vielleicht vermuten. Informieren Sie sich gründlich und lassen Sie sich – am besten schon, bevor Sie den entscheidenden Schritt tun – juristisch und psychologisch von Profis beraten. AnsprechpartnerInnen sind Anwältinnen und Anwälte, TherapeutInnen und natürlich die Fachkräfte für Sozialarbeit in den Sozialzentren und Jugendämtern. Wer seine Rechte und Möglichkeiten kennt und sich als proaktiver Elternteil um das Wohl seiner Kinder bemüht, dessen Angst wird geringer, weil er für Eventualitäten gerüstet ist und seine Aussichten auf Erfolg steigert.

Wenn Sie Angst vor körperlicher Gewalt haben oder bereits Opfer von Gewalt wurden, sollten Sie so schnell wie möglich bei offiziellen Stellen Hilfe suchen – bei der Polizei, sozialen Beratungsstellen oder Einrichtungen von Opferhilfen, aber auch bei Ärztinnen und Ärzten und TherapeutInnen. Denn Sie sind in Gefahr, und niemand kann voraussagen, ob die Misshandlungen nicht noch eskalieren. Es ist wichtig, dass Sie – und gegebenenfalls Ihre Kinder – Schutz finden.

Und die Angst, dass der narzisstische Partner, die narzisstische Partnerin nicht ohne einen leben kann? In der Regel ist sie völlig unbegründet!

Persönlicher Kommentar

Angst lähmt! Etwas zu tun, befreit! Machen Sie einen ersten Schritt!

Ärztinnen und Ärzte

siehe TherapeutInnen und ÄrztInnen

Aufklärung

Als psychologischer Begriff und als Bezeichnung für eine Persönlichkeitsstörung rückt Narzissmus zunehmend in den Fokus des allgemeinen Interesses. So ist in den letzten Jahren unter anderem eine ganze Reihe von populären Sachbüchern und → Ratgebern erschienen, auch Dokumentarfilme wurden gedreht. Sogar in TV-Krimis werden mittlerweile eindeutig narzisstische Charaktere dargestellt. Und nicht zuletzt wird immer mehr auch öffentlich erörtert, ob und inwieweit bestimmte Personen in Machtpositionen, sei es in der Politik, in der Wirtschaft oder auch in der Kunst und der Unterhaltungsindustrie, narzisstische Züge aufweisen.

Im Mittelpunkt dieser Diskussionen stehen vorrangig die typischen Eigenschaften und Verhaltensmuster von NarzisstInnen, ihre psychische Struktur und → Therapien, die möglicherweise für sie geeignet sind. Vermehrt wird zudem darauf eingegangen, welche Auswirkungen narzisstisch veranlagte Menschen in Organisationen, im öffentlichen Leben und in ihrem persönlichen → Umfeld haben. Mittlerweile werden in diesem Zusammenhang auch die Stimmen der Betroffenen von → narzisstischem Missbrauch vernommen. Diese tönen jedoch im Vergleich zur lauten Debatte über NarzisstInnen noch immer eher leise, wenngleich sie in den letzten Jahren unter anderem durch Veröffentlichungen und die Arbeit von → Selbsthilfegruppen etwas kräftiger geworden sind.

Nach wie vor ist es deshalb unendlich wichtig, dass noch mehr über narzisstischen Missbrauch und seine Folgen für die Opfer informiert wird. Aufklärung ist zuerst einmal für die Betroffenen selbst von größter Bedeutung. Denn wenn sie ihre Situation erkennen und ihr Leiden verstehen, ist die Grundvoraussetzung geschaffen, um → Heilung zu finden.

Doch auch das Umfeld der Betroffenen braucht diese Informationen, um das nötige Verständnis aufzubringen und geeignete → Hilfe leisten zu können. Dies gilt für Familie und Freundeskreis ebenso wie für Ärztinnen und Ärzte und → TherapeutInnen, JuristInnen, SozialarbeiterInnen, MediatorInnen und MitarbeiterInnen bei Behörden. Ebenfalls wünschenswert ist eine Sensibilisierung für das Thema bei der Polizei, die dann ins Spiel kommt, wenn der psychische Missbrauch von physischer → Gewalt begleitet wird. Aber auch Personalfachleute und Betriebsrätinnen und -räte sollten über narzisstisches Vorgehen Bescheid wissen, um beispielsweise → Mobbingopfern besser beistehen zu können.

FALLBEISPIEL

Meine Schwester heiratete einen Mann, den wir, wenn wir ehrlich waren, eigentlich nicht besonders mochten. Er war furchtbar aufgeblasen und hatte einen enormen Dünkel gegenüber den »ungebildeten kleinen Leuten«. Doch ehrlich gesagt war er selbst nur eine kleine Leuchte, und hinter seinem Rücken machten wir uns darüber ein wenig lustig. Innerhalb der Familie hielten wir uns bedeckt. Er war mein Schwager, und deshalb akzeptierten wir ihn, meiner Schwester zuliebe. Irgendwann verbot er ihr, mit mir in Kontakt zu bleiben, weil ich mich angeblich unverschämt ihm gegenüber verhalten hätte. Ich war tief getroffen, dass meine Schwester sich auf diesen Unsinn einließ und tatsächlich jahrelang nicht mehr mit mir sprach. Doch nur einen Tag nach seinem Tod rief sie mich an. Es war klar, dass sie

Verbindung zu mir suchte. Ich konnte das Ganze nicht verstehen, bis ich durch eine Freundin mehr über Narzissten erfuhr. Dann passte alles: eingebildet, ohne → Empathie und grausam seinen → Kindern gegenüber, unangenehmer Vorgesetzter … Meine Schwester wurde ständig von ihm kritisiert und für dumm erklärt, war durch ihn → sozial isoliert und dennoch emotional total abhängig von ihm. Ich war froh, den Grund für unser damaliges Zerwürfnis endlich zu verstehen.

Was tun?

Informieren Sie sich in Büchern und Zeitschriften, über Dokumentarfilme, in Blogs und auf Webseiten. Für Betroffene gibt es zudem → Selbsthilfegruppen und Onlineforen, in denen sie sich austauschen können. Viele empfinden dies als eine große Hilfe. Klären Sie auch Ihr → Umfeld über Ihre Situation auf und suchen Sie sich Personen, die Ihnen professionell in diesem Rahmen helfen können und sollen. Nur so können Sie die Unterstützung erhalten, die Sie brauchen und die Ihnen zusteht.

Persönlicher Kommentar

Auch wenn es so aussehen mag – Sie sind nicht allein mit Ihrem Problem. Der erste, entscheidende Schritt zur Heilung ist oft, dass man erkennt und sich erklären kann, was mit einem geschehen ist.

Bagatellisierung

Ach, das waren doch bloß Neckereien! Nein, verletzend waren die Sprüche nicht. Das muss man schon aushalten können. Meine Freunde habe ich schon länger nicht mehr gesehen. Aber die melden sich ja auch nicht, und ich bin immer so müde. Ich schlafe ja auch in letzter Zeit so schlecht. Nein, nein, es geht mir wirklich gut, ich bin nicht niedergedrückt! Ich ziehe mich halt gerne zurück. Ja klar, ich bin schon sehr nervös und unkonzentriert, aber das ist nur eine Phase – und so schlimm ist es auch wieder nicht ...

In der Medizin ist es ein bekanntes Phänomen, dass Menschen ihre Erkrankungen und deren Symptome bagatellisieren oder gar vollständig leugnen. Besonders häufig trifft man diese Verhaltensweise bei → Suchtkranken und bei Missbrauchsopfern an. Auch Betroffene von → narzisstischem Missbrauch verharmlosen häufig die → Gewalt, der sie ausgesetzt sind, und die psychischen und körperlichen Folgen, unter denen sie leiden. Dies geschieht in der Regel, wenn sie noch nicht wahrhaben (können), dass sie emotional missbraucht werden oder wurden. Mit der sprichwörtlichen rosaroten Brille auf der Nase spielen sie all die Formen von psychischer Gewalt herunter, die ihre narzisstischen PartnerInnen ausüben: Abwertungen, Beschimpfungen, extreme Kontrolle, → soziale Isolation ... Sie reden sich ihre Situation schön, weil sie die Wahrheit als zu schmerzhaft empfinden. Ihre emotionale Abhängigkeit kann so extrem sein, dass sie unendliche → Angst davor haben, verlassen zu werden. Und sie sehnen sich mit allen Fasern nach dem Hochgefühl, das sie im Frühstadium der Beziehung empfanden. Um den Weg zurück in diesen fantastischen Zustand nicht zu gefährden, können sie das Traumbild des vermeintlich → idealen Partners oder der idealen Partnerin (noch) nicht aufgeben. Dazu gehört auch, missbräuchliche Attacken zu bagatellisieren.

Eine herausragende Rolle spielen zudem → Scham- und → Schuldgefühle. Die Betroffenen fühlen sich gedemütigt, schämen sich, Opfer (geworden) zu sein, und hegen Schuldgefühle, dass sie es »so weit haben kommen lassen«. Diese Gefühle können sehr stark und bestimmend sein; besonders ausgeprägt sind sie oft bei → Männern. Emotional missbraucht und/oder körperlich misshandelt zu werden und deswegen psychisch und körperlich zu leiden, gilt im traditionellen Rollenbild als unmännliche Schwäche und ist mit starken Schamgefühlen behaftet.

Viele erleben aber auch, dass ihr → Umfeld den narzisstischen Missbrauch und seine Folgen bagatellisiert. Auch hier sind Männer nicht selten besonders stark betroffen. Denn so, wie sie selbst ihr Leiden aufgrund eines traditionellen Rollenverständnisses verharmlosen, wird es oft auch von ihrer Umgebung noch weniger ernst genommen als das von Frauen. So kommt es auch immer wieder vor, dass Ärztinnen und Ärzte bei männlichen Patienten trotz eindeutiger Symptome nicht die richtige Diagnose → Depression stellen. Das Unverständnis für ihre seelischen Nöte ist eine besonders schmerzhafte Erfahrung für die Betroffenen, doch für Außenstehende ist ihre Situation häufig nicht nachvollziehbar. Sie verharmlosen, weil sie nichts oder zu wenig über narzisstischen Missbrauch wissen – und weil sie oft genug selbst → manipuliert werden. Denn in vielen Beziehungen schaffen es die NarzisstInnen, auch die Familie und den Freundeskreis ihrer PartnerInnen zu blenden und zu verführen. Und natürlich gilt das auch im Berufsleben, wenn → Mobber ihre Mobbingopfer isolieren und die KollegInnen auf ihre Seite ziehen.

Außenstehende können deshalb oft nicht nachvollziehen, warum Betroffene in Beziehungen mit NarzisstInnen »verschwinden« und daran festhalten, obwohl die jeweilige Beziehung ihnen ganz offensichtlich schadet. Ab einem gewissen Punkt fühlen sich die Menschen im Umfeld der Betroffenen hilflos und reagieren verärgert. Zuwendung kann an diesem Punkt in Ablehnung umschlagen: Aus »Warum lässt er sich das gefallen?« oder »Warum wehrt sie sich nicht?« wird dann »Geschieht ihm/ihr recht!« und »Kann ja nicht so schlimm sein, sonst würdest du ja etwas ändern!«. Doch genau dies ist für viele Betroffene unendlich schwierig, schmerzhaft und ohne Unterstützung meist unmöglich.

FALLBEISPIEL

Meine Vorgesetzte schaffte es immer wieder, mich total aus der Fassung zu bringen. Ihr Verhalten war absolut unvorhersehbar, und oft überfiel sie mich völlig aus dem Nichts mit überzogener Kritik. Es ging so weit, dass ich Herzrasen und Schweißausbrüche bekam, wenn ich nur an sie dachte. Ich war total verunsichert, mein Selbstbewusstsein war dahin. Das gab ich aber nicht zu, vor allem nicht vor mir selbst. Ganz normal, dachte ich, Arbeit ist nun einmal kein Ponyhof. Stell dich nicht so an! Bist halt ein bisschen nervös. Auf Anraten von Freunden, die das Ganze viel kritischer sahen, wandte ich mich an einen Psychotherapeuten. Schon nach wenigen Sitzungen war mir klar, dass meine Vorgesetzte wohl eine narzisstische Persönlichkeit war und wie sehr ich psychisch unter ihr litt. Damit ging es mir schlagartig besser. Ich wusste nun, mit wem ich es zu tun hatte und wie ich mich schützen konnte. Hätte ich mein Leiden länger bagatellisiert, hätte ich den Job sicher geschmissen oder wäre richtig krank geworden.

Was tun?

Sind die Neckereien wirklich so harmlos? Oder eigentlich schon permanente Abwertungen? Ist die wütende Reaktion auf eine eher banale Kritik nicht sehr überzogen? Versuchen Sie, die Handlungen anderer Menschen möglichst neutral zu betrachten. Lässt sich darin emotionale Gewalt erkennen? Wahrscheinlich wird Ihnen dies sehr schwerfallen oder gar unmöglich sein, wenn es sich dabei um Ihnen nahestehenden Personen handelt: den Partner, die Partnerin oder ein Familienmitglied. Deshalb ist es in der Regel besser, wenn Sie sich professionelle psychologische Hilfe suchen – und zwar für sich allein und im Fall von Partnerschaften keinesfalls in Form einer Paar- oder Familientherapie! Die Aufmerksamkeit soll ganz Ihnen und Ihrer Wahrnehmung gehören. Die narzisstische Person darf in diesem geschützten Rahmen keine Gelegenheit haben, die Realität nach Belieben so zu verdrehen, wie es für ihre Zwecke am besten ist. Die Folgen von → narzisstischem Missbrauch können für Körper und Seele dramatisch sein. Nehmen Sie Ihre physischen und psychischen Symptome ernst, lassen Sie sie behandeln und gehen Sie den Ursachen auf den Grund. Es ist wichtig, dass Sie auf Ihre → Gesundheit achten und durch → Selbstfürsorge Ihr → Selbstwertgefühl stärken.

Wenn Ihr Umfeld Ihre Probleme nicht versteht, kann das frustrierend und niederschmetternd sein. Für die Betroffenen von narzisstischem Missbrauch ist es eine besonders schmerzhafte Erfahrung, wenn ihr Leiden nicht ernst genommen und das Vorgehen der narzisstischen Person verharmlost wird. Es erfordert Stärke, trotzdem → Aufklärung zu betreiben, obwohl man sich ausgelaugt und zutiefst enttäuscht fühlt und sich am liebsten vor der Welt verstecken würde. Überlegen Sie, wer Ihnen helfen könnte, und suchen Sie sich Unterstützer. Bei Mobbing kann dies beispielsweise der Betriebsrat sein, in der Familie und im Freundeskreis die Personen, die Ihnen am nächsten stehen und denen Sie vertrauen.

Persönlicher Kommentar

Der narzisstischen Gewalt entkommt man nur, wenn man sich eingesteht, dass man Gewalt erfährt und darunter leidet, psychisch und körperlich. Doch dies zuzugeben kann unendlich schwer sein, insbesondere, wenn man ringsum nur auf Unverständnis stößt. Hier gilt wortwörtlich: Gefühle wahrzunehmen heißt, sie als wahr anzunehmen!

Bauchgefühl

Als Menschen haben wir die Fähigkeit, Sachverhalte gründlich zu analysieren. Doch nicht all unsere Entscheidungen, Bewertungen und Einschätzungen basieren auf langen Überlegungen – ganz im Gegenteil: Im normalen Leben ist es weder sinnvoll noch möglich, über alles und jedes lang nachzudenken. Fast immer müssen wir Situationen spontan einschätzen. Deshalb können wir Informationen blitzschnell erfassen, unterbewusst mit unseren Erfahrungen und unserem bestehenden Wissen vergleichen und verarbeiten. Dieses Bauchgefühl, unsere Intuition, arbeitet in der Regel mit dem bewussten Denken zusammen – und lotst uns meist ziemlich erfolgreich durch unseren Alltag und durch unsere Beziehungen mit anderen Menschen.

Doch manchmal passt das Urteil, das wir intuitiv fällen, nicht mit dem zusammen, was wir scheinbar objektiv wahrnehmen. Bei manchen Menschen, die wir treffen, schreit unser Bauchgefühl »Alarm!«, obwohl wir eigentlich positiv überwältigt sind von ihrem Auftreten, ihrer Attraktivität, ihrem Charisma, ihrem → Love Bombing, mit dem sie uns um den Finger wickeln. Diese intuitiven Warnsignale sollte man nie unbeachtet lassen.

FALLBEISPIEL

Ich war mit meinem späteren Mann erst wenige Monate zusammen, als er mir schon einen Heiratsantrag machte. Als erste Reaktion schreckte ich regelrecht zurück. Bei der Idee, M. zu heiraten, fühlte ich mich nicht wohl, im Gegenteil. Mein Bauchgefühl rief eigentlich unüberhörbar: »Warte lieber erst ab!«
Objektiv betrachtet sprach aber eigentlich nichts dagegen, den Antrag anzunehmen. Besser gesagt: Noch sprach nichts dagegen. Doch der schöne äußere Schein meines extrem narzisstischen Partners sollte sich bald als Trugbild erweisen. Diese Entscheidung entgegen meiner Intuition bereute ich später zutiefst. Erst nach der dramatischen Trennung und mit → therapeutischer Hilfe fand ich zu meiner seelischen Stabilität zurück. Und heute geht es mir eigentlich besser als je zuvor. Ich habe nicht nur den → narzisstischen Missbrauch überwunden, sondern auch meine tiefsitzende → Angst vor Einsamkeit, die mich damals mit in diese fatale Ehe getrieben hat.

Was tun?

Unser Bauchgefühl warnt uns häufig zu Recht vor Dingen, die so nicht stimmen können oder die irgendwie nicht zusammenpassen. Viele Betroffene erzählen, dass sie gegen ihre innere Stimme handelten, als sie sich auf die Beziehung mit einem Narzissten oder einer Narzisstin einließen. Vergleichen Sie also unbedingt Ihre intuitive und Ihre rationale Einschätzung, wenn Sie einen Menschen kennenlernen. Beurteilt Ihr Bauch die Person anders als Ihr Kopf? Dann sollten Sie Vorsicht walten lassen, besonders, wenn dieser Mensch Sie zutiefst beeindruckt und geradezu »umhaut«.

Persönlicher Kommentar

Wenn Sie sich über eine Beziehung nicht sicher sind, wenn Sie Ihr Bauchgefühl vor einem Menschen warnt, obwohl er Ihnen freundlich, liebenswürdig, liebenswert, ja geradezu fantastisch erscheint – dann hören Sie darauf. Geben Sie sich Zeit. Menschen, die Ihnen wohlgesinnt sind, werden das verstehen und akzeptieren.

Breadcrumbing

Breadcrumbing ist eine häufige → Manipulationstaktik (siehe → Narzissmusradar). Dabei »verstreut« die narzisstische Person gezielt nur so viele »Brotkrümel« (Breadcrumbs), die sie braucht, um die andere Person nicht vom Haken zu lassen: mal ein Restaurantbesuch hier, ein Kinobesuch da, ein kleines Geschenk oder sich einfach immer mal wieder melden. Breadcrumbing ist nicht das ganz große → Love-Bombing-»Besteck«, sondern das Minimalarsenal, um beim Gegenüber »Hunger nach mehr« zu hinterlassen und so die Abhängigkeit aufrechtzuerhalten.

Co-Abhängigkeit

siehe Kollusion

Coming Home – zu sich kommen

Wörtlich übersetzt bedeutet »Coming Home« so viel wie »nach Hause kommen«, im übertragenen Sinn »zu sich selbst finden«, »zu sich kommen« oder »bei sich selbst ankommen«. Coming Home ist ein Prozess, bei dem man die eigenen Gedankenmuster, Gewohnheiten und Vorstellungen überprüft und gegebenenfalls verändert.

Was sind meine Bedürfnisse, was möchte ich in meinem Leben ändern? Im ersten Schritt geht man seinen Überzeugungen und Verhaltensmustern auf den Grund und überprüft, inwieweit sie einen davon abhalten, ein Leben nach den eigenen Wünschen und Vorstellungen zu führen. Im zweiten Schritt nimmt man sich selbst an: Man ist bereit, die Gedankenmuster und Verhaltensskripte zu ändern, die einem schaden und die einen behindern. Und im dritten Schritt verwandelt man sie in Glaubenssätze und Verhaltensmuster, die es einem ermöglichen, als authentischer Mensch selbstbestimmt den eigenen Weg zu gehen und sich weiterzuentwickeln.

Für Betroffene von → narzisstischem Missbrauch erfordert Coming Home die Auseinandersetzung mit den seelischen → Verletzungen, die den narzisstischen TäterInnen bisher ideale Möglichkeiten zum Angriff boten. Dies kann anstrengend und schmerzhaft sein, doch es lohnt sich. Wer die → Heilung dieser tief verborgenen Wunden zulässt, schafft sich die Grundlage für ein glücklicheres, selbstbestimmtes Leben. Betroffene berichten sehr häufig, dass sie nach der Heilung psychisch weitaus stärker waren als vor dem narzisstischen Missbrauch. Durch die Überwindung dieser niederschmetternden Erfahrung entwickelten sie eine authentische Persönlichkeit, die sich ihrer selbst weitaus mehr bewusst war als je zuvor. Es mag unvorstellbar klingen, doch viele möchten diese Erfahrung, durch die sie zu sich selbst heimgefunden haben, nicht mehr missen.

FALLBEISPIEL

Als ich mit dem → NARP (gemeint ist: Narcisstic Abusive Recovery Program, eine → Therapie für von narzisstischem Missbrauch Betroffene) begann, erklärte mir die Therapiebegründerin Melanie Tonia Evans: »Narzisstischer Missbrauch ist ein Geschenk, das wir anzunehmen lernen müssen.« Damals war mir das vollkommen unverständlich, ich empfand es angesichts meines desolaten Zustands sogar als zynisch. Dass Melanie damit eine tiefe Wahrheit ausdrückte, verstand

ich erst lange Zeit später. Wenn ich heute zurückblicke, sehe ich, dass ich so gezwungen wurde, mich mit meinen tief verwurzelten Glaubenssätzen und Verhaltensweisen auseinanderzusetzen.
Ich lernte, dass ich mein Leben lang versucht hatte, den Vorstellungen anderer zu entsprechen und meine eigenen Gefühle zu verleugnen. Ich musste erst meine uralten seelischen Verletzungen überwinden, um endlich selbstbestimmt mein Leben zu führen – endlich frei zu werden.

Was tun?

Coming Home ist ein entscheidender Meilenstein. Der Weg zu diesem Ziel kann jedoch schwierig sein. Am besten lassen Sie sich im Rahmen einer → Therapie helfen.

Persönlicher Kommentar

Heimzukommen – oder zu sich zu kommen – bedeutet Veränderung: weg von der Fremdbestimmtheit zu größerer Selbstbewusstheit, zu gewandelten Gefühlen, Gedanken und Verhaltensweisen, vielleicht auch zu einem neuen Freundeskreis und zu neuen Interessen. Sie werden erstaunt sein, wenn Sie sich selbst antreffen, eine liebenswürdige, tüchtige, gescheite Person, die es wert ist, geachtet zu werden! Und zwar zuerst durch uns selbst geachtet!

Depression

Fachleute bezeichnen sie als eine Volkskrankheit: Schätzungen zufolge leiden rund 15 bis 25 Prozent der Menschen im Lauf ihres Lebens an einer Depression, quer durch alle Altersgruppen. Statistisch sind Frauen von dieser weltweit häufigsten psychischen Erkrankung weitaus öfter betroffen. In Deutschland zum Beispiel erhalten sie die Diagnose etwa doppelt so häufig wie → Männer. Doch diese Zahlen sind ExpertInnen zufolge kritisch zu betrachten, bilden sie doch ihrer Erfahrung nach nicht die Realität ab. Denn tatsächlich leiden auch viele Männer an der Erkrankung, doch wird sie bei ihnen seltener erkannt und deshalb häufiger als bei Frauen zu spät oder gar nicht behandelt.

Auch wenn sich bis dato nur wenige Untersuchungen mit der Frage beschäftigen, wie Depression bei Männern besser diagnostiziert und therapiert werden kann, so können Fachleute für die Diskrepanz zwischen Statistik und Realität doch einige Gründe benennen. So sind Frauen meist sehr viel eher bereit, die entsprechende Diagnose für sich zu akzeptieren und sich deswegen behandeln zu lassen. Des Weiteren können sich die Symptome bei Männern in anderer Form zeigen als bei Frauen. Eher »männliche« Bewältigungsstrategien bei Depression sind möglicherweise sozialer Rückzug, Substanzmissbrauch und → Suchtverhalten sowie aggressives Verhalten. Männer neigen darüber hinaus öfter dazu, die Anzeichen einer Depression zu verschweigen oder zu → bagatellisieren – und die Erfahrung zeigt leider auch, dass medizinische Fachleute nicht immer geschlechtsneutral diagnostizieren. Nicht selten nehmen sie die Symptome von Männern nicht ernst genug und leiten deshalb nicht die angemessene Behandlung in die Wege.

Eine sogenannte depressive Episode ist durch mehrere Symptome gekennzeichnet, die von Fall zu Fall unterschiedlich stark und lang auftreten. Die Betroffenen sind zutiefst niedergeschlagen, verlieren das Interesse und den Spaß an Aktivitäten und leiden unter extremer Antriebslosigkeit. Selbst Alltagsaktivitäten werden zur unüberwindbaren Aufgabe. Hinzu kommen Zusatzsymptome wie Hoffnungslosigkeit und Zukunftsangst, aber auch körperliche Beschwerden. In schweren Fällen kann Depression zu Selbsttötungsgedanken, Suizidversuchen oder gar vollendeten → Suiziden führen.

Eine Depression wird üblicherweise diagnostiziert, wenn die betroffene Person über mindestens zwei Wochen hinweg ein oder mehrere Hauptsymptome und mindestens zwei zusätzliche Symptome zeigt.

Zu den Hauptsymptomen zählen:

» tiefe Niedergeschlagenheit
» mangelndes Interesse
» keine Freude an Alltags- und sonstigen Aktivitäten
» Antriebslosigkeit

Zusätzliche Symptome können psychischer oder physischer Natur sein. Zu den zusätzlichen psychischen Symptomen gehören:

» Ängste
» Zukunftssorgen
» Gefühle der → Hoffnungslosigkeit
» Minderwertigkeits- und → Schuldgefühle
» Rückzug aus dem Sozialleben (→ soziale Isolation)
» innere Unruhe
» ständige Müdigkeit und Energielosigkeit

» Schlaf- und Konzentrationsstörungen
» starke Gewichtszunahme oder -abnahme
» kein Interesse an → Sexualität
» Schmerzen, für die sich keine organischen Ursachen finden lassen

Was löst eine Depression aus? In der Regel sind dafür mehrere Faktoren verantwortlich. Manche Menschen sind durch ihre erbliche Veranlagung etwas höher gefährdet, an einer Depression zu erkranken. Dazu gehören beispielsweise Personen mit depressiven Eltern. Genetische Faktoren spielen aber auch eine Rolle. Sie entscheiden mit darüber, wie die Botenstoffe in unserem Gehirn funktionieren. Diese sogenannten Neurotransmitter übermitteln Informationen und beeinflussen auf diese Weise, was wir erleben, fühlen und denken. Während einer Depression sind die Stoffwechselsysteme für manche dieser Botenstoffe, allen voran für das Serotonin und das Noradrenalin, aus dem Gleichgewicht geraten. In einer Therapie kann dies mit Medikamenten behandelt werden. Forschungen haben zudem ergeben, dass auch das Stresshormon Cortisol zum Entstehen einer Depression beitragen kann, wenn es dauerhaft erhöht ausgeschüttet wird.

Ein solch dauerhaft erhöhter Cortisolspiegel tritt häufig bei Menschen auf, die durch → narzisstischen Missbrauch gleichsam permanent unter → Stress stehen. Narzisstische → Gewalt steht aber auch im Zusammenhang mit psychischen Faktoren, die eine Depression auslösen können: konfliktreiche und belastende Partnerschaften, emotionaler Missbrauch, traumatisierende → Trennungen, ständige Überforderungen und psychische Attacken, sei es im Privatleben oder im Beruf.

Im Gegenzug weisen aber auch NarzisstInnen eine etwas erhöhte Anfälligkeit für Depression auf. Misserfolge, der Verlust des Arbeitsplatzes, vom Partner verlassen werden – bei jedem lösen solche Vorfälle Gefühle der → Wut, Trauer, → Scham und Minderwertigkeit aus. Menschen mit starken narzisstischen Zügen können sie jedoch als extreme Kränkung erfahren, die sie bis in den Grundfesten erschüttert. NarzisstInnen haben zwar ein grandioses Ego, aber auch ein poröses → Selbstwertgefühl. Deshalb empfinden sie (vermeintliches) Scheitern als große Katastrophe, die zu einer Depression mit → Suizidgefahr führen kann. In der Regel begeben sie sich auch nur in solchen starken Krisensituationen in therapeutische Behandlung.

FALLBEISPIEL

Heirat, große Liebe – von wegen. N. verließ mich Knall auf Fall und ohne Vorwarnung, kurz nachdem ich mit ihm zusammengezogen war. Ich hatte mein ganzes Leben auf unsere Beziehung ausgerichtet, und er kehrte einfach wieder zu der Frau zurück, mit der er zuvor zusammen gewesen war. In mir zerbrach alles, und ich hing völlig in der Luft. Ich entwickelte eine schwere Depression, konnte nicht mehr arbeiten, hatte mein Leben nicht mehr im Griff. Mithilfe eines wunderbaren Therapeuten, dem ich noch heute sehr dankbar bin, gelang es mir, diesen Tiefpunkt in meinem Leben zu überwinden. Heute geht es mir schon wieder erheblich besser, ich mache Pläne und habe auch beruflich wieder Fuß gefasst.

Was tun?

Weisen Sie möglicherweise die typischen Symptome einer Depression auf? Nehmen Sie Ihren Verdacht unbedingt ernst! Wer

Schwellenangst hat und seinen Zustand erst einmal anonym und allein für sich bestimmen möchte, findet auf den Websites der Stiftung Deutsche Depressionshilfe und Suizidprävention sowie von Pro Psychotherapie e.V. Selbsttests und Hilfsadressen – und in mehr als 20 europäischen und nichteuropäischen Sprachen auf der Website des Europäischen Bündnisses gegen Depression (Adressen siehe unter »Weitere Informationen«). Diese Tests dienen jedoch nur der Erstorientierung. Denn auch körperliche Erkrankungen, wie zum Beispiel eine Schilddrüsenunterfunktion, können Symptome auslösen, die einer Depression gleichen.

Um eine treffende Diagnose zu erhalten, sind also sowohl eine körperliche Untersuchung als auch ein ausführliches Gespräch erforderlich. Da AllgemeinmedizinerInnen auf diesem Gebiet häufig weniger geschult sind, sollte man sich bei Verdacht auf Depression am besten an ExpertInnen wenden, also an PsychiaterInnen oder PsychotherapeutInnen.

Persönlicher Kommentar

Depression kann in ein tiefes, dunkles Tal der Hoffnungslosigkeit führen, aus dem es scheinbar keinen Ausweg gibt. Sie ist eine schwere Erkrankung, die viele Menschen trifft. Mit der richtigen Hilfe kann sie jedoch behandelt werden. Wichtig ist, dass Sie Ihr Leiden nicht aus Scham bagatellisieren! Ein gebrochenes Bein würden Sie auch behandeln lassen, warum nicht auch ein gebrochenes Herz?

Weiterführende Informationen

Deutschland

Deutsche DepressionsLiga e.V. Die bundesweit aktive Patientenvertretung für an Depressionen erkrankte Menschen ist eine reine Betroffenenorganisation, deren Mitglieder entweder selbst oder deren Angehörige von Depression betroffen sind. www.depressionsliga.de

Stiftung Deutsche Depressionshilfe und Suizidprävention. Auf der Website der pharmaunabhängigen Stiftung findet man auch einen Depressionsselbsttest. www.deutsche-depressionshilfe.de

Europäisches Bündnis gegen Depression. Die Website des Bündnisses wird in mehr als 20 Sprachen geführt und bietet auch einen Selbsttest. www.ifightdepression.com

Pro Psychotherapie e.V. Auf der Website des Verbands findet man Informationen über die Behandlung von Depressionen, ein TherapeutInnenregister für Deutschland sowie Selbsttests zu Depression und anderen psychischen Erkrankungen. www.therapie.de

Österreich

Öffentliches Gesundheitsportal Österreichs. Auf der Website finden sich Informationen über Depression sowie österreichspezifische Informationen zu TherapeutInnen, Kostenübernahme der Therapie etc.

Schweiz

EQUILIBRIUM. Verein zur Bewältigung von Depressionen. Auf der dreisprachigen (deutsch, französisch, italienisch) Website des Vereins von Betroffenen und Angehörigen von

Betroffenen findet man weiterführende Informationen zu Depression sowie Schweizer Notfallnummern und Adressen von Kriseninterventionszentren. www.depressionen.ch

EDEN

EDEN ist ein ganzheitliches → Therapieprogramm für Betroffene von → narzisstischem Missbrauch. Es wurde von der österreichischen klinischen Psychologin, Gesundheitspsychologin und Psychotherapeutin Katharina Schuldner entwickelt. Es betrachtet den Menschen in seinem individuellen Lebenskontext und berücksichtigt das Miteinander von Körperwahrnehmungen, Gefühlen und Gedanken. Ziel des Programms ist es, psychisches Leid zu lindern, dysfunktionale Glaubensmuster zu erkennen und zu verändern, Probleme selbstverantwortlich zu lösen und einen liebevollen Umgang mit sich selbst und anderen zu bewirken.

Der Name des Therapieprogramms bezieht sich auf die vier entscheidenden Schritte auf dem Weg zur → Heilung.

- E wie Erkennen: Für die Betroffenen bedeutet dies, ihre aktuelle Situation und die → Selbstverantwortung für ihre Heilung anzunehmen.
- D wie Demaskieren: Hier geht es darum, die eigenen seelischen → Verletzungen zu erkennen und bereit zu sein, negative innere Skripte zu verändern.
- E wie Entfalten: Ziel ist es, dass die Betroffenen ihre Selbstliebe und ihr Selbstvertrauen stärken.

» N wie Neuordnen: Die seelischen Verletzungen werden therapiert. So kann es gelingen, den narzisstischen Missbrauch als Chance für eine persönliche Entwicklung und den Start in ein neues, selbstbestimmtes Leben zu begreifen.

Die Beratungs- und Behandlungsziele werden gemeinsam besprochen und individuell an die jeweiligen Bedürfnisse angepasst. Die Möglichkeiten der Zusammenarbeit können in einem kostenfreien telefonischen Erstgespräch vereinbart werden.

Weiterführende Informationen

Homepage von Katharina Schuldner, der Begründerin des Therapieansatzes: www.narzissmus.at

Empathie

Empathie ist die Fähigkeit, sich in andere Menschen einzufühlen und ihre Bedürfnisse zu erkennen und nachzuempfinden. Sie gilt als eine Grundlage sozialer Kompetenz und sozialen Verhaltens. Die Fähigkeit zur Empathie ist unter anderem von entscheidender Bedeutung, dass Menschen ein Gerechtigkeitsgefühl entwickeln oder altruistisch handeln.

Die gefühlsmäßige oder affektive Empathie ermöglicht es uns, im wahrsten Sinne des Wortes mitzufühlen, wenn andere Emotionen wie Freude, Ärger oder Trauer empfinden. Sie ist eine wichtige Voraussetzung dafür, dass wir sozial und moralisch handeln: Weil wir mit unserem Gegenüber mitfühlen, möchten wir es nicht verletzen, und versuchen in schwierigen Situationen, ihm zu helfen.

Typischerweise besitzen NarzisstInnen nur wenig affektive Empathie. Der Mangel an Mitgefühl ist eines der wesentlichen Merkmale des Narzissmus, das sich sogar körperlich manifestiert. Neuere Forschungen zeigen, dass NarzisstInnen exakt in der Hirnregion Auffälligkeiten aufweisen, die beim Entstehen von Mitgefühl und bei dessen Verarbeitung beteiligt ist.

Gefühlskälte wirkt auf Menschen abschreckend, doch viele NarzisstInnen verstecken sie erfolgreich hinter einer charmanten, charismatischen Fassade. Zudem können die meisten NarzisstInnen überdurchschnittlich gut die Perspektive ihres Gegenübers auf einer rein verstandesmäßigen Ebene übernehmen. Dank dieser ausgeprägten kognitiven Empathie finden sie mit großer Leichtigkeit zielsicher heraus, was andere brauchen und wollen. Deshalb können sie ihre Mitmenschen in der Regel erfolgreich → manipulieren. Dabei kommt ihnen zugute, dass sie meist exakt wahrnehmen können, wie sie bei anderen ankommen, und dass die Gefühle und Bedürfnisse anderer für sie in der Regel keine oder nur eine geringe Rolle spielen, wenn es darum geht, den eigenen Vorteil zu wahren. Klassische Beispiele sind → Love Bomber, die nur an einer sexuellen Beziehung interessiert sind. Sie entschlüsseln mit traumwandlerischer Sicherheit ihre »Beute« und umgarnen sie so lange, bis sie endlich zum Ziel gelangt sind. Danach kann ihr Interesse ziemlich schnell wieder abflauen, woraufhin sie erneut »auf die Jagd gehen«. Ob sie der anderen Person, die sie gekonnt auf Wolke sieben gehoben haben, das Herz brechen, ist ihnen völlig egal. Wie empathielos NarzisstInnen vorgehen, lässt sich unter anderem an ihren gängigen Verhaltensweisen nachvollziehen, die im → Narzissmusradar zusammengestellt sind.

FALLBEISPIEL

Als ich entdeckte, dass V. mich zum wiederholten Mal in unserer langjährigen Ehe betrog, brach ich zusammen. V. tat das Ganze überhaupt nicht leid; stattdessen war er nur genervt, weil ich so »spießig« reagierte. Er hörte einfach nicht auf, mich wüst zu beschimpfen, und dann verschwand er einfach zu seiner Affäre und ließ mich völlig zerstört zurück.

Was tun?

Erwarten Sie von NarzisstInnen kein Mitgefühl und keine Fairness. Beziehen Sie dies im Umgang mit narzisstischen Menschen immer in Ihre Überlegungen ein und richten Sie Ihr Handeln danach aus. Dies gilt im Berufsleben ebenso wie in Familien, Freundschaften und natürlich in Paarbeziehungen. Narzisstische Mobber hören nicht mit dem → Mobbing auf, weil ihre Opfer leiden. Narzisstische Freundinnen und Freunde werden Ihnen zuliebe nie zurückstecken, außer, sie erwarten sich davon irgendeinen Vorteil. Narzisstische Eltern hören nicht auf, ihre Kinder emotional zu misshandeln, auch wenn diese deswegen unglücklich sind.

Die mangelnde Empathie von NarzisstInnen zeigt sich in Paarbeziehungen in zahllosen Variationen und meist ganz besonders deutlich bei → Trennungen. Wenn sie die andere Person verlassen, haben sie kaum oder gar kein Mitgefühl, wenn sie leidet. Und sie haben auch keine Skrupel, sich ehemalige PartnerInnen »auf Vorrat« verfügbar zu halten und deshalb jeden → Kontaktabbruch zu ignorieren. Wie es den anderen dabei geht, ist ihnen egal. Stellen Sie sich darauf ein, dass NarzisstInnen mit allen Tricks und Manipulationen arbeiten, um ihre materiellen Ziele zu erreichen: höchstmögliche bzw. niedrige oder keine Unterhaltszahlungen, das Haus, das Auto, den letzten Blumentopf …

Erwarten Sie auch keine Fairness oder Einsicht, wenn es um das Aufenthaltsrecht der → Kinder geht. Deren Wohl ist für NarzisstInnen oft von zweitrangiger Bedeutung. Wichtiger ist meist das Gefühl der Macht, die sie so über den Expartner oder die Expartnerin ausüben können – die perfekte → narzisstische Zufuhr.

Persönlicher Kommentar

Seien Sie möglichst realistisch in der Einschätzung Ihres narzisstischen Gegenübers.

Finanzen und materieller Besitz

Ihre mangelnde → Empathie und ihre extreme Selbstbezogenheit macht es NarzisstInnen leicht, sich über alle Grenzen der Fairness hinwegzusetzen. Dies gilt natürlich auch, wenn es um Geld und materiellen Besitz geht, sei es im Geschäftsleben, sei es in Familie und Freundeskreis oder in der Beziehung. Es ist ein gängiges Muster, dass PartnerInnen von NarzisstInnen sich während der Beziehung in eine finanzielle Abhängigkeit drängen lassen. Dabei sind Frauen, die nicht selten weniger verdienen als ihr männlicher Partner oder wegen der Kinder ihre Arbeit aufgeben, weitaus häufiger betroffen.

Leer gefegte gemeinsame Bankkonten, heimlich einkassierte

Versicherungen, sogar Unterschlagungen – häufig müssen PartnerInnen von NarzisstInnen zudem bei der → Trennung feststellen, dass ihr Besitz ohne ihr Wissen verschwunden ist und dass die narzisstische Person mit → Lügen, → Manipulationen, Drohungen und allen anderen erdenklichen Mitteln versucht, sie finanziell über den Tisch zu ziehen. Dazu gehört auch, lieber teure → Prozesse zu führen, als Unterhalt und Alimente zu zahlen. Hinzu kommt, dass Betroffene aufgrund ihrer Situation in der Partnerschaft unter Umständen ihren Arbeitsplatz verloren haben oder gar arbeitsunfähig geworden sind. Nicht umsonst ist der wirtschaftliche Ruin eine der großen → Ängste, weshalb Menschen in einer narzisstisch missbräuchlichen Beziehung bleiben.

Wenn sie sich dennoch trennen, fällt es den Betroffenen jedoch gerade in dieser Phase besonders schwer, klaren Kopf zu bewahren, ihre Ansprüche durchzusetzen und ihren Besitz zu verteidigen. Manchmal lassen sie sich deshalb teils beträchtliche Summen entgehen, die sie in aufreibenden Prozessen einfordern müssten, nur um endlich abschließen und ein neues Leben beginnen zu können. Doch das muss nicht zwangsläufig passieren, wenn man einige Regeln schon ab dem Beginn einer Beziehung verfolgt.

FALLBEISPIEL

A. trug mich am Anfang unserer Beziehung auf Händen. Ich sollte nicht mehr arbeiten, weil das Geld ja ausreiche. Also kündigte ich und blieb zu Hause. Von nun an war Geld kein Thema mehr für mich. Ich hatte kein eigenes Konto, das Auto lief auf A., finanziell war ich ein »U-Boot«, das heißt, ich hatte nichts und war total abhängig. Ich konnte überhaupt nicht

entscheiden, wofür Geld ausgegeben werden sollte. Als wir uns trennten, stand ich buchstäblich vor dem Nichts.
A. nahm sogar all unsere Möbel mit.

Was tun?

Über Geld spricht man nicht? Aber selbstverständlich doch, und zwar nicht nur im Geschäftsleben. Auch wenn man eine Beziehung eingeht, die ein Leben lang halten soll, sollte man nicht seine eigene finanzielle Basis aufgeben. Denn das Leben ist unwägbar, und es kann immer etwas passieren, beispielsweise ein Unfall oder eine Konjunkturflaute. Deshalb sollte man sich nicht scheuen, ganz pragmatisch über Geld und Besitz zu reden und sich abzusichern. Wenn man ein gemeinsames Leben beginnt, sollten die finanziellen Verhältnisse transparent sein und Klarheit über die Bedingungen herrschen. Dies kann Sie später vor bösen Überraschungen bewahren.

Auf was sollte man achten? Finanzfachleute geben dazu einige wertvolle Ratschläge, die man übrigens in allen Beziehungen stets beachten sollte.

Grundsätzlich

» Bewahren Sie so weit wie möglich Ihre finanzielle Unabhängigkeit.
» Unterschreiben Sie nie, was Sie nicht gelesen oder nicht verstanden haben.

Beim Eingehen einer Beziehung

» Bestehen Sie darauf, dass Ihr Partner oder Ihre Partnerin seine oder ihre finanziellen Verhältnisse bzw. beruflichen Tätigkeiten offenlegt.

» Lassen Sie sich in Fragen rund um Geld und Besitz immer von Finanzfachleuten und JuristInnen beraten. Wenn man zu Beginn einer Beziehung seinen Besitz »zusammenwirft«, sollte man darauf achten, dass zuerst jeder für sich einen neutralen Profi in finanziellen und juristischen Fragen zurate zieht. Lassen Sie sich zum Beispiel bei einem Ehevertrag nicht nur gemeinsam von einem Notar beraten, sondern auch unabhängig davon jeweils für sich von einem Rechtsanwalt/einer Rechtsanwältin.
» Wenn Sie heiraten oder etwa als gleichgeschlechtliches Paar Ihre eingetragene Lebenspartnerschaft in eine Ehe umwandeln lassen, schließen Sie gegebenenfalls einen notariell beglaubigten Ehevertrag. Dies ist auch noch nach der Hochzeit möglich. In Deutschland zum Beispiel können Eheverträge unter anderem Regeln für die Versorgungs- und Rentenansprüche im Fall einer Scheidung enthalten, zu den Alimenten für die gemeinsamen Kinder sowie darüber, wie das Sorge- und/oder Aufenthaltsbestimmungsrecht der Eltern gehandhabt wird. Lassen Sie sich juristisch beraten, ob eine solche vertragliche Vereinbarung für Sie geeignet ist. In Österreich gibt es auch Partnerschaftsverträge für eingetragene Partnerschaften.

Ein Ehevertrag kann auch eine erbrechtliche Absicherung für die hinterbliebene Person enthalten, wenn der Partner oder die Partnerin verstirbt.

Während einer Beziehung

» Lassen Sie bei gemeinsamem Besitz, zum Beispiel bei Immobilien oder einer gemeinsamen Firma, die Eigentumsverhältnisse immer notariell beglaubigen.

- Sichern Sie sich gegenseitig durch geeignete Versicherungen ab.
- Denken Sie langfristig und vergessen Sie nicht Rente und Altersversorgung: Arbeiten Sie deshalb nicht unbezahlt, ohne Arbeitsvertrag und Sozialabgaben in der gemeinsamen Firma bzw. in derjenigen des Partners oder der Partnerin. Kurzfristig spart man sich zwar dadurch Geld, doch die Person, die unbezahlt arbeitet, zahlt weniger in die Rentenkasse ein und wird deshalb auch im Alter weniger Rente beziehen. Zahlen Sie weiter in die Rentenkasse ein, auch wenn Sie zum Beispiel wegen der Kindererziehung aus dem Berufsleben aussteigen. Damit erhalten Sie sich Ihren Anspruch auf Regelaltersrente und bekommen später eine höhere Rente. Informationen dazu und zu allen anderen Fragen rund um die gesetzliche Rente erhalten Sie bei der Deutschen Rentenversicherung, der Österreichischen Pensionsversicherungsanstalt und bei der Schweizerischen Eidgenossenschaft.
- Achten Sie darauf, dass Sie immer Zugang zu wichtigen finanziellen Unterlagen und Dokumenten, zum Beispiel Versicherungspolicen, haben.
- Erfahrungsgemäß ist es vorteilhaft, wenn in Beziehungen beide PartnerInnen ihr eigenes Konto behalten und zum Beispiel ein gemeinsames Haushaltskonto einrichten. Ideal ist, wenn man auf dem eigenen Konto einen Betrag behält, der es einem beispielsweise ermöglicht, im Fall einer Trennung eine eigene Wohnung anzumieten.
- Überlegen Sie sich bei einem Mietvertrag gut, ob eine/-r oder beide PartnerInnen als Mieter eingetragen werden.

Bei einer Trennung

- Lassen Sie sich unbedingt von Profis juristisch und finanziell beraten! › Hilfe finden Sie auch bei Behörden und Verbänden, in Deutschland unter anderem bei Pro Familia. In Österreich erteilen beispielsweise die zuständigen Rechtsanwaltskammern der Bundesländer eine kostenlose »erste anwaltliche Rechtsauskunft«, also eine Erstberatung. In der Schweiz erteilen die Bezirksgerichte der Kantone Rechtsauskünfte. Dies sind neutrale Informationen, die eine Rechtsberatung nicht ersetzen, aber eine Orientierung für das weitere Vorgehen bieten.
- Ziehen Sie Vollmachten zurück und sperren Sie Ihre Konten, damit der Partner/die Partnerin nicht darauf zugreifen kann.
- Lassen Sie bei Versicherungen, bei denen der Partner/die Partnerin die Versicherungsleistung empfängt, sofort das Bezugsrecht ändern.

Im Vorfeld einer unauffälligen Trennung nach der Methode → »Grauer Fels«

- Lassen Sie sich Zeit, um für Eigentumsvereinbarungen und güterrechtliche Schritte die nötige Kraft zu sammeln.
- Richten Sie gegebenenfalls heimlich ein eigenes Konto ein, auf das Sie Geld abzweigen. Die Kontounterlagen können Sie sich auch an ein Postfach oder unter c/o an eine Vertrauensperson schicken lassen.
- Stellen Sie sicher, dass Sie möglichst alle erforderlichen Dokumente und Unterlagen zur Hand haben.
- Handeln Sie dann bei der eigentlichen Trennung schnell. Leeren Sie die Konten, auf die Sie Zugriff haben, und transferieren Sie das Geld auf das neue Konto.
- Gehen Sie dann wie unter »Trennung« beschrieben vor.

Persönlicher Kommentar

Für NarzisstInnen steht immer der eigene Vorteil an erster Stelle. Lassen Sie sich nicht täuschen und auch nicht emotional erpressen. Es ist weder unromantisch noch ein Vertrauensbruch, wenn man seine Finanzen und seinen Besitz transparent ordnet und sich absichert.

Weiterführende Informationen

Deutschland

Deutsche Rentenversicherung. Informationen und Beratung rund um die Rente. www.deutsche-rentenversicherung.de

Pro Familia. Finanzberatung bei Trennungen und Scheidungen. www.profamilia.de

Deutsche Arbeitsgemeinschaft für Jugend- und Eheberatung e.V. (DAJEB). Auf der Website des Vereins findet man einen »Beratungsführer online«, eine leicht zu bedienende Datenbank mit Kontaktdaten von Beratungsstellen in ganz Deutschland, unter anderem auch von Schuldner- und Insolvenzberatungen. www.dajeb.de

Österreich

Pensionsversicherungsanstalt. Informationen und Beratung rund um die Pension. www.pensionsversicherung.at

Oesterreich.gv.at. Auf der behördenübergreifenden Plattform findet man Informationen zu staatlichen finanziellen Unterstützungen. www.oesterreich.gv.at

Familienberatung. Auf der Website der Familienberatung findet sich eine Datenbank der 400 Familien- und Partnerberatungsstellen in Österreich. Sie bieten anonyme, kosten-

lose Beratung in allen Lebenssituationen an.
www.familienberatung.gv.at

Schweiz

Informationsportal der Schweizer Behörden. Informationen zu Finanzen, Scheidung, Rente, staatlicher Unterstützung.
www.ch.ch./de/

Forgiveness – sich selbst vergeben

Forgiveness – Vergebung – ist ein bedeutender Schritt auf dem Weg zur → Heilung. Forgiveness bedeutet in diesem Zusammenhang, alle Aspekte des Geschehenen auf allen Ebenen zu akzeptieren, sich nicht dafür zu verurteilen, sondern sich selbst das eigene Verhalten zu vergeben.

Wie konnte man mir dies antun? Wie konnte ich nur so blöd sein? Wie konnte ich das mit mir geschehen lassen? Wenn Betroffene erkannt haben, dass sie → narzisstisch missbraucht wurden, erleben sie einen Aufruhr der Gefühle: → Scham, → Schuldgefühle, Selbstmitleid, Minderwertigkeitsgefühle, Hilflosigkeit, aber auch Rachedurst, Zorn über die ungerechte Behandlung durch das → Umfeld und nicht zuletzt starke → Wut, zum einen auf die narzisstische Person – und zum anderen auf sich selbst. Viele Betroffene quält auch das Gefühl, Jahre verschwendet zu haben. Sie leiden stark unter ihrer Situation und wünschen sich wider besseres Wissen, dass sich alles von selbst lösen wird.

Diese intensiven Gefühle sind nachvollziehbar, und es ist wichtig, sie zuzulassen und sich mit ihnen auseinanderzusetzen. Doch auf längere Sicht blockieren diese starken negativen Emotionen, weil sie aufwühlen und nicht zur Ruhe kommen lassen. In diesem Zustand ist es jedoch schier unmöglich zu akzeptieren, dass man den Missbrauch mit sich geschehen ließ – und sich dafür selbst zu vergeben.

Doch genau dieser Schritt ist entscheidend, befreiend und letztlich notwendig, um sich wieder oder gar zum ersten Mal ein Leben nach eigenen Vorstellungen aufzubauen. Denn nur wer sich selbst verzeiht, ist bereit, sich zu verändern. Forgiveness beinhaltet, sich selbst voll und ganz anzunehmen, als einen Menschen mit Verletzungen, Schwächen, schweren Erfahrungen, aber auch mit vielen → Ressourcen, mit Stärken, Siegen, Wünschen, Hoffnungen und positiven Erfahrungen. Dazu gehört auch, dass man endlich (wieder) lernt, sich selbst wertzuschätzen, Grenzen zu ziehen und Nein zu sagen. Wer sich selbst vergibt, ist (wieder) bereit, sich selbst als wichtigste Person im eigenen Leben anzunehmen und entsprechend zu behandeln. Wenn dies gelingt, ist ein wichtiger Meilenstein auf dem Weg in ein neues Leben nach dem narzisstischen Missbrauch erreicht.

FALLBEISPIEL

Rein verstandesmäßig hatte ich begriffen, was mit mir passiert war, dass ich das Geschehene hinter mir lassen musste, um endlich wieder *mein* Leben führen zu können. Aber es fiel mir schwer, denn emotional war ich noch nicht so weit. Ich war unglaublich zornig auf mich selbst, weil ich mich so hatte reinlegen lassen, weil ich in meiner Beziehung mit einem narzisstischen Menschen so vielen Illusionen aufgesessen war. Erst als ich verstand, wie wütend ich war und wie groß meine Schuldgefühle waren, wurde mir klar, dass ich mich auf einem »Selbstbestrafungstrip« befand – und dass ich dringend einen anderen Weg einschlagen musste.

Was tun?

Wut und Schuldgefühle können dazu führen, dass man sich selbst zerfleischt. Wem es schwerfällt, seine negativen Emotionen loszulassen und sich selbst zu vergeben, dem helfen möglicherweise die Übungen der von Luise Reddemann entwickelten Psychodynamischen Imaginativen Traumatherapie (→ Trauma und PTBS sowie Bibliografie). Bei dieser ressourcenorientierten Therapieform spielen heilsame, unterstützende innere Bilder eine entscheidende Rolle.

Persönlicher Kommentar

Ich musste lernen, mich selbst so zu behandeln, wie ich eine beste Freundin behandeln würde, die in einer massiven Krise steckt – nämlich tröstend, unterstützend, entlastend, präsent. Ich hatte ein riesiges Aha-Erlebnis, als ich merkte, dass ich so hart zu mir war. Nachdem ich das erkannt hatte, war es ein Leichtes, liebevoll mit mir selbst umzugehen.

Frauenhäuser

siehe Gewalt, Hilfe

Future Faking

Future Faking ist wie → Love Bombing eine missbräuchliche Form der → Manipulation, um nach dem ersten Kennenlernen bei seinem Gegenüber so schnell wie möglich eine starke emotionale Abhängigkeit zu schaffen. Die narzisstische Person bewirkt oder intensiviert die Verliebtheit der anderen Person, indem sie ihr eine (gemeinsame) Zukunft vorgaukelt, die »zufällig« genau ihren Wunschvorstellungen entspricht: »Ich träume schon immer von einer Großfamilie, von einem Haus auf dem Land, einer eigenen Firma, einem Sabbatical samt Weltreise ... – ach, du auch?« Auf diese Weise wird eine vermeintliche Seelenverwandtschaft heraufbeschworen, die aber natürlich auch »gefaket« ist und immer bleiben wird.

NarzisstInnen setzen Future Faking nicht nur in der ersten Phase der Beziehung ein, sondern auch nach einer Trennung. Dann sind sie plötzlich »einsichtig«, »geben« Fehler »zu«, »geloben Besserung« und malen eine bessere gemeinsame Zukunft (samt Kindern, Haus auf dem Land, Backpackerurlaub etc.) aus, um ihre Gegenüber erneut in die Beziehung zu locken.

Gaslighting

Gaslighting ist eine häufige und besonders schwere Form des → narzisstischen Missbrauchs und der emotionalen → Gewalt, die in Beziehungen, aber auch im Berufsleben als → Mobbingstrategie vorkommt. Es ist eine subtile, verheerende Form der →

Manipulation, die über einen längeren Zeitraum hinweg systematisch angewandt und von ihren Opfern häufig gar nicht oder erst sehr spät erkannt wird. Der Begriff geht zurück auf den Film »Gaslight« – im Deutschen »Das Haus der Lady Alquist« – aus den 1940er-Jahren. Dieser erzählt von einem Mann, der seine junge Ehefrau in den Wahnsinn zu treiben versucht, indem er immer wieder ihre Wahrnehmung infrage stellt.

Gaslighting bedeutet, einen anderen Menschen so zu verunsichern, dass er sich selbst, seiner eigenen Wahrnehmung, seiner Erinnerung und schließlich seinem Verstand nicht mehr traut. Diese besonders perfide und grausame Form der Manipulation wenden auch NarzisstInnen häufig an, um andere zu schwächen, in ihre Abhängigkeit zu treiben und Macht über sie zu erlangen – mit teils zerstörerischen Folgen: Opfer dieses Psychoterrors werden mit der Zeit in ihren Grundfesten erschüttert und können schwere Erkrankungen wie → Depression oder Posttraumatische Belastungsstörungen (→ Trauma und PTBS) entwickeln.

Gaslighter verstehen es perfekt, das Spiel mit der Wahrheit – oder besser: mit der Lüge – auf die Spitze zu treiben: Nein, so war das nicht! Das hast du missverstanden! Das bildest du dir ein! Sie leugnen oder verdrehen Tatsachen, geben falsche Informationen, verbreiten Halbwahrheiten, → lügen und drehen in Gesprächen und teils endlosen Auseinandersetzungen ihrem Gegenüber das Wort im Mund um, sodass es schließlich völlig verwirrt und mit der Zeit zutiefst verunsichert wird.

Zum Gaslighting gehört auch, die andere Person ständig zu kritisieren und ihre Fähigkeiten anzuzweifeln, sodass sie jegliches Selbstbewusstsein verliert. Der jeweilige Anlass kann nichtig oder völlig aus der Luft gegriffen sein. Manchmal sind die Vorwürfe äußerst widersprüchlich: Man ist zu schüchtern und drängt sich doch immer in den Vordergrund, spricht zu laut und doch zu leise, kleidet sich langweilig und doch zu aufreizend, weiß über gar nichts Bescheid, kann dies und jenes nicht bzw. eigentlich gar nichts ... Unter einem solchen Trommelfeuer der Beanstandungen kommt die kritisierte Person irgendwann vollständig aus dem Tritt, kann ihr eigenes Verhalten gar nicht mehr einschätzen und verliert das Vertrauen in sich selbst. Nicht selten inszenieren sich die Gaslighter dann als Stütze, ohne deren Beistand die betroffene Person völlig hilflos wäre. Dies kann so weit gehen, dass sie ihre Opfer wissentlich heimlich in Situationen bringen, in denen sie als Retter auftreten können. Betroffene berichten unter anderem von leicht vergifteten Speisen, durch die sie krank wurden und gepflegt werden mussten. Zum Arsenal von Gaslightern gehören auch gezielte, teils gefährliche Sabotageakte beispielsweise an Autos oder Computern, um ihre Opfer zu verängstigen und zu destabilisieren.

Häufig ziehen sich die verunsicherten Betroffenen aus dem Sozialleben oder von ihren KollegInnen zurück – und genau dies wird von den Gaslightern auch beabsichtigt. Denn je isolierter die Opfer sind, desto hilfloser und abhängiger werden sie. Um ihre → soziale Isolation zu vergrößern, wird auch ihr → Umfeld manipuliert. So ist es eine beliebte Taktik von Gaslightern, die Glaubwürdigkeit ihrer Opfer zu untergraben, indem sie Personen aus deren Umkreis von ihren angeblichen »Schrulligkeiten«, »Schusseligkeiten«, der »unkontrollierten Fantasie« oder gar der »emotionalen Labilität« und den »neurotischen Anwandlungen« erzählen.

FALLBEISPIEL

Mit R. lag ich häufig bis zur Erschöpfung im Clinch, und in der Regel behielt er die Oberhand. Nicht eingehaltene

Abmachungen, geplatzte Termine – im Endeffekt war immer ich schuld, weil ich angeblich etwas falsch verstanden oder notiert hatte, mich irrte, mir etwas eingebildet hatte … Der Höhepunkt war der Vorfall mit dem Bargeld. R. gab mir eine große Summe, die er von einem Kunden erhalten hatte, damit ich sie zur Bank brächte. Ich legte das Geld in meine Handtasche, und ein paar Stunden später war es verschwunden. Erst viel später begriff ich, dass er es wieder an sich genommen hatte und mich im Glauben ließ, ich hätte es verloren oder jemand hätte es gestohlen. Er labte sich förmlich an meiner Panik.

Was tun?

Das Wichtigste ist, sich über die Taktiken des Gaslighting zu informieren und sich klarzumachen, dass diese Form des Psychoterrors in der Regel sehr subtil beginnt und mit der Zeit stärker wird. Werden Sie misstrauisch, wenn zum Beispiel Ihr Urteilsvermögen immer wieder infrage gestellt wird, wenn sich Tatsachen für Sie ganz anders darstellen als für Ihr Gegenüber oder wenn Sie das Gefühl haben (oder eigentlich ganz genau wissen), dass Sie belogen werden. Ein Alarmzeichen ist auch, wenn Ihr Selbstbewusstsein bröckelt und Sie sich immer schwächer und ängstlicher fühlen. Suchen Sie gegebenenfalls professionelle Hilfe, beispielsweise in einer → Therapie, um das Verhalten der entsprechenden Person richtig zu entschlüsseln.

Idealerweise bricht man so schnell wie möglich jeglichen Kontakt zu einem Gaslighter ab, doch nicht immer ist das möglich, im Berufsleben genauso wenig wie in Beziehungen. Wenn Sie weiter mit der entsprechenden Person umgehen müssen, behalten Sie stets im Hinterkopf, mit wem Sie es zu tun haben.

Ordnen Sie die Aussagen und Handlungen Ihres Gegenübers dementsprechend ein, vertrauen Sie auf Ihr eigenes Urteil und lassen Sie sich nicht beeinflussen. Rechtfertigen Sie sich so wenig wie möglich, denn das bringt, salopp gesagt, eh nichts. Suchen Sie sich wenn möglich Unterstützung.

Persönlicher Kommentar

Wer einem narzisstischen Menschen vertraut, kommt gar nicht auf die Idee, dass er zu solchen Dingen fähig sein könnte. Aber er ist dazu fähig – und Gaslighting ist nur ein Teil des narzisstischen Waffenarsenals. Dazu gehören auch physische Gewalt, Diebstahl, Dokumentenfälschungen, um den Partner zu enteignen, und eine ganze Palette gemeiner und auch krimineller Handlungen.

Gesundheit

→ Narzisstischer Missbrauch bedeutet → Gewalt, → traumatisierende Erlebnisse und andauernder → Stress. Er ist Gift für Seele und Körper, und für die Vergifteten kann er sogar zur tödlichen Gefahr werden. Für die → Heilung ist es unabdingbar – und in manchen Fällen sogar überlebenswichtig –, über die teils verheerenden gesundheitlichen Folgen Bescheid zu wissen und für ihre Behandlung professionelle Hilfe zu suchen. Eines sollte man dabei nie vergessen: Der körperliche und seelische Tribut, den Betroffene in Beziehungen mit narzisstischen PartnerInnen bezahlen, kann sich während und nach der → Trennung noch einmal dramatisch steigern. In dieser Zeit sind sie ganz besonders auf → Hilfe angewiesen, sie brauchen Unterstützung nicht nur von ärztlicher und psychotherapeutischer Seite, sondern auch von ihrem persönlichen → Umfeld sowie von Behörden und Institutionen.

Die Liste der körperlichen Konsequenzen für die Betroffenen ist lang und vielfältig, einige Folgen sind jedoch besonders häufig und wachsen sich nicht selten zu gefährlichen chronischen Beschwerden aus. Zu den häufigsten und schwersten Symptomen und Erkrankungen zählen:

» Eisenmangel, Vitamin- und Mineralstoffmängel
» Schlafbeschwerden und Schlafstörungen
» Zahnprobleme durch Zähneknirschen im Schlaf
» Verspannungen im Nacken, Kiefer und Rücken
» Schmerzen in Kopf, Muskeln, Gelenken und/oder Skelett
» Abbau von Muskelmasse und Knochen
» Verschlechterung des Immunsystems, damit verbunden häufige und sogar chronische Entzündungen und Infektionskrankheiten
» fehlender Appetit und Gewichtsverlust, oder aber Gewichtszunahme
» Verdauungsbeschwerden
» Störungen im Hormongleichgewicht
» Störungen im Blutzucker- und im Fettstoffwechsel
» Schilddrüsenunterfunktion
» Bluthochdruck
» Migräne
» Herzbeschwerden

Manche Betroffene entwickeln sogar ein Chronisches Erschöpfungssyndrom (Chronic Fatigue Syndrome, CFS). Es zeichnet sich durch lähmende Erschöpfung und extreme Müdigkeit aus, die auch nach langem Schlaf nicht verschwindet. Hinzu kommen Schmerzen, Schwindel sowie eine Vielzahl von weiteren Symptomen. Betroffene fühlen sich oft bereits nach geringer körperlicher Bewegung so ausgelaugt wie nach einer extremen Bergtour.

Gravierend sind zudem bei vielen die teils schweren Konzentrations- und Gedächtnisprobleme, häufig fällt es ihnen auch schwer, logisch zu denken. Dies kann so weit gehen, dass sie sogar einfache, kurze Texte nur mit Mühe verstehen und wegen ihres »Leichtsinns« oder ihrer »Schusseligkeit« besonders häufig Unfälle haben.

Nicht minder erschreckend ist die Liste der möglichen psychischen Folgen, zeigt sie doch, dass die Betroffenen bis in ihre Grundfesten erschüttert und im wahrsten Sinne des Wortes lebensgefährlich verletzt werden können. Häufige und besonders schwere Symptome und Erkrankungen sind unter anderem:

» Verlust der Lebensfreude
» extreme Nervosität
» Albträume
» → Angstzustände und Panikattacken
» → Verzweiflungsgefühle mit unkontrollierten Weinkrämpfen
» Verlust des Vertrauens in die eigene Wahrnehmung
» extremes Misstrauen gegenüber anderen Menschen
» Selbstvernachlässigung
» Verlust des → Selbstwertgefühls
» Gefühlstaubheit
» Rückzug aus dem sozialen Umfeld bis zur → sozialen Isolation

- Schwierigkeiten oder Unfähigkeit, mit dem Alltag zurechtzukommen
- Agoraphobie
- Essstörungen
- Abhängigkeiten (siehe → Sucht)
- → Depression
- → Trauma und Posttraumatische Belastungsstörung (PTBS)
- → Suizidgefährdung

FALLBEISPIEL

Ich habe es überlebt, aber nur knapp. Am Ende unserer Beziehung war auch ich am Ende, und zwar auf allen Ebenen. Ich hatte Schmerzen, war extrem abgemagert und schwer traumatisiert. Ich habe sogar versucht, mich selbst zu töten, nahm dazu Tabletten. Aber ich bin darüber hinweggekommen, zum Glück haben mir meine Familie und meine Freunde beigestanden. Und ich hatte gute Ärzte. Aber:
Es ist zu schaffen, man kann einen Weg aus diesem Schrecken finden, es ist möglich, wieder ganz gesund zu werden. Mir geht es heute sehr, sehr gut!

Was tun?

Viele Betroffene werden durch den narzisstischen Missbrauch so zerstört, dass sie psychisch und körperlich am Boden sind. In dieser Situation ist es lebenswichtig, dass sie sich → therapeutisch und medizinisch helfen lassen. Aber auch wenn die Folgen weniger gravierend sind, sollte man sich um seine Gesundheit kümmern; dies ist ein wichtiger Aspekt der → Selbstfürsorge und ein wichtiger Schritt auf dem Weg zur → Heilung. Wenn sich narzisstischer Missbrauch in körperlichen Leiden manifestiert, wird leider nur allzu häufig nicht erkannt, dass diese Beschwerden sich in Zusammenhang mit emotionaler → Gewalt entwickelt haben. Ihre Behandlung ist jedoch oft erfolglos, wenn die psychische Ebene nicht berücksichtigt wird. Es ist deshalb wichtig, dass Sie die Themen Gewalt und narzisstischen Missbrauch offen ansprechen, denn jede Information kann den Fachleuten helfen, Sie besser zu verstehen, gezielter zu behandeln oder gegebenenfalls zu ExpertInnen zu überweisen. Dies kann für Sie ein schwerer Schritt sein, der Sie vielleicht erhebliche Überwindung kostet. Wenn Sie Ihrem (Haus-)Arzt oder Ihrer (Haus-)Ärztin hierfür nicht genügend persönliches und fachliches Vertrauen entgegenbringen, dann suchen Sie sich medizinische Hilfe bei jemandem, den Sie in Bezug auf Ihre Leidensgeschichte für vertrauenswürdiger und kompetenter halten. Das kann sogar ein Vorteil sein: Erfahrungsgemäß ist es manchmal viel einfacher, sich jemandem zu öffnen, der einem gänzlich unbekannt ist, als Menschen, die man länger, näher oder gut kennt – das gilt auch gegenüber ÄrztInnen.

In der Behandlung haben viele Betroffene gute Erfahrungen mit ganzheitlich orientierten MedizinerInnen gemacht, die nicht nur medikamentös arbeiten, sondern dazu auch zu anderen Wegen raten, etwa zu Ernährungsumstellungen, Akupunktur, Akupressur, autogenem Training, Massagen oder Qigong. Denken Sie auch daran, dass man als Betroffene oder Betroffener durch die Dauerbelastung in der Missbrauchssituation und durch die Erschütterungen während und nach der → Trennung bis in die kleinsten Zellen ausgelaugt ist: Die körperlichen Reserven sind erschöpft, der ganze Körper ist auf Zellebene aus den Fugen geraten, seine natürlichen Regulationsmechanismen spielen verrückt. Mit natürlichen Nahrungsergänzungsmitteln und pflanzlichen Substanzen lassen sich die aufgebrauchten → Ressourcen wieder auffüllen und der Körper orthomolekular – auf Zellebene – wieder ins Gleichgewicht bringen. Dazu kann man sich ein sogenanntes Stressprofil erstellen lassen, indem man folgende Werte im Blut ermittelt: Gesamteiweiß, rotes und weißes Blutbild, Blutfette, Cholesterin, Leber und Niere, Eisen, Zink und Selen, Vitamin D, Vitamin E, Schilddrüsenhormone und Schilddrüsen-Antikörper, Anteile der weiblichen und männlichen Hormone, der Wachstumshormone sowie der Hormone Serotonin und Melatonin, der Prohormone DHEA (Dehydroepiandrosteron) und Pregnenolon, Nebennierenzustand (Cortisolprofil im Speichel), Co-Enzym Q10 und die Entzündungsparameter CRP ultrasensitiv und Homocystein.

Persönlicher Kommentar

Wer die Folgen narzisstischen Missbrauchs nicht in natura erlebt hat, kann sich häufig nicht vorstellen, wie dramatisch sie sein können. Selbst für Fachleute sind die katastrophalen Auswirkungen auf Körper und Psyche der Opfer nicht immer sogleich in ihrem ganzen Ausmaß nachvollziehbar. Verzweifeln Sie deshalb nicht und geben Sie nicht auf, vielleicht ist manchmal auch nur ein wenig → Aufklärung notwendig. Arbeiten Sie mit den Profis Ihres Vertrauens zusammen, damit es Ihnen so bald wie möglich wieder besser geht.

Gewalt

Was ist Gewalt? Das deutsche Gewaltschutzgesetz gibt dazu eine klare Definition: Gewalt ist, wenn eine Person vorsätzlich den Körper, die Gesundheit oder die Freiheit einer anderen Person widerrechtlich verletzt. Narzisstischer Missbrauch in Beziehungen fällt unter die sogenannte häusliche Gewalt – und um die geht es hier –, sie ereignet sich zwischen erwachsenen Menschen, die in einer nahen Beziehung zueinander stehen oder gestanden haben. Die Betroffenen sind vor allem PartnerInnen in hetero- oder homosexuellen Paarbeziehungen. Diese Art der Gewalt ereignet sich aber auch in anderen familiären Konstellationen und jeder Art von Zusammenleben. Häufige Opfer sind beispielsweise auch alte und pflegebedürftige sowie behinderte Menschen.

Der Begriff häusliche Gewalt ist weit gefasst und wird von manchen als zu verharmlosend empfunden. Besser spricht man von partnerschaftlicher, familiärer oder Gewalt in engen sozialen Beziehungen bzw. im sozialen Nahraum. Darunter fallen alle Formen der körperlichen, sexuellen, psychischen, sozialen und ökonomischen Gewalt, die in der gemeinsamen Wohnung, aber auch an öffentlichen Plätzen oder beispielsweise am Arbeitsplatz erlitten werden. Wie die Gewalt gegen → Kinder ist sie ein gesamtgesellschaftliches Problem, das in allen Schichten unabhängig von Bildung, Einkommen oder Geschlecht auftritt. Tatsächlich betrifft in Deutschland rund 20 Prozent der Gewalt in Paarbeziehungen Männer. Und: Sie ist keine Privatangelegenheit, die in einem rechtsfreien Raum stattfindet. Auch im »sozialen Nahraum«, wie es im Behördendeutsch heißt, ist man per Gesetz vor Gewalt geschützt.

Soweit die juristischen Grundlagen in Deutschland, die in Österreich und der Schweiz ähnlich sind.

Gewalt und Narzissmus

Gewalt beginnt im Kopf – sie beginnt, sobald ein Mensch sich über eine andere Person erhöht und diese zugleich abwertet. Dann glaubt er, mehr wert zu sein als sein Gegenüber, das er in der Folge auch nicht mit der Wertschätzung behandelt, die er für sich selbst beansprucht. Die Gewaltschwelle sinkt.

Andere zu entwerten ist ein typisches Vorgehen von NarzisstInnen. Da ihr Selbstgefühl und ihr Selbstwertgefühl zutiefst gestört sind, leiden sie unter tief sitzenden Minderwertigkeitsgefühlen und Versagensängsten. Es ist für sie schier überlebenswichtig, die eigene Grandiosität zu bestätigen, indem sie sich über andere erhöhen und diese abwerten, indem sie sie kränken, demütigen und beschämen. Deshalb ist → Macht für viele NarzisstInnen eine so unglaublich wichtige → narzisstische Zufuhr.

Wie alle Personen, die Gewalt ausüben, verfolgen sie damit also immer auch einen Zweck: Macht und Kontrolle über andere zu erlangen, indem sie deren Selbstbewusstsein und → Selbstwertgefühl zerstören, sie zutiefst verunsichern, bis zur Handlungsunfähigkeit → manipulieren und mit → Angst erfüllen. Das sind klassische Strategien des → narzisstischen Missbrauchs. Und durch ihren Mangel an → Empathie fällt es NarzisstInnen leicht, Gewalt auszuüben.

Psychische Gewalt

Psychische oder emotionale Gewalt bedeutet, einen anderen Menschen seelisch zu schädigen und zu verletzen. Wenn sie über einen Zeitraum hinweg wiederholt oder gar andauernd ausgeübt wird, kann sie sich auf ihre Opfer genauso verheerend auswirken wie körperliche Gewalt. Psychische Gewalt ist für die Betroffenen auch deshalb so destruktiv, weil sie oft im Verborgenen abläuft und nicht so eindeutig identifiziert wird oder identifiziert werden kann wie physische Attacken. Sie hinterlässt keine sichtbaren Verletzungen und Narben, doch die seelischen Wunden, die sie schlägt, sind nicht minder schmerzhaft.

Es ist deshalb wichtig zu wissen, dass psychische GewalttäterInnen gezielt und oft verdeckt vorgehen, um ihre Ziele zu erreichen, die Opfer und ihr → Umfeld jedoch häufig lange oder gar nicht verstehen, dass Gewalt ausgeübt wird: strategisch, geplant und mit geringem oder gar keinem Mitgefühl. Musterbeispiele hierfür sind → Mobbing und → Gaslighting, das eine extreme Form der emotionalen Gewalt darstellt. Es kann Menschen psychisch zerstören, damit verbunden auch ihre körperliche → Gesundheit schwer schädigen und sie sogar in den → Suizid treiben.

Psychische Gewalt hat viele Gesichter und versteckt sich häufig auch hinter Verhaltensweisen, die nicht als Gewaltakte wahrgenommen und sogar als normal akzeptiert werden. Hierzu gehören beispielsweise die verschiedenen Formen der sogenannten Mikrogewalt: »Witze« über scheinbare Unzulänglichkeiten, Lügen, Respektlosigkeit, Herablassung, Lächerlichmachen und Bevormundung. Wer diesem abwertenden Verhalten ständig ausgesetzt ist, empfindet jeden einzelnen dieser Gewaltakte wie spitze Nadelstiche in der Seele, die so auf Dauer schwer verletzt wird.

Leichter zu erkennen – und eigentlich unübersehbar – ist die ungeschminkte, laute Fratze der psychischen Gewalt. Offenkundige emotionale Gewaltakte sind immer wiederkehrende unkontrollierte, unvorhersehbare Wutausbrüche, Anschreien und Beschimpfungen, ständiges Abwerten und Kritisieren, Demütigungen und bösartige Beleidigungen, haltlose Beschuldigungen, einschüchternde Drohungen und Verleumdungen, schwere Vertrauensbrüche und Betrug. Zum Arsenal emotionaler GewalttäterInnen gehört es aber auch, eine andere Person ständig zu gängeln, zu kontrollieren, zu dominieren, finanziell und → sozial zu isolieren sowie ihre Bedürfnisse und Wünsche systematisch zu ignorieren. Auch das → Stalking ist eine schwere, offene Form der psychischen Gewalt.

In den meisten Fällen beginnt psychische Gewalt in einem schleichenden Prozess, der anfänglich nicht wahrgenommen wird, mit der Zeit jedoch an Intensität gewinnt. Was mit leicht übergriffigem Verhalten und häufigen kleineren Grenzüberschreitungen beginnt, entwickelt sich zu Tyrannei und Psychoterror, der seine Opfer in → Angst und Schrecken versetzt. Und leider kommt es immer wieder vor, dass emotionale GewalttäterInnen ab einem gewissen Zeitpunkt auch körperliche Gewalt ausüben.

Den Opfern ist ihre Situation häufig lange nicht bewusst, es gibt jedoch eine Reihe von Warnzeichen, die man unbedingt ernst nehmen sollte:

» Man ist in Gegenwart der betreffenden Person stets angespannt und unsicher.
» Man fühlt sich stets unterlegen und hat das Gefühl, immer alles falsch zu machen.
» Man fürchtet die betreffende Person und ihre Reaktionen und möchte sie deshalb stets zufriedenstellen und »befrieden«.
» Man traut sich nicht, die eigene Meinung zu sagen bzw. eine eigene Meinung zu entwickeln und das Gegenüber zu kritisieren oder Auseinandersetzungen mit ihm zu führen.

» Man kommt den Forderungen der betreffenden Person nach, stellt jedoch keine eigenen Forderungen.
» Man erfüllt die Bedürfnisse des anderen und stellt die eigenen hintan.
» Man ist sozial isoliert.
» Man entwickelt körperliche und psychische Symptome und Beschwerden, wie sie unter → Gesundheit beschrieben sind.

Körperliche Gewalt

Es beginnt mit Schubsen oder einem leichten Schlag und kann zur Hölle werden: Wer körperliche Gewalt innerhalb der Beziehung erfährt, muss sich dessen bewusst sein, dass die Angriffe mit der Zeit meist immer schwerer werden. Man kann es nicht genug wiederholen: Körperliche Gewalt bedeutet Gefahr für Leib und Leben, und zwar vom ersten Schlag an. Und es ist in der Regel unrealistisch zu glauben, dass es bei einem einmaligen Ausrutscher bleibt – die Erfahrung in unzähligen Fällen spricht dagegen.

Wer körperliche Gewalt in der Beziehung erfährt, muss schnell reagieren und die Reißleine ziehen. Es ist unendlich wichtig, sich von der gewalttätigen Person zu trennen, denn es drohen Verletzungen bis hin zur Tötung, psychische Schädigungen bis hin zu → Depression, Posttraumatischer Belastungsstörung (→ Trauma und PTBS), → Suchterkrankungen und der Neigung zum → Suizid. Auch die Gefahr schwerer Folgen für die → Kinder muss mit bedacht werden.

Suchen Sie sich unbedingt → Hilfe, bei Behörden, Institutionen und in Ihrem → Umfeld!

Was tun?

Bei narzisstischen GewalttäterInnen dürfen Sie weder auf Mitgefühl noch auf ein Einsehen hoffen. Ziehen Sie deshalb die Konsequenz, so schwer es Ihnen auch fallen mag. Bei Gewalt in Beziehungen heißt das in der Regel, sich von der betreffenden Person zu trennen, unter Umständen auch, vorübergehend in einem Frauen- oder Männerhaus Schutz zu suchen. Dies kann mit großen Problemen und Ängsten verbunden sein, doch denken Sie daran, dass Ihnen auf diesem schwierigen Weg auch Behörden und Institutionen zur Seite stehen.

Unter **www.gewaltgegenfrauen.de** finden Sie einen Sicherheitsplan, der Ihnen im Notfall von größter Hilfe, ja sogar überlebenswichtig sein kann. Darin ist kurz und knapp alles beschrieben, was Sie beachten und ausführen können und müssen, um sich schnell in Sicherheit zu bringen oder Hilfe zu holen. Er listet auch entscheidende Vorsichtsmaßnahmen auf, die man nach der → Trennung beachten sollte.

Suchen Sie auch → therapeutische Hilfe, doch hüten Sie sich bei Gewalt in Beziehungen davor, zusammen mit der gewalttätigen Person eine Familienberatung oder Paartherapie zu absolvieren. Es gehört zum Konzept solcher Angebote, dass man frei über sich selbst, seine Erfahrungen, seine Gefühle spricht – doch genau dies sind Informationen, die GewalttäterInnen für sich nutzen und häufig auch dazu antreiben, wieder oder gar noch mehr Gewalt auszuüben. Zudem nützt es nichts, die Ursachen der Gewalt in der Beziehung zu suchen – die Gewalt liegt in der Persönlichkeit dessen begründet, der sie ausübt.

Gewalt kann Ihnen im Arbeitsleben in Form von → Mobbing begegnen, suchen Sie sich in diesem Fall Hilfe beim Betriebsrat, bei Gleichstellungsbeauftragten und KollegInnen.

Begegnet Ihnen Gewalt im sozialen Umfeld, brechen Sie so weit wie möglich den Kontakt mit der betreffenden Person ab.

Persönlicher Kommentar

Gewalt ist inakzeptabel und gefährlich. Wer Gewalt in der Beziehung erlebt, muss sich der Tatsache stellen, dass diese Beziehung nicht auf Liebe gebaut ist. Hier heißt es, schnell zu handeln, denn NarzisstInnen bessern sich nicht!

Weiterführende Informationen

Erste Anlaufstellen

Die allermeisten Anlaufstellen posten auch Beiträge auf Social Media bzw. sind über Social Media zu finden.

Deutschland

Notruf 112. Der Notruf 112 ist in fast allen europäischen Ländern von fast jedem Telefon aus kostenlos.

Europäische Opfer-Hotline 116 006. Kontakt ist in mehreren Sprachen möglich, über die Nummer wird man auch mit verschiedenen Hilfeorganisationen verbunden, die selbst die Telefonnummer 116 006 als Kontakttelefonnummer führen.

WEISSER RING. Der Verein hilft Menschen, die Opfer von Kriminalität und Gewalt geworden sind. Anonymer Telefonnotruf 116 006 täglich von 7 bis 22 Uhr, www.weisser-ring.de

Österreich

Notruf 112.

Europäische Opfer-Hotline 116 006.

WEISSER RING. Anonymer Telefonnotruf 050 50 16, Montag – Freitag, www.weisser-ring.at

Opfernotruf. Tel. 0800 112 112, werktags von 8 bis 20 Uhr, Kontaktaufnahme auch per Mail und Chat auf www.opfer-notruf.at

Gewaltschutzzentren. Die Gewaltschutzzentren in Österreich sind spezialisierte und gesetzlich anerkannte Einrichtungen und in jedem Bundesland vor Ort. Sie bieten Hilfe und Unterstützung bei häuslicher Gewalt, Gewalt im persönlichen Umfeld und → Stalking. www.gewaltschutzzentrum.at

Schweiz

Notruf 112.

Opferhilfe Schweiz. Hilfe und Informationen für Gewaltopfer in der Schweiz, in mehr als einem Dutzend Sprachen. Auf der Website sind alle Opferhilfe-Beratungsstellen samt Kontaktdaten aufgelistet. www.opferhilfe-schweiz.ch

Anlaufstellen speziell für Frauen

Deutschland

Das Hilfetelefon. Das Beratungsangebot ist anonym, kostenfrei, barrierefrei und rund um die Uhr in 18 Fremdsprachen verfügbar, online, per Chat, per Telefon unter 116 016. www.hilfetelefon.de

Bundesverband Frauenberatungsstellen und Frauennotrufe (bff). Im bff sind mehr als 210 Frauenberatungsstellen und Frauennotrufe zusammengeschlossen. Auf der Website findet man die nächste Hilfsorganisation. www.frauen-gegen-gewalt.de

Frauenhauskoordinierung e.V. (FHK). Der Verein fördert und sichert zusammen mit rund 270 Frauenhäusern und 300 Fachberatungsstellen das Hilfe- und Unterstützungssystem für Frauen, die von Gewalt betroffen sind, sowie für ihre Kinder. Auf der Website kann man nach Frauenhäusern und Fachberatungsstellen in ganz Deutschland suchen. www.frauenhauskoordinierung.de

re-empowerment! Frauen gegen Partnerschaftsgewalt. Der Verein bietet Informationen über häusliche Gewalt, ein Forum für Betroffene und eine Liste mit Hilfsangeboten in Deutschland, Österreich, der Schweiz, Liechtenstein und Luxemburg. www.re-empowerment.de

Österreich

Frauen Helpline gegen Gewalt. Telefonische Beratung rund um die Uhr unter 0800 222 555, in mehreren Sprachen. Onlineberatung täglich 18–22 Uhr, freitags 9–23 Uhr. Auflistung und Links zu Hilfsorganisationen, Institutionen und Frauenhäusern. www.frauenhelpline.at

Schweiz

DAO Dachorganisation Frauenhäuser Schweiz und Liechtenstein. Auf der Website sind die Frauenhäuser der Schweiz und Liechtensteins aufgeführt sowie Informationen über weitere Schutzunterkünfte für Frauen und Kinder. www.frauenhaeuser.ch

BIF Beratungsstelle für Frauen gegen Gewalt in Ehe und Partnerschaft. Die Beratungsstelle bietet gewaltbetroffenen Frauen sowie LGBTQ+-Personen Online- und telefonische Beratung unter 044 278 99 99. www.bif-Frauenberatung.ch

Deutschland

Hilfetelefon Gewalt an Männern: 0800 1239900. Über die Website kann man sich auch im Livechat Beratung und Hilfe suchen. www.maennerhilfetelefon.de

Bundesfach- und Koordinierungsstelle Männergewaltschutz (BFKM). Auf der Website der Organisation findet man über eine Datenbank die nächste Männer- oder geschlechtsunabhängige Schutzwohnung sowie Beratungsstelle. www.maennergewaltschutz.de

Österreich

Männerinfo. Beratungsangebote sowie ein Krisentelefon für Männer, das rund um die Uhr erreichbar ist. 0800 400 777, www.maennerinfo.at.

Schweiz

Männertelefon. Krisentelefone für Männer im deutschsprachigen Raum (Deutschland, Österreich, Schweiz, Luxemburg). www.maennertelefon.eu

Hilfecodes für Notfälle

Sozial isoliert und strikt überwacht – wer von partnerschaftlicher Gewalt betroffen ist, hat häufig kaum oder nicht die Möglichkeit, frei über seine Probleme zu sprechen und sich um Hilfe zu bemühen. Mit bestimmten Codes kann man jedoch verschlüsselt kommunizieren, dass man Gewalt ausgesetzt ist, Hilfe benötigt und/oder sich in einer akuten Notlage befindet.

Der stille Hilferuf per Handzeichen

Die betroffene Person zeigt je nach Situation ihrem Gegenüber oder Umstehenden die Innenseite einer flachen Hand, legt dann den Daumen in die Handinnenfläche und legt dann die vier Finger über den Daumen.

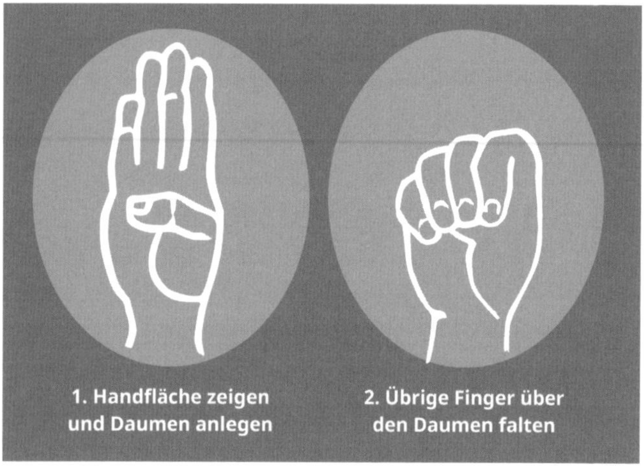

Dr. Viola

In Innsbruck und mittlerweile auch in anderen österreichischen Kliniken können Gewaltbetroffene mit dem einfachen Satz »Ich muss zu Dr. Viola« unauffällig um Hilfe bitten. Sie können ihn an ÄrztInnen, Pflege- oder auch anderes Klinikpersonal richten, die sofort einen ausgeklügelten Schutz- und Hilfeprozess anstoßen.

Maske 19

Noch nicht sehr bekannt ist der Code »Maske 19«, der in Deutschland während der Coronapandemie eingeführt wurde. Gewaltbetroffen können damit in Apotheken, Arztpraxen und Kliniken um Hilfe bitten.

Gewaltprävention

Den Gewaltkreislauf durchbrechen

Von Prof. Josef Aigner

Narzisstischer Missbrauch in Paarbeziehungen beinhaltet verschiedenste Formen von psychischer, sozialer, ökonomischer, sexualisierter und körperlicher Gewalt. Besonders gefährlich für Partnerinnen und Partner von narzisstischen Menschen ist die Trennungsphase, wenn die Trennung nicht vom Narzissten oder der Narzisstin ausgeht – eine unsägliche Kränkung und Verletzung des narzisstischen Selbstverständnisses: Narzisstische Menschen billigen denen, die sie missbrauchen, keine eigene Entscheidungsgewalt zu.

Körperliche Gewalt

Psychische und andere nichtphysische Gewaltformen sind für Außenstehende oft nicht sichtbar, oder sie werden aufgrund mangelnden Bewusstseins nicht erkannt oder nicht als so problematisch empfunden, wie sie es jedoch tatsächlich sind.

Körperliche Gewalt ist hingegen eine auch von außen deutlich erkennbare Form der Gewalt. Hier sprechen die Zahlen der erfassten Fälle – denn noch immer wird auch körperliche Gewalt häufig unter den Teppich gekehrt – eine deutliche, schreckliche Sprache. Ihre Opfer, dies belegen Statistiken im deutschsprachigen Raum, sind in Paarbeziehungen in den allermeisten Fällen Frauen und die Täter fast immer Männer:

Nach der letzten Statistik-Austria-Aufstellung aus dem Jahr 2021 erfahren in Österreich 23,5 Prozent aller Frauen ab dem

Alter von 15 Jahren körperliche Gewalt und 23,75 Prozent erleiden sexuelle Gewalt. Dabei liegt der Anteil von gewaltbetroffenen Frauen, die sich aktuell in einer Partner:innenschaft befinden oder jemals befunden haben, bei 16,41 Prozent. Zudem berichteten 8,3 Prozent der Frauen, in einer aktiven oder früheren Beziehung mit körperlicher Gewalt bedroht worden zu sein – und rund 36,9 Prozent haben Erfahrungen mit psychischer Gewalt in Partnerschaftsbeziehungen.

Die Zahl der Femizide – also der Tötung von Frauen wegen ihres Geschlechts oder bestimmter Vorstellungen von Weiblichkeit – liegt in Österreich, Deutschland und der Schweiz erschreckend hoch. Allein in Österreich wurden im Zeitraum von 2017 bis 2023 jährlich zwischen 25 (2023) und 41 (2018) Frauen Opfer von Femiziden (2017: 36; 2019: 39; 2020: 31; 2022: 29). In Deutschland werden jede Woche etwa drei Frauen Opfer von tödlicher Partnerschaftsgewalt, allein im Jahr 2022 waren es insgesamt 133. Es wurde also fast jeden dritten Tag eine Frau von ihrem Partner oder Expartner getötet. 80,1 Prozent der Opfer von Gewalt in der Partnerschaft sind weiblich, dagegen sind 78,3 Prozent der Täter und Tatverdächtigen Männer. Ähnlich ist das Bild bei der sogenannten häuslichen Gewalt: Hier sind 71,1 Prozent der Opfer weiblich, jedoch 76,3 Prozent der Täter und Tatverdächtigen männlich.

Für die Schweiz lassen sich die Zahlen nur schwer recherchieren, weil es an nationalen Übersichten zu Femiziden fehlt. Aus der Kriminalstatistik lässt sich jedoch ablesen, dass bei 70 Prozent der getöteten Frauen die Täter der aktuelle oder frühere Partner oder der eigene Vater sind. Für 2023 zählt die Website **stopfeminizid.ch** insgesamt 18 Femizide, unter den Opfern waren auch drei Mädchen im Kinder- bzw. Teenageralter. Die Berichte betonen auch, dass das Ausmaß der oft über Jahre hinweg ausgeübten psychischen Gewalt in Partnerschaften in der Regel unterschätzt wird.

Gewalt im nahen sozialen Umfeld erfahren aber auch Männer, wenngleich in wesentlich geringerem Ausmaß. In Deutschland schätzt man laut Bundeskriminalamt, dass jedes fünfte Opfer von Partnerschaftsgewalt ein Mann ist. Dies bestätigen die Zahlen der kriminalstatistischen Auswertung, wenn auch nicht bei den Extremfällen: So wurden im Jahr 2021 insgesamt 127 Menschen Opfer von Partnerschaftsgewalt mit tödlichem Ausgang, darunter 113 Frauen und 14 Männer (11 Prozent). Bei den Gesamtzahlen muss jedoch beachtet werden, dass Partnerschaftsgewaltfälle von Männern häufig aus Scham nicht angezeigt werden, weil das Opfersein sich nicht mit den herkömmlichen Maskulinitätsmustern verträgt. Außerdem sind manche regional und auch bundesweit zuständigen Stellen noch in dem Denken verhaftet, dass Partnerschaftsgewalt nur ein Problem von weiblichen Opfern sei. Deshalb befinden sich ratgebende und helfende Einrichtungen für männliche Opfer derzeit noch eher im Gründungsstadium.

Insgesamt ist es dringlich an der Zeit, den Opferschutz und Initiativen zur Gewaltvorbeugung zu stärken, zum Beispiel durch eine bessere finanzielle Ausstattung von Fraueneinrichtungen und auch von Männerberatungsstellen. Zum wirksamen Opferschutz gehört jedoch auch, die Ursachen zu bekämpfen, die Männer zu Gewalttätern werden lassen.

Ein Faktor – das Rollenbild

Ein Faktor, der die Gewalttätigkeit von Männern bedingt und unterstützt, ist sicherlich noch immer – wenn auch nicht immer so bewusst – ein Rollenbild des starken, überlegenen Mannes, der im Zweifelsfall den »Ton angibt« und sich durchsetzt. Dieses Rollenbild wird auch dadurch gestützt, dass Männer noch immer sehr häufig in Machtpositionen gegenüber Frauen kommen, sei es finanziell durch bessere Berufs- oder Aufstiegschancen. Auch dass männliche Gewalt gegenüber Frauen im Sinne dieses Rollenbildes häufig bagatellisiert wird, unterstützt diese Gewalttendenzen.

Doch dies allein bietet keine umfassende Erklärung, denn die meisten Männer – auch wenn das angesichts der Berichterstattung oft vergessen wird – sind trotzdem nicht gewalttätig gegenüber Frauen.

Unter der Oberfläche

Tatsächlich wurden gewalttätige Männer meist selbst Opfer von Gewalt, wie beispielsweise Studien in Österreich belegen. Danach erleben Buben bis zum zwölften Lebensjahr deutlich häufiger körperliche Übergriffe als Mädchen – dies nicht nur im öffentlichen Raum und untereinander, sondern auch in der Familie und dort wiederum häufiger von den häufiger mit Erziehungsaufgaben belasteten Müttern und Frauen. So geben unter anderem drei von fünf Männern an, als Kind geschlagen, geohrfeigt oder getreten worden zu sein, und zwar am häufigsten von der eigenen Mutter und dem eigenen Vater.

Gewalt gebiert Gewalt: Je mehr Gewalt Kinder und Jugendliche in der Familie (und auch in der Freizeit) erleben, desto häufiger üben sie selbst Gewalt gegen andere Personen und später im eigenen Erziehungs- und Beziehungsverhalten aus. Um diesen Kreislauf zu stoppen, ist es daher notwendig, auch die Gewaltstrukturen zu durchbrechen, denen Männer als Kinder und Jugendliche ausgesetzt sind und die ihre eigene Gewaltneigung bedingen und fördern. Ohne dies greift wirksamer Opferschutz immer zu kurz.

Dies heißt zum einen, es Männern und männlichen Heranwachsenden durch Infragestellung des überkommenen patriarchalen Rollenbilds zu ermöglichen, Gefühle und Erfahrungen von »Schwäche« zu akzeptieren und sich als Betroffene Hilfe zu suchen.

In der Erziehung, Bildung, Sozialarbeit und auf vielen anderen Ebenen wiederum gilt es darauf zu achten, diese Opfererfahrung von Männern im Kindes- und Jugendalter ernst zu nehmen und dafür zu sorgen, dies als Problem anzuerkennen, zu ächten und letztendlich zu minimieren.

Erst wenn es ein breiteres Bewusstsein und Anerkennung dafür gibt, wie sehr männliches Opfersein eine Voraussetzung für Gewaltausübung darstellt, können Männer, die mit Gewalt Probleme haben, davon ausgehen, dass es eine gesellschaftliche Anerkennung ihrer eigenen Problemgeschichte und ihrer eigenen Not gibt. Erst dann können sie auch Vertrauen schöpfen, Hilfe suchen und annehmen und an Lösungen für ihre psychische Problematik arbeiten – zu ihrem eigenen Schutz und zum Schutz der Menschen, die mit ihnen zusammenleben.

Prof. Josef Christian Aigner lehrte bis 2017 an der Fakultät für Bildungswissenschaften der Universität Innsbruck.

Quellen

Austria Statistik. www.statistik.at
Amnesty International Österreich. www.amnesty.at
Bundesverband Frauenberatungsstellen und Frauennotrufe bff. www.frauen-gegen-gewalt.de

Bundeskriminalamt. www.bka.de
Kapella, Olaf et al.: *Gewalt in der Familie und im nahen sozialen Umfeld. Österreichische Prävalenzstudie zur Gewalt an Frauen und Männern.* Österreichisches Institut für Familienforschung. Wien 2011
Büttner, Melanie (Hg.): *Handbuch häusliche Gewalt.* Stuttgart 2020
Künkler, Tobias und Carsten dos Santos: *Analyse und Prävention von Gewalt: Ein Studienbuch für Soziale Arbeit.* Frankfurt/Main 2023

Weiterführende Informationen

Deutschland

Männerberatungsnetz. Das Männerberatungsnetz bündelt Beratungsangebote, die auf Anliegen und Konfliktlagen von Jungen und Männern spezialisiert sind, und bietet eine Liste von Nothilfestellen. www.maennerberatungsnetz.de

Behandlungsinitiative Opferschutz (BIOS-BW). Der gemeinnützige Verein setzt sich mit therapeutischem Schwerpunkt vor allem für den präventiven Opferschutz ein. Dazu gehören auch Therapieangebote für Personen, die befürchten, eine Gewalttat zu begehen. Der Verein bietet Therapien sowie dienstags, donnerstags und freitags von 11 bis 13 Uhr ein Präventionstelefon für Menschen, die einen Kontrollverlust befürchten: 0800 70 222 40. www.bevor-was-passiert.de

Österreich

Männerberatungsstellen. Männerberatungsstellen bieten Jugendlichen und Männern die Möglichkeit, ihre Anliegen mit PsychologInnen und TherapeutInnen zu behandeln, teils bieten sie auch die Unterstützung männlicher Opfer vor Gericht sowie auch Täterprogramme an. www.beratungsstellen.at

White Ribbon Österreich. White Ribbon ist die weltweit größte Initiative von Männern gegen Männergewalt an Frauen. Auf der Website findet man weiterführende Informationen sowie unter anderem eine Broschüre mit konkreten Übungen und Anregungen für die gewaltpräventive Burschenarbeit vor allem im schulischen Bereich. www.whiteribbon.at

Euline Hotline gegen Gewalt. Die Hotline der gemeinnützigen Institution ist für Menschen, die Gewalt erfahren oder ausüben und Beratung und Hilfe suchen. Die Einrichtung ist (kostenpflichtig) telefonisch in Österreich, Deutschland, Luxemburg und der Schweiz erreichbar sowie per Mail über die Website. www.euline.eu

Schweiz

Fachverband Gewaltberatung Schweiz (FVGS). Auf der Website des Verbands findet man ein Verzeichnis der Institutionen und Fachpersonen, die sich auch präventiv an gewaltausübende Personen wenden. www.fvgs.ch

ZwüscheHalt. Der Verein bietet Unterkunft und professionelle therapeutische Begleitung für Männer, die Gewalt erfahren oder ausgeübt haben. www.zwueschehalt.ch

Grauer Fels

Der »Graue Fels« hat sich bei → Trennungen schon häufig als eine erfolgreiche Methode bewährt. Dabei gibt man sich vordergründig wie ein grauer Stein oder Fels, der in seiner Umgebung nicht auffällt: Man lässt sich nicht anmerken, dass man den Ausstieg aus der Beziehung gezielt plant und vorantreibt, sondern verhält sich vordergründig so wie immer. Im Hintergrund sucht man jedoch heimlich → Hilfe bei Behörden und im → Umfeld, regelt so weit wie möglich alle juristischen Angelegenheiten und seine → Finanzen, mietet beispielsweise eine eigene Wohnung an oder organisiert den Aufenthalt der → Kinder. Am Tag X ist dann alles vorbereitet, und der Absprung kann schnell und überraschend vonstattengehen.

Persönlicher Kommentar

Der »Graue Fels« ist in vielen Fällen der beste Weg aus einer Beziehung, doch er erfordert enorme Kraft. Manche Menschen brechen danach ausgebrannt zusammen. Auch für sie beginnt damit oft der Weg der inneren → Heilung.

Heilung

Viele Betroffene, die in ihrer Beziehung → narzisstischen Missbrauch erlebt haben, finden sich in einer Situation wieder, die ihnen ausweglos erscheint: → finanziell ruiniert, → sozial isoliert, → gesundheitlich am Boden. Wie soll man jemals wieder aus dem schwarzen Loch seiner Verzweiflung, seelischen Qualen und körperlichen Schmerzen herauskommen?

Doch ohne die Leiden der Betroffenen auch nur im Geringsten kleinreden zu wollen: Sie sollten die → Hoffnung nie aufgeben. Es ist möglich, wieder ein selbstbestimmtes, aktives Leben zu führen. Dies beweisen die ermutigenden Geschichten von Tausenden in Veröffentlichungen, → Selbsthilfegruppen und Onlineforen, die dies durch → Aufklärung, → Hilfe, durch die Unterstützung ihres → Umfelds und → Therapien geschafft haben.

Und mehr noch: Vielen ist es gelungen, sich nicht nur wieder ganz zu erholen, sondern aus dieser Katastrophe letztendlich psychisch gestärkt hervorzugehen. Ein gängiges Schlagwort beschreibt dieses Phänomen als die Entwicklung »From survivor to thriver«, also als die Entwicklung von einem Überlebenden zu einem Menschen, dem es gut geht, der regelrecht aufblüht.

Dies erklärt, warum manche Betroffene – so unvorstellbar es klingt – bis zu einem gewissen Grad sogar dankbar für die Erschütterungen sind, die die narzisstische Person in ihrem Leben ausgelöst hat. Durch ihr Leiden wurden sie gezwungen, sich so intensiv mit sich selbst auseinanderzusetzen wie nie zuvor. Dadurch gelang es ihnen nicht nur, die Folgen des narzisstischen Missbrauchs zu überwinden, sondern auch die tief liegenden seelischen → Verletzungen, die sie schon zuvor in sich trugen, zu heilen. Sie wuchsen an dem Erlebten, wurden sich im Rahmen des → Coming Home ihrer selbst mehr bewusst und entwickelten eine authentischere Persönlichkeit, die weitaus weniger von äußerer Bestätigung abhängig ist. Sie bauten ein neues → Selbstwertgefühl auf und lernten endlich, sich selbst anzunehmen und zu lieben. Sie blühten auf.

Doch der Weg dorthin ist nicht einfach und mit viel harter Arbeit verbunden. Und man muss sich darauf einstellen, dass man im Verlauf dieses intensiven, bisweilen schmerzhaften Prozesses immer wieder Rückschläge erleben und Sehnsucht nach der narzisstischen Person verspüren kann. Um diesen Weg erfolgreich zu beschreiten, muss man innerlich bereit sein, eine Heilung zuzulassen, und dazu ganz bewusst drei grundlegende innere Entscheidungen treffen:

Das Leiden aufgeben

Bei der ersten Entscheidung gibt man sich selbst einen notwendigen Auftrag: Man will definitiv nicht mehr leiden und verpflichtet sich deshalb innerlich dazu, gesund zu werden.

Viele Betroffene treffen diese Entscheidung erst, wenn sie spüren, dass sie mit → Opferhaltung, Selbstmitleid, Streit und Kampf nicht weiterkommen, und der Leidensdruck unerträglich wird. Manche treffen diese Entscheidung erst Jahre nach dem Missbrauch und der Trennung, andere jedoch schnell und konsequent, weil sie das Leben in Angst und Terror buchstäblich leid sind.

Die narzisstische Person gehen lassen

Die zweite Entscheidung betrifft die → Trennung. Man ringt sich dazu durch, sich endgültig von der narzisstischen Person zu lösen. Man lässt sie ziehen, ohne Wenn und Aber. Dies bedeutet:

- » Man findet sich mit dem Ende der Beziehung ab und akzeptiert alles, was man in diesem Zusammenhang erlebt hat.
- » Man gibt seinen Hass, seine → Wut, seine → Ängste und alle anderen Gefühle auf, die man mit dem narzisstischen Menschen verbindet. Man verabschiedet sich von der

Vorstellung, Verantwortung für ihn übernehmen oder ihm helfen zu müssen. Und man hört bewusst auf, um einen »Sieg« zu kämpfen.
- Man akzeptiert, dass man von dem narzisstischen Menschen keine Reue erwarten kann und dass dieser niemals Verantwortung für sein Handeln übernehmen wird.
- Man akzeptiert auch, dass sich mit ihm → Konflikte nicht befriedigend lösen lassen, und lässt Rachegelüste, Neid und gegebenenfalls Eifersucht auf seine neue Partnerschaft fallen. Man wird ihm gegenüber vollkommen neutral.

Um diese Befreiung zu erreichen, muss man den narzisstischen Menschen nicht nur aus der Seele, sondern auch dem Kopf und ganz real aus dem eigenen Leben verbannen:

- Man stoppt den Gedankenkreisel, der sich insbesondere in der frühen Phase nach der Trennung ununterbrochen um die narzisstische Person dreht: Warum hat er das getan? Wie hätte ich reagieren sollen? Wie soll ich mich verhalten? Warum hat sie mich damals so verletzt?
  Hätte ich sie vielleicht doch ändern können? Kann ich ohne ihn leben? Wie soll ich das ohne sie überstehen? Denkt er an mich? Vermisst sie mich? Was macht er wohl gerade? Wird sie wiederkommen? Warum … Wenn … Hätte … Sollte …
- Man hört auf, sämtliche Informationen und Informationsschnipsel über Narzissmus wie besessen zu sammeln und sie immer und immer wieder durchzukauen.
- Vor allem bricht man den → Kontakt ab – am besten ganz oder zumindest so weit wie möglich. Man lässt nicht zu, dass der narzisstische Mensch unerwünschten Kontakt

aufnimmt, man hört auf, auf seine Kontaktaufnahme zu warten, und man kämpft die starke Versuchung nieder, selbst Kontakt aufzunehmen. Nur so schafft man es, seine emotionale und körperliche Abhängigkeit von der narzisstischen Person zu überwinden – und nicht erneut von ihrem zerstörerischen Netz eingefangen zu werden.

Selbstverantwortung übernehmen

Die dritte Entscheidung beinhaltet die Selbstverantwortung, die man für die eigene Heilung trägt, und die Erkenntnis, dass man dazu nicht auf Hilfe von außen warten kann. Dabei muss man auch lernen, dass Selbstverantwortung nicht gleichbedeutend mit → Schuld ist. Die Entscheidung für die Selbstverantwortung erfordert, sich selbst in den Fokus zu stellen. Man gibt die Opferhaltung auf und beschränkt sich nicht mehr nur auf hilfloses Reagieren. Man beginnt ganz bewusst und mit aller (verbliebenen) Kraft, sich auf die eigene seelische und körperliche Gesundheit zu konzentrieren, → Selbstfürsorge zu betreiben und das → Selbstwertgefühl zu stärken.

Wer noch unter Schock steht, traumatisiert ist und körperlich leidet, unternimmt als Erstes alles, um seine aktuellen seelischen Schmerzen, Verlust- und Angstgefühle sowie alle körperlichen Symptome zu lindern, um überhaupt wieder im Alltag funktionieren zu können.

In einem nächsten Schritt geht man den eigenen seelischen Verletzungen auf den Grund, die schon vor dem narzisstischen Missbrauch vorhanden waren. Man setzt sich mit den negativen Überzeugungen über den eigenen Selbstwert auseinander und befasst sich mit den verinnerlichten Handlungsmustern, durch die man unbewusst → anfällig für den narzisstischen Menschen war, die es ihm erleichterten, narzisstischen Missbrauch zu begehen, und die das eigene → kollusive Verhalten förderten.

Man nimmt die eigenen seelischen Verletzungen an und lernt, diese unbewussten negativen Glaubens- und Verhaltensmuster abzulegen und zu verändern. Dazu gehört zum Beispiel, sich von der Illusion eines → idealen Partners oder einer idealen Partnerin oder dem Gefühl, »nicht zu genügen«, zu verabschieden. Man lernt, seine → Ressourcen zu nutzen und sich selbst zu vergeben. So entwickelt man ein neues, stärkeres Selbstbewusstsein und im Rahmen des → Coming Home ein authentischeres Selbst.

Man akzeptiert die Chance, durch die Krise des narzisstischen Missbrauchs psychisch zu erstarken und ein selbstbestimmteres Leben zu führen.

Was tun?

Wenden Sie sich selbst zu und werden Sie zum Hauptdarsteller Ihres eigenen Lebens. Um dies zu schaffen, müssen Sie nun den Fokus Ihrer Gedanken, Ihrer Gefühle, Ihres ganzen Lebens auf sich selbst richten. Das ist Schwerstarbeit, denn an dieser Stelle gilt der Erfahrung nach die Devise »ganz oder gar nicht«. Nur wer es schafft, sich vollständig auf den eigenen Weg zu konzentrieren, wird den Missbrauch nicht nur »irgendwie überstehen«, sondern wird ihn heilen und daran wachsen können.

Nutzen Sie jede Hilfe. Viele Betroffene tröstet und stärkt es, wenn sie sich mit anderen Betroffenen austauschen können, beispielsweise in → Selbsthilfegruppen vor Ort oder in Onlineforen. Dort findet man höchstes Verständnis für alle Sorgen, Ängste und Probleme, denen man sich stellen und die man bewältigen muss. In einem solchen geschützten Kreis fällt es einem auch besonders leicht, seine → Scham- und → Schuldgefühle abzulegen.

Persönlicher Kommentar

Auf dem Weg zur Heilung haben Sie den ersten Meilenstein schon erreicht, indem Sie dieses Buch lesen. Es ist ein schwieriger Weg, aber er birgt auch eine große Chance. Jede Etappe, die Sie schaffen, werden Sie als eine große Befreiung empfinden. Furcht und Panik werden zunehmend verschwinden und einem neuen, starken Lebensgefühl Platz machen. Sie werden überrascht sein, welch große Lebensfreude Sie (wieder-)finden werden.

Hilfe von Behörden und Institutionen

Aus dem Leiden des → narzisstischen Missbrauchs führen viele Wege in eine glücklichere Zukunft, die jedoch alle eines gemeinsam haben: Sie sind anstrengend, und bisweilen fordern sie einen mit Haut und Haaren. Darum ist es gut und wichtig, dass Betroffene um Unterstützung bitten und Hilfe annehmen, sei es von der Familie, von Freunden oder von medizinischen Fachkräften. Viele finden es auch hilfreich und tröstlich, wenn sie sich mit anderen Betroffenen austauschen können, beispielsweise in → Selbsthilfegruppen und Onlineforen.

Wertvolle Hilfe leisten aber auch Behörden und Institutionen. Mit ihnen kommt man beispielsweise bei der offiziellen →

Trennung von einem narzisstischen Menschen, aber auch bei → Mobbing am Arbeitsplatz in Kontakt. In vielen Fällen ist man auf die Unterstützung durch Sozialämter, Jugendämter oder Gerichte angewiesen. Im Arbeitsleben sind auch Gleichstellungsbeauftragte sowie Betriebs- und Personalräte wichtige Ansprechpartner. Bei körperlicher → Gewalt bieten zum Beispiel Frauen- und Männerhäuser und auch die Polizei Hilfe und Schutz.

So schrecklich es ist, physische Gewalt zu erfahren, für ihre Opfer kann dies, so zynisch es klingt, einen gewissen Vorteil im Umgang mit Behörden und Institutionen erbringen: Körperliche Verletzungen sind eindeutige Fakten, an denen man nicht deuteln kann. So steht in der Regel nur Frauen, die körperliche Gewalt erfahren und denen physische Attacken drohen, der Weg in eines der – leider – chronisch überfüllten Frauenhäuser offen.

Für Opfer von emotionaler Gewalt ist es schwieriger, ihre katastrophale Lage darzustellen und zu beweisen. Deshalb müssen Betroffene bisweilen erleben, dass ihnen von offizieller Seite nicht das nötige Verständnis und deshalb auch nicht die geeignete Hilfe entgegengebracht wird.

Solche negativen Erfahrungen sind jedoch nicht (mehr) die Norm, denn in den letzten Jahren ist aufseiten der Behörden und Institutionen – auch bei Polizei und JuristInnen – das Bewusstsein für die zerstörerische Kraft von psychischer Gewalt geschärft worden. So thematisiert der deutsche Kinderschutzbund seelische Misshandlungen bei → Kindern ebenso wie körperliche, und zu Formen von Gewalt im sozialen Nahraum zählen per Gesetz psychische Gewaltformen genauso wie körperliche Angriffe. Fachkräfte bei Sozialämtern, Jugendämtern, Gerichten und Polizei wissen um diese Problematik und sind darin ausgebildet, auch diese Gewaltformen zu kennen und zu erkennen.

Wenn man sich an Behörden wendet, kann man also davon ausgehen, dass die mit dem narzisstischen Missbrauch einhergehende emotionale Gewalt für die dortigen MitarbeiterInnen kein Fremdwort ist. Und auch die Erkenntnis, dass → Männer nicht nur Täter, sondern auch Opfer sein können und möglicherweise Hilfe brauchen, ist mittlerweile weiter verbreitet. Bisweilen muss dennoch → Aufklärung geleistet werden, meist geht es aber darum, dass man erklären muss, welchen Gewalt- und Missbrauchsformen man zum Opfer gefallen ist (→ Narzissmusradar). Zusammen wird dann das weitere Vorgehen besprochen.

Vielleicht hilft Ihnen bei Ihrer Entscheidung, Hilfe zu suchen, die Aussage einer Expertin für soziale Arbeit: »Hilfe zu suchen und anzunehmen ist ein Zeichen von Stärke. Man übernimmt Verantwortung für sich, und wenn man Kinder hat, auch für die Kinder. Betroffene, die dies zum ersten Mal so von uns hören, staunen in der Regel. Und dann fällt ihnen eine Last ab. Aber: In den allermeisten Fällen kann ihnen niemand abnehmen, aktiv den ersten Schritt zu tun.«

FALLBEISPIEL

Als ich im Begriff war, mich von meinem Partner zu trennen, hatten wir immer wieder furchtbare Auseinandersetzungen. Ich wusste nicht mehr weiter, hatte Angst um mich und meine Kinder. In dieser Situation schaffte ich es endlich, meine Scheu zu überwinden und mich an den Frauennotruf zu wenden. Ich bekam auch schnell ein Beratungsgespräch mit einer sehr erfahrenen Expertin, das mir psychisch sehr guttat. Ich bekam von ihr aber auch praktische Hilfestellung. So empfahl sie mir beispielsweise einige Anwälte, die auf Situationen wie meine spezialisiert waren.

Was tun?

Allein ist man schwächer als mit Unterstützung. Es ist die Aufgabe der Behörden und Institutionen und in der Regel auch das Anliegen ihrer MitarbeiterInnen, Ihnen in schwierigen Situationen zur Seite zu stehen – psychologisch, finanziell und juristisch. Dies gilt besonders im Zusammenhang mit Trennungen und wenn Kinder betroffen sind. Nutzen Sie die Angebote, Sie haben ein Recht auf Hilfe. Wenn Sie Hemmungen haben, sich an offizielle Stellen zu wenden, informieren Sie sich erst einmal vorab. Die für Sie zuständigen Behörden und Institutionen stellen ihre Aufgabenbereiche und ihre Vorgehensweise unter anderem in Broschüren und in der Regel auch im Internet dar. Es gibt zudem viele Möglichkeiten, sich vor Ort beraten zu lassen. Dies kann, genauso wie im Internet, auch anonym erfolgen.

Persönlicher Kommentar

Institutionen sind oft auf Gerechtigkeit und Gegenseitigkeit ausgerichtet, eine große Errungenschaft der letzten Jahre! Nur müssen Sie wissen, dass für NarzisstInnen nur das Gewinnen zählt. Sie werden also Behörden, MediatorInnen, Sozialämter mit allen Mitteln auf ihre Seite zu ziehen versuchen. Seien Sie dennoch hoffnungsvoll und geben Sie nicht auf, wenn man Ihnen gegenüber vielleicht unangemessen reagiert, sondern klären Sie Ihr Gegenüber über Ihre Situation auf.

Weiterführende Informationen

Betroffene von häuslicher Gewalt finden die für sie zuständigen Informationen unter dem Stichwort → Gewalt.

Für die behördliche Hilfe sind in Deutschland die Allgemeinen Sozialdienste zuständig. Ihre Adressen findet man auf den Internetportalen der Gemeinden unter Stichworten wie »Allgemeiner Sozialdienst«, »Bezirkssozialarbeit« oder »Sozialberatung«. Sie können sich auch direkt und vor Ort an die zuständige Stelle in Ihrer Gemeinde wenden, in Großstädten auch an deren Filialen im jeweiligen Stadtbezirk, in München beispielsweise sind dies die Sozialbürgerhäuser.

Auch die Adressen der Sozialämter in Österreich und Sozialhilfebehörden bzw. Sozialdepartments, Familien- und Erziehungsberatungsstellen in der Schweiz erhält man bei den jeweiligen Gemeinden.

Beratung und Hilfe geben aber auch nichtstaatliche Institutionen, zum Beispiel die Caritas, in Deutschland unter www. caritas.de, in Österreich unter www.caritas.at, in der Schweiz unter www.caritas.ch.

Hilfecodes in Notfällen

siehe Gewalt

Hoffnung

Wie soll ich jemals diese Katastrophe überstehen? Wird die Verzweiflung jemals enden? Werde ich jemals → Heilung finden? Zu den akuten Folgen → narzisstischen Missbrauchs gehört auch, dass man immer wieder in tiefer Verzweiflung versinkt. Bei vielen Betroffenen sind die seelischen und körperlichen Leiden zu einem bestimmten Zeitpunkt so qualvoll, dass sie sich nicht vorstellen können, irgendwann ihren Alltag wieder bewältigen zu können – geschweige denn (wieder) ein optimistisches, selbstbestimmtes Leben zu führen. Dieses Gefühl der absoluten Hoffnungslosigkeit kann die unter NarzisstInnen leidenden Menschen insbesondere in der aufwühlenden Zeit des Nachbebens nach der → Trennung mit unglaublicher Wucht überfallen. Gerade in dieser Phase sind sie stark gefährdet, eine → Depression zu entwickeln und an → Suizid zu denken.

Es gibt keinen Ausweg aus dieser Situation, nichts ist mehr möglich – oder doch? Die Berichte von zahllosen Betroffenen, die ihren Weg in ein neues, glücklicheres Leben gefunden haben, zeigen, dass man nie die Hoffnung aufgeben soll.

FALLBEISPIEL

Ich habe schlimme Zeiten durchlebt und war, wie man sagt, ganz unten. Und heute? Bin ich zum ersten Mal in meinem Leben glücksfähig und freue mich auf jeden Tag, den ich erleben darf. Diese Erfahrung gebe ich gerne an andere weiter.

Was tun?

Bei Depressionen und Suizidgedanken: Suchen Sie umgehend → Hilfe!

Wenn Sie die Verzweiflung packt und Sie dringend einen Hoffnungsschimmer brauchen:

» Suchen Sie Trost in → Selbsthilfegruppen und Onlineforen. Dort sind andere Betroffene, die Ihnen Verständnis entgegenbringen und Sie durch Ihre dunklen Stunden begleiten. Sie können Ihnen mit ihren Erfahrungen Hoffnung vermitteln.

» Lassen Sie sich helfen! Denken Sie daran, dass Sie nicht allein sind, und ziehen Sie sich nicht in die → soziale Isolation zurück. Es gibt für jeden Menschen Anlaufstellen, um Hilfe zu finden. Und meist sind auch Personen in Ihrem → Umfeld, die Ihnen gerne zur Seite stehen, Zuspruch und Unterstützung geben. → Schämen Sie sich nicht!

» Nehmen Sie sich selbst wichtig, kümmern Sie sich um Ihre → Gesundheit und betreiben Sie → Selbstfürsorge.

» Haben Sie Geduld – mit Ihrer Seele und mit Ihrem Körper. Begrüßen Sie jeden kleinen Schritt, der Sie vorwärtsbringt.

» Besinnen Sie sich auf Ihre → Ressourcen, damit Sie Ihre → Ängste nicht überrollen. Probieren Sie aus, mit welchen Mitteln Sie schnell Trost, gegebenenfalls Ruhe oder auch Inspiration finden. Manchen hilft ein Spaziergang in der Natur oder schöne Musik, andere finden Kraft durch spirituelle Techniken, beispielsweise durch Meditation, Gebete, Mantren oder schlichte Affirmationen. Schon ein einfaches »Alles wird gut!« kann helfen.

- Denken Sie daran, dass Ihr Leben nicht an diesem Nullpunkt stehen bleiben muss. Was wäre eine schöne, positive Zukunftsvision? Vielleicht ein ruhiger Urlaub mit Ihren Kindern?
- Vertrauen Sie darauf, dass alles, was Sie für Ihre Heilung unternehmen, einen positiven Effekt nach sich zieht. Schon positive Gedanken tragen dazu bei, dass sich Ihre Hirnstrukturen verändern und Selbstheilungskräfte aktiviert werden.

Persönlicher Kommentar

Mir hat folgende Vorstellung geholfen: Wenn man ganz unten ist, dann kann es nur noch aufwärtsgehen. Dieses innere Bild hat mich lange begleitet, bis zum Gipfel in meinem neuen, glücklichen Leben. Und ich habe die Schritte gemacht, einen nach dem anderen! Selbst!

Ideale PartnerInnen

»Als Sie ein kleines Mädchen waren, da wurde Ihnen erzählt, eine Prinzessin schlief hundert Jahre in einem verzauberten Schloss. Und ein Prinz erklomm ihren Turm, erschlug einen Drachen, weckte die schlafende Prinzessin mit einem Kuss, und sie lebten glücklich bis ans Ende ihrer Tage. Und man denkt sich: Klingt plausibel.« Dass Frauen der Vorstellung des Märchenprinzen so beharrlich anhängen, führt die bezaubernde Mrs. Maisel in der TV-Serie »The Marvelous Mrs. Maisel« auf zu enge Büstenhalter zurück, durch die das Gehirn nicht richtig durchblutet wird – auch eine Theorie.

Tatsächlich tragen die meisten Menschen seit der Kindheit die Vorstellung des perfekten Partners oder der perfekten Partnerin in sich. Es ist das Traumbild eines fantastischen, wunderbaren Menschen, der einem alles bietet, wonach man sich sehnt: Liebe, selbstverständlich, aber auch Ansehen, Status, Wertschätzung, Spaß, Bestätigung, materielle Sicherheit …

NarzisstInnen verstehen dank ihrer kognitiven → Empathie sehr gut, was andere Menschen in ihnen sehen möchten, und können diese Rolle in der Regel perfekt spielen: den reizenden Liebhaber, der mit seiner charmanten Art dem Leben eine herrliche Leichtigkeit verleiht; die selbstbewusste Frau, die sich einem trotz aller Stärke hingibt und sich um einen kümmert; den tatkräftigen Erfolgsmenschen, der einem ungeahnte Sicherheit verschafft und das Leben auf einmal viel einfacher erscheinen lässt; die reizende Schöne, die Glanz und Lebensfreude versprüht. Es ist die nur allzu verlockende Illusion des idealen Partners, der idealen Partnerin, der perfekten Seelenverwandtschaft, die das eigene Leben in ungeahnte Höhen entführt.

Dieser Täuschung fallen Betroffene schon zu Beginn einer Beziehung mit einem narzisstischen Menschen rettungslos zum Opfer, wenn sie durch → Love Bombing auf einen hohen Sockel gestellt werden und sich wie vergöttert fühlen. Sie erleben das fantastische Gefühl, anscheinend den Menschen gefunden zu haben, der ihr Traumbild erfüllt. Diese perfekte Person möchten sie nie mehr verlieren und dieses Gefühl der Euphorie nie mehr missen. Der Gedanke, von diesem scheinbar idealen Seelenverwandten wieder verlassen zu werden, erfüllt sie mit tiefen Schrecken. Sie haben → Angst, dass sie das Leben ohne diesen

Menschen nicht schaffen können – und dass sie nie wieder jemanden finden werden, mit dem sie sich so eng verbunden fühlen. Deshalb unternehmen Betroffene alles, um die Beziehung aufrechtzuerhalten. Sie hängen der Illusion der perfekten Partnerschaft nach, selbst wenn ihr narzisstisches Gegenüber die Maske längst fallen gelassen hat – die typischen Verhaltensweisen listet der → Narzissmusradar auf. Häufig klammern sie sich dabei verzweifelt an die trügerische Hoffnung, dass sich diese nun vollkommen andere Person wieder in den idealen Menschen zurückverwandeln könnte, beispielsweise durch eine → Therapie. Es fällt ihnen deshalb unendlich schwer, sich von ihrem narzisstischen Gegenüber zu lösen, und sie sind nach der → Trennung, egal ob diese erwünscht oder erzwungen war, am Boden zerstört.

In dieser Phase der Trennung und langsamen Genesung sind viele Betroffene extrem → anfällig, sich von ihren ExpartnerInnen wieder in eine Beziehung »einsaugen« zu lassen. Trotz all ihrer schrecklichen Erfahrungen und Erlebnisse ist ihre Sehnsucht nach der Euphorie des Love Bombing und der idealen Partnerschaft häufig noch zu stark, als dass sie den verführerischen Manipulationen der narzisstischen Verflossenen widerstehen könnten.

Sie sind darüber hinaus aber auch extrem gefährdet, eine Beziehung mit einem anderen narzisstischen Menschen einzugehen, der genau die perfekten Eigenschaften für die ersehnte ideale Partnerschaft mitzubringen scheint. Wer noch sehr unter der Trennung leidet und sein seelisches Gleichgewicht noch nicht gefunden hat, der ist leider ein leichtes Opfer für NarzisstInnen und gerät so nur allzu leicht in die nächste Katastrophe. Dies gilt besonders für Frauen, die sich in dieser Situation von einer »starken Schulter zum Anlehnen« trösten und begeistern lassen. Doch aus dem traumhaften Neuanfang wird schnell ein neuer narzisstischer Albtraum.

Manche Betroffene mussten in ihrem Leben mehrmals einen solchen Albtraum durchleben, bevor sie endlich das Muster und das Vorgehen der NarzisstInnen durchschauten und sich endlich schützen konnten.

FALLBEISPIEL

In unserer Beziehung habe ich jahrelang nach der Person gesucht, nach dem idealen Partner, als der R. sich zu Beginn präsentiert hatte – ich habe ihn nie mehr gefunden. Es war für mich erst einmal niederschmetternd, als ich endlich erkannte und vor mir selbst zugeben musste, dass es ihn nie gegeben hat. Die Illusion dieses Traummanns hatte mein ganzes Denken und Fühlen beherrscht, und ich brauchte einige Zeit, bis ich sie wirklich ausgemerzt hatte.

Was tun?

Solange Betroffene das Idealbild ihrer narzisstischen ExpartnerInnen nicht ganz zertrümmert und für sich verabschiedet haben, sind sie extrem anfällig dafür, sich wieder in eine Beziehung mit ihnen hineinmanipulieren zu lassen. Hier hilft vor allem:

- rigoros den → Kontakt unterbinden
- sich voll und ganz auf sich selbst konzentrieren, sich der eigenen → Gesundheit widmen und → Selbstfürsorge betreiben
- das → Selbstwertgefühl stärken

Vor der Falle der »idealen« neuen Partnerschaft kann sich am besten schützen, wer sich seiner Anfälligkeit bewusst ist und dementsprechend handelt. Seien Sie deshalb zurückhaltend, wenn auf einmal ein Retter in der Not erscheint, sei es aus dem Bekanntenkreis oder über das Internet – möglicherweise ist es wieder ein narzisstischer Mensch, der Ihnen genau die Illusion der Idealbesetzung vorgaukelt, die Sie sich so sehnlich wünschen. Seien Sie vorsichtig, in Onlineforen häufen sich die Berichte von Betroffenen, denen gerade dies passiert ist. Denken Sie immer daran: Wer wirklich an Ihnen und einer guten Beziehung mit Ihnen interessiert ist, der drängt Sie nicht in klassischer Manier der Love Bomber und Blender Hals über Kopf in eine neue Partnerschaft. Achten Sie auf die Warnzeichen!

Für die → Heilung ist es enorm wichtig, sich von dem Traumbild des idealen Partners oder der idealen Partnerin zu verabschieden, das die narzisstische Person von sich gezeichnet hat. Dieser Prozess der Loslösung ist für viele Betroffene sehr schwierig, schmerzhaft und oft nur mit einer unterstützenden → Therapie möglich. Er erfordert eine intensive Auseinandersetzung mit den eigenen inneren Überzeugungen und → Verletzungen, in deren Rahmen man folgenden Fragen auf den Grund geht:

- Was wünsche ich mir von einem Partner oder einer Partnerin?
- Warum wünsche ich mir genau dies?
- Habe ich Angst davor, nie mehr einen anderen Partner, eine andere Partnerin zu finden?
- Habe ich Angst davor, ohne eine Beziehung zu leben?
- Warum habe ich Angst davor?
- Ist der Grund für diese Angst die unbewusste innere Überzeugung, dass mein → Selbstwertgefühl nur von der äußeren Bestätigung abhängig ist?

Um den Prozess erfolgreich abschließen zu können, ist es wichtig, sich von den oben genannten Ängsten zu befreien und das eigene Selbstwertgefühl zu stärken. Das Ziel ist, ein inneres Skript umzuschreiben: Aus »Ich bin nur wertvoll, wenn dies von anderen bestätigt wird« wird »Ich bin gut genug«. Und wer »gut genug« ist, braucht keine ideale – oder besser idealisierte – Person an seiner Seite, sondern freut sich über authentische Menschen, die respektvoll und ehrlich mit einem umgehen.

Persönlicher Kommentar

Wer das Wunsch- und Trugbild des idealen Partners oder der idealen Partnerin aufgeben kann, hat einen wichtigen Meilenstein auf dem Weg (zurück) in ein selbstbestimmtes Leben erreicht. Das kann unglaublich schwerfallen, doch wem dies gelingt, wird große Erleichterung spüren – als ob ihm ein Stein von der Seele gefallen oder eine Blockade im Kopf geöffnet worden sei.

Kinder

Die → Trennung vorbereiten, ausführen und danach keinen oder nur minimalen → Kontakt mit dem narzisstischen Menschen halten – dies fällt oft noch schwerer, wenn auch Kinder betroffen sind. Kann man ihnen die Trennung zumuten? Soll man den Kontakt nicht doch in größerem Maß aufrechterhalten? Brauchen Kinder denn nicht auch Zeit, die sie gemeinsam mit beiden Elternteilen verbringen? Solche und viele andere Fragen schwirren wohl jedem Menschen durch den Kopf, wenn es um solch einschneidende Veränderungen innerhalb einer Familie geht.

Die Entscheidung, ob man eine Beziehung löst und wie man dabei vorgeht, kann einem keiner abnehmen. Vielen Betroffenen hilft aber die Einsicht, dass nicht nur sie selbst, sondern auch ihre Kinder Schaden nehmen, wenn sie nicht handeln. Denn auch die Kinder leiden in der Regel unter der Situation in der Familie. So kann es für sie sehr schwierig sein, wenn Eltern aufgrund des → narzisstischen Missbrauchs psychische Beschwerden entwickeln oder sich → sozial isolieren. Und sie leiden unter der → Gewalt, die möglicherweise nicht nur die Beziehung der Eltern vergiftet, sondern sich auch gegen die Kinder selbst richtet. Die ganze Palette narzisstischer → Manipulation und Grausamkeit kann hier vertreten sein: Kränkungen, Demütigungen und Erniedrigungen, Lügen und Vertrauensbrüche, Terror durch gezielte Verunsicherung, unkontrollierbare Wutausbrüche und auch körperliche Angriffe. Hinzu kommen eine geringe → Empathie bis zur Gefühlskälte und sogar eine offen gezeigte Abneigung.

Typisch für narzisstische Eltern sind unter anderem auch folgende Verhaltensweisen:

- » Sie spielen ihre Kinder gegeneinander aus und schüren durch gezielte Bevorzugung und Benachteiligung Rivalitäten. Auf diese Weise erreichen sie auch, dass sich die Kinder emotional nicht miteinander verbunden fühlen.
- » Sie erzeugen bei ihren Kindern Schuldgefühle.
- » Sie ignorieren die Bedürfnisse ihrer Kinder und stellen ihre Interessen immer voran.

- Sie respektieren die Grenzen ihrer Kinder nicht und versuchen sie so weit wie möglich zu kontrollieren, sodass sie weder selbstständig noch autonom werden können. Dazu gehört auch, sich in ihre Freundschaften und Beziehungen einzumischen und diese nach Belieben und Bedarf zu sabotieren.
- Sie treiben Kinder zu Leistungen an, um sich damit brüsten zu können und/oder um selbst finanziell oder auf andere Weise davon zu profitieren.

Die Folgen für Kinder: Bis ins Erwachsenenalter …

Diese und andere Formen psychischer Gewalt können sich auf Kinder genauso verheerend auswirken wie körperliche Übergriffe. Der andauernde → Stress, dem sie in einer solchen Familiensituation ausgesetzt sind, ihre Ängste und emotionalen Verletzungen können schwere Folgen für ihre Gesundheit nach sich ziehen und auch ihre kognitive und emotionale Entwicklung verlangsamen. Deutliche Anzeichen für ihre inneren Qualen sind unter anderem Bettnässen, Kopfschmerzen, Ess- und Schlafstörungen, ein reduziertes psychisches Wohlbefinden und ein geringes Selbstwertgefühl, → Ängste, depressive Symptome und → Suizidwünsche. Hinzu kommen Konzentrationsprobleme und Beeinträchtigungen in der Leistungsfähigkeit, die zu schlechten Ergebnissen in der Schule bis hin zum Schulversagen führen können. Häufige Folgen sind zudem ein aggressives, auch gewalttätiges Verhalten und bei älteren Kindern und Jugendlichen der Griff zu Alkohol und Drogen. Und nicht zuletzt laufen Kinder narzisstischer Eltern eher Gefahr, selbst eine narzisstische Persönlichkeitsstörung zu entwickeln.

Noch vor wenigen Jahrzehnten waren viele ExpertInnen der Meinung, dass Kinder nach den meisten traumatischen Ereignissen keine bzw. geringe und zudem vorübergehende Störungen entwickeln würden. Eine schwerwiegende Fehleinschätzung: Heute weiß man, dass Kinder bereits ab dem ersten Lebensjahr durch stresshafte Erfahrungen psychisch erkranken bzw. Kinder und Jugendliche durch traumatische Erlebnisse posttraumatische Belastungsstörungen (→ Trauma) entwickeln können. Allerdings können die Symptome in den verschiedenen Altersgruppen erheblich variieren und sich von denen Erwachsener unterschciden. Besonders häufig leiden Kinder unter folgenden Traumasymptomen:

» Emotionale Taubheit. Dazu gehören Emotionslosigkeit und Entfremdungsgefühle. Häufig interessieren sich die Betroffenen nicht mehr für Dinge, die für sie zuvor wichtig waren, oder sie verlernen Fertigkeiten und weisen ein regressives Verhalten auf.
» Erhöhte autonome Erregung. Sie führt unter anderem zu Schreckhaftigkeit, schlechtem Schlaf und Aggressivität, Konzentrations- und Gedächtnisproblemen.
» Wiedererleben des traumatischen Geschehens im Wachzustand oder Schlaf. Auf diese Belastung zeigen Kinder und Jugendliche häufig typische Reaktionen: Sie klammern sich an Bezugspersonen, sind auffällig aggressiv und ängstlich.

Doch damit nicht genug. Die Folgen von emotionaler und/oder körperlicher Gewalt und Trauma in der Kindheit zeigen sich bei vielen Betroffenen noch im Erwachsenenalter: Betroffene laufen verstärkt Gefahr, eine → Depression, Angststörungen, Störungen der Affekt- und Impulsregulation sowie Sucht- und Bindungsprobleme zu entwickeln. Bei manchen treten selbst noch nach Jahren Symptome eines → Traumas sowie sogenannte somatoforme Störungen auf. Dies sind Beschwerden, beispielsweise Schmerzen im Brustbereich, für die sich trotz gründlicher Untersuchung keine organische Erklärung finden lässt.

Betroffene neigen zudem eher zu einem ungesunden Lebensstil, der wiederum zu einem erhöhten Krankheitsrisiko führt. So können sie eine erhöhte Anfälligkeit für Infektionskrankheiten, Diabetes, Asthma, Herz-Kreislauf-Erkrankungen und chronische Schmerzen haben. Eine der körperlichen Ursachen für die erhöhte Neigung zu diesen Erkrankungen sind chronisch erhöhte Entzündungswerte im Blut – eine Stressantwort des Körpers, die misshandelte oder traumatisierte Kinder über Jahre hinweg häufig noch im Erwachsenenalter aufweisen.

Forschungen haben zudem ergeben, dass Menschen mit Misshandlungserfahrungen in der Kindheit häufiger als andere Eltern selbst zu aggressivem Verhalten gegenüber ihren Kindern neigen.

… und über das Erbgut in die nachfolgenden Generationen

Narzisstischer Missbrauch in der Familie beeinträchtigt Kinder möglicherweise ihr ganzes Leben lang. Neuesten Forschungen zufolge kann sich der damit verbundene Stress sogar so in ihr Erbgut einschreiben, dass sie ihn an ihre eigenen Kinder und Kindeskinder weitergeben.

Verantwortlich hierfür ist das sogenannte Epigenom, das wie eine Art Code über unserer Erbinformation, dem Genom, liegt. Das Epigenom sorgt dafür, dass verschiedene Genabschnitte und DNA-Baupläne aktiviert werden, sodass sich aus einer ursprünglich gleichen genetischen Information die verschiedensten Körperzellen bilden: Darm, Augen, Haare, Herz …

Erst seit wenigen Jahren weiß man, dass das Epigenom auch auf Umwelteinflüsse reagiert, zum Beispiel auf die Ernährung, auf Umweltgifte – und auf Stress. Diese Einflüsse haben einen Effekt auf die epigenetische Programmierung unserer Zellen. Die Gene bekommen eine Art »Gedächtnis«, das lange Zeit aktiv bleiben und sogar vererbt werden kann. So können sich Studien zufolge bei Frauen Kindheitstraumata auf die Hormone in der Schwangerschaft sowie auf die Entwicklung bestimmter Hirnareale des Kindes bei Geburt auswirken. Und nicht zuletzt vererben sie auch ihre mit vielen psychischen und physischen Erkrankungen verbundenen hyperaktiven Stressgene an ihre Kinder weiter. Die Vererbung der epigenetischen Stresssignale kann aber auch über die väterlichen Spermien erfolgen.

FALLBEISPIEL

Ich wuchs in einer Familie auf, in der meine narzisstische Mutter uns alle dominierte und manipulierte. Sie war übergriffig, respektierte unsere Grenzen nicht und beging häufig Vertrauensbrüche. Sie spielte uns Kinder gegeneinander aus, sodass wir immer aufeinander neidisch waren und wie verzweifelt um ihre Zuneigung und Anerkennung konkurrierten. Diese Rivalität beeinflusst uns teilweise heute noch. Besonders schlimm waren ihre Wutausbrüche, die oft ohne Vorwarnung wie ein überraschendes Gewitter über mich hereinbrachen. Es konnte vorkommen, dass ich ruhig in meinem Zimmer saß und spielte – und plötzlich rauschte sie tobend herein und begann mich zu beschimpfen und zu schlagen, ohne dass ich verstand, was ich angestellt haben

sollte. Das zog mir so den Boden unter den Füßen weg, dass ich mich eigentlich nie sicher fühlte.
Im Gegensatz zu meinen Geschwistern gelang es mir jedoch, Vertrauen zu anderen aufzubauen und Freundschaften zu schließen. Das war mein Glück. Denn dank meiner Freunde, die zu mir standen, ehrlich und geradlinig mit mir umgingen und mir auch in schwierigen Situationen halfen, lernte ich, das Verhalten meiner Mutter mit anderen Augen zu sehen und als zerstörerisch zu erkennen. Manche sprachen auch ganz offen von sich aus mit mir darüber, weil das Verhalten meiner Mutter ihnen auffiel und weil sie als Außenstehende besser als ich sahen, wie sehr die Situation mich belastete.

Was tun?

Als Eltern hat man, wie es im Amtsdeutsch heißt, elterliche Pflichten und Sorgen. Dazu gehört auch, sich bei Problemen, die man allein nur schwer oder gar nicht bewältigen kann, bei juristischen, pädagogischen, medizinischen und kindertherapeutischen Fachkräften professionelle → Hilfe zu holen. Wenden Sie sich dazu zum Beispiel an das Jugendamt, die Familienberatung oder den kommunalen Sozialdienst. Auch die Opferschutzvereine, die unter dem Stichwort »Gewalt« aufgelistet sind, oder versierte Anwältinnen und Anwälte, die sich auf Familienrecht spezialisiert haben, können hilfreich sein.

Wer Scheu vor den Behörden hat oder sich für seine psychische Verfassung oder seine Situation schämt, den kann vielleicht der gesetzliche Leitgedanke beruhigen: Das Kindeswohl steht an erster Stelle. Es ist Aufgabe der Behörden und Ziel ihrer Fachkräfte, Eltern so zu unterstützen, dass sie auch in widrigen Situationen die Erziehung der Kinder gut und selbstständig ausüben können. Wer Hilfe sucht, weil seine Kinder Probleme haben, weil er verzweifelt oder am Ende seiner Kräfte ist, zeigt, dass er auch in Krisen um ihr Wohl bemüht ist. Von den Fachkräften bei den zuständigen Stellen wird dies als ein guter, erster Schritt zur Verbesserung einer schwierigen Situation gesehen. Und sie sind dazu da, Kindern und Eltern auf verschiedenen Ebenen Hilfestellung zu geben. In Deutschland beispielsweise hat jeder Elternteil ein Recht darauf, eine sogenannte Kinder- oder Jugendhilfe in Anspruch zu nehmen. Dies kann eine pädagogische Fachkraft sein, die in das Elternhaus kommt, mit den Kindern etwas unternimmt und ihnen als neutrale Person mit der nötigen fachlichen Kompetenz bei ihren Problemen hilft. In Österreich und der Schweiz gibt es ähnliche Angebote.

Wer Hemmungen hat, sich an ein Amt zu wenden, dem stehen auch andere Institutionen und Initiativen unterstützend zur Seite. Genauere Angaben dazu finden sich unten unter »Weitere Informationen«.

Kontaktregeln und Umgangsrecht

Kein oder so wenig Kontakt wie möglich, so lautet die Faustregel für Betroffene nach der Trennung. Für die gemeinsamen Kinder lässt sich das nicht umsetzen, denn das Umgangsrecht mit beiden Elternteilen wird sehr hochgehalten. Bei gemeinsamem Sorgerecht muss häufig gerichtlich geklärt werden, wo die Kinder wohnen und welche Umgangsregeln gelten. Es ist deshalb sehr wichtig, sich so früh wie möglich professionellen juristischen Rat und Beistand zu suchen, um keinen Fehler zu begehen und sich dadurch angreifbar zu machen. Auch bei Gerichtsterminen bewährt es sich in der Regel, einen Profi zur Seite zu haben.

Sind Aufenthalt und Umgang geklärt, ist es erfahrungsgemäß am besten für den betroffenen Elternteil und die Kinder, wenn klare Regeln und eng gesteckte Grenzen bestehen, die der narzisstische Partner oder die narzisstische Partnerin nicht überschreiten darf. Zur Terminverwaltung von Familien gibt es inzwischen eine Reihe von hilfreichen Apps, die jeder auf den PC oder das Smartphone laden kann. Was dort eingetragen wird, ist verbindlich. Damit herrschen klare Verhältnisse, und es gibt keinen Raum für Ausflüchte.

Leider werden gemeinsame Kinder nach der Trennung häufig als eine Art Faustpfand benutzt, um den ehemaligen Partner oder die ehemalige Partnerin weiter kontrollieren zu können. Dieses Verhalten ist nicht nur auf Beziehungen mit NarzisstInnen beschränkt. Letztere lassen es sich jedoch meist nicht nehmen, die gemeinsamen Kinder zu manipulieren, um sie von ihren ExpartnerInnen zu entfremden. Doch auch Betroffene sollten davon absehen, vor den Kindern schlecht über den anderen Elternteil zu reden, denn man schadet ihnen dadurch enorm. Kinder haben Bindung zu beiden Elternteilen, und man wirft sie damit in einen unlösbaren Loyalitätskonflikt.

Wer befürchtet, dass der andere Elternteil den Kindern emotional oder auch auf andere Weise schadet, kann einen begleiteten Umgang beantragen. Der Expartner oder die Expartnerin sieht dann die Kinder nur im Beisein einer Fachkraft. Damit der begleitete Umgang von den Behörden bewilligt und finanziert wird, müssen jedoch handfeste, für Außenstehende nachvollziehbare Gründe vorliegen. Es ist deshalb wichtig, dass Sie alle Vorfälle dokumentieren. Bitten Sie dazu auch die Fachkräfte aus dem Umfeld Ihrer Kinder – Lehrpersonal, Kita-Angestellte – um Hilfe. Den begleiteten Umgang bieten auch nichtstaatliche Träger an. In diesem Fall muss man ihn jedoch selbst finanzieren, und der andere Elternteil muss zustimmen.

Natürlich kann man auch auf diese Weise nicht sämtliche Manipulationen verhindern. Die Erfahrung zeigt jedoch, dass die Kinder diese irgendwann durchschauen – und sich ein eigenes Bild machen.

Persönlicher Kommentar

Manchmal wird psychotherapeutische Hilfe für Kinder und Jugendliche erforderlich. Informationen über geeignete TherapeutInnen in Ihrer Nähe erhalten Sie oft von dem Kinder- oder Hausarzt/der Kinder- oder Hausärztin. Sie können aber auch bei den unten unter »Weiterführende Informationen« aufgelisteten Beratungs- und Informationsportalen hilfreiche Hinweise bekommen.

Weiterführende Informationen

Informationsportale und Beratungsstellen

Deutschland

Nummer gegen Kummer e.V. Die Dachorganisation des größten telefonischen Beratungsangebots für Kinder, Jugendliche und Eltern in Deutschland bietet anonyme und kostenfreie Beratung – unter anderem zu Angst, Missbrauch, Essstörungen, Depression oder Sucht, Stress mit Eltern oder Mobbing – über Mail und Telefon; Kinder- und Jugendtelefon: 116 111, montags bis samstags von 14 bis 20 Uhr; Elterntelefon: 0800 111 0 550, montags bis freitags 9 bis 17 Uhr, dienstags und donnerstags bis 19 Uhr.
www.nummergegenkummer.de

Bundeskonferenz für Erziehungsberatung e.V. Der Fachverband für Erziehungs-, Familien- und Jugendberatung bietet kostenfreie Onlineberatung für Jugendliche und Eltern. www.bke-beratung.de

Töchter narzisstischer Mütter. Das private Informationsangebot mit dem Schwerpunkt »Töchter narzisstischer Mütter« ist auch für andere Eltern-Kind-Konstellationen interessant. www.narzissmus.org

Österreich

Die österreichischen Kinderschutzzentren. Der Bundesverband bietet landesweit Beratung, Krisenintervention, Psychotherapie, Prozessbegleitung und Kinderbeistand sowie auf der Website eine Liste der Kinderschutzzentren. www.oe-kinderschutzzentren.at

Rat auf Draht. Die österreichische Notrufnummer und Telefonberatung für Kinder und Jugendliche ist anonym, kostenlos und rund um die Uhr erreichbar. Ohne Vorwahl: 147. Auf der Website ist auch ein anonymer Chat möglich, montags bis freitags von 18 bis 20 Uhr. www.rataufdraht.at

Informationsportal des Bundeskanzleramts über Trennung, Scheidung, Eltern- und Kinderrechte in Österreich. www.trennungundscheidung.at

Schweiz

Pro Juventute e.V. Das Beratungsportal bietet 24 Stunden täglich kostenfreie Beratung per Mail, Chat oder Telefon. Ohne Vorwahl: 147. www.147.ch

Kinderschutz Schweiz. Auf der Website der privaten Stiftung findet man viele Informationen und eine Liste der Fachstellen für Eltern und Bezugspersonen von Kindern und Jugendlichen. www.kinderschutz.ch

Familienrechtsinfo. Auf der Website findet man Informationen zu rechtlichen Fragen sowie ein Anwaltsverzeichnis. www.familienrechtsinfo.ch

Verzeichnisse von Kinder- und JugendtherapeutInnen

Deutschland

Kinder- und Jugendpsychiatrie, Psychosomatik und Psychotherapie. Auf der Website des Berufsverbands für Kinder- und Jugendpsychiatrie, Psychosomatik und Psychotherapie, BKJPP, und der Bundesarbeitsgemeinschaft der Leitenden Klinikärzte für Kinder- und Jugendpsychiatrie, Psychosomatik und Psychotherapie e.V., BAG, findet man eine umfassende Auflistung von Kinder- und JugendtherapeutInnen. www.kinderpsychiater.org

Österreich

Kindertherapie.at. Die Website der privaten Initiative bietet Informationen und ein Verzeichnis von Kinder- und JugendtherapeutInnen und -ärztInnen. www.kindertherapie.at

Schweiz

Doktor.ch. Auf dem Schweizer Ärzteportal sind KinderärztInnen sowie PsychiaterInnen verzeichnet. www.doktor.ch

Föderation der Schweizer Psychologinnen und Psychologen (FSP). Auf der Website des Berufsverbands findet man über den Button »SOS Kids & Teens« TherapeutInnen mit kurzer Wartezeit. www.psychologie.ch

Kollusion

Wörtlich bedeutet Kollusion »Zusammenspiel«. Gemeint ist damit das meist unbewusste Verhalten von zwei oder mehr Menschen, die sich auf eine bestimmte, negative Weise aufeinander »eingespielt« haben. Im allgemeinen Sprachgebrauch ist hierfür der umstrittene Begriff Co-Abhängigkeit bekannt. Er wurde ursprünglich auf PartnerInnen von Alkoholkranken angewandt. Mittlerweile hat er jedoch auch im Zusammenhang mit anderen → Suchtkrankheiten und sonstigen psychischen Erkrankungen, die sich schädigend auf das Umfeld der Erkrankten auswirken, weite Verbreitung gefunden.

Beschrieben wird mit diesem Begriff ein Verhalten, das den süchtigen Menschen unterstützen und von seiner Sucht abbringen soll, ihn jedoch im Gegenteil darin noch bestärkt. Bei Alkoholkranken kann das beispielsweise bedeuten, dass die PartnerInnen diese nach einem Gelage immer wieder auffangen, beim Arbeitgeber krankmelden, im Freundeskreis entschuldigen und die Spuren des Rausches beseitigen. Die PartnerInnen nehmen den Suchtkranken damit bis zu einem gewissen Grad die Konsequenzen ihrer Sucht ab. Für eine erfolgreiche Heilung ist es jedoch sehr wichtig, dass die Erkrankten genau diese Folgen erleben und dafür Verantwortung übernehmen. Das Leben und die Sucht des einen werden zum Lebensmittelpunkt des anderen, der so eine Co-Abhängigkeit entwickelt.

In einer Beziehung mit narzisstischen Menschen kann dies bedeuten, dass ihre PartnerInnen ihnen begehrte → narzisstische Zufuhr liefern, beispielsweise (blinde) Bewunderung, Idealisierung oder Unterwerfung. Und sie räumen im übertragenen Sinn immer wieder die Scherben beiseite: Sie → bagatellisieren und beschönigen das zerstörerische Verhalten des narzisstischen Menschen bis hin zur absoluten Verleugnung der Realität und sind immer wieder bereit, die Beziehung trotz aller schlechten Erlebnisse fortzuführen. Sie stellen die eigenen Bedürfnisse zurück und fühlen sich in gewisser Weise gut dabei, weil sie durch ihr kollusives Verhalten eigene Schwächen überspielen und seelische → Verletzungen lindern. Sie genießen es beispielsweise, wenn ein wenig von dem strahlenden Licht der Bewunderung, die der narzisstische Mensch von seinem → Umfeld erhält, auch auf sie fällt. Dies kann dazu führen, dass PartnerInnen mit der Zeit regelrecht süchtig nach der Beziehung mit dem anderen und dessen Narzissmus werden. Der narzisstische Mensch wiederum sieht sich durch so viel Hingabe bestätigt und wird die Beziehung immer weiter nach seinen Bedürfnissen gestalten.

FALLBEISPIEL

J. neigte zu spontanen Wutanfällen, die jedoch ebenso schnell aufhörten, wie sie ausbrachen. Warum ich das ertrug? Ich wünschte mir während der gesamten Beziehung den perfekten Love Bomber zurück, den scheinbaren Seelenverwandten, mit dem ich in perfekter Harmonie aufgehen konnte. Ich wollte unbedingt, dass diese Beziehung nicht endete – ich hätte es als mein Scheitern angesehen, nicht als seines. Also lernte ich, diese plötzlichen Attacken schon im Vorfeld so weit wie möglich zu verhindern, auch weil ich nicht wollte, dass irgendjemand mich in einer solchen Situation sah. Wer hätte das denn schon verstanden? Ich handelte deshalb immer weniger spontan und überlegte mir schon im Vorhinein, ob ich ihn vielleicht mit meinem Handeln verletzen oder verärgern könnte.

Was tun?

Das kollusive Verhalten, das Menschen in narzisstisch missbräuchlichen Beziehungen an den Tag legen, ist in der Regel in den tiefen seelischen → Verletzungen begründet, die ihnen schon zuvor beigebracht wurden. Sie fühlen sich deshalb beispielsweise extrem verantwortlich gegenüber anderen und sehen sich gerne als Retter in der Not. Sie haben große Angst vor dem Alleinsein, ein geringes → Selbstwertgefühl und/oder hängen der Vorstellung eines → idealen Partners nach. Häufig zeigen auch Menschen, die mit einem narzisstischen Elternteil aufwuchsen, ein ausgeprägtes kollusives Verhalten, denn dieses haben sie von frühester Kindheit an erlernt.

Betroffene merken häufig nicht, dass sie in dieses Verhalten verfallen. Und wenn doch, dann können sie es vor sich und anderen (scheinbar) rechtfertigen. Um eine solche Verhaltensweise zu erkennen und zu überwinden, müssen die Betroffenen in der Regel den tief sitzenden Ursachen, ihren seelischen Verletzungen, im Rahmen einer → Therapie auf den Grund gehen und ihr Selbstwertgefühl stärken.

Wichtig ist dabei, dass man sich nicht der Vorstellung hingibt, dass eine Paartherapie helfen könnte, eine Beziehung auf Augenhöhe zu erreichen. Mit NarzisstInnen ist eine solche Partnerschaft nicht möglich. Sie werden jedoch alle Informationen, die sie im Rahmen einer solchen Therapie über ihre PartnerInnen erhalten, verwenden, um diese noch mehr und effektiver zu manipulieren.

Persönlicher Kommentar

Lesen Sie Ratgeber, die Ihnen eine Mitschuld am eigenen Missbrauch einreden wollen, mit großer Vorsicht. Gebräuchliche Reizwörter sind »Co-Narzissmus«, »Krankheitsgewinn« etc. Niemand, den ich kenne, wollte eine narzisstische Beziehung und hat angestrebt, sich dadurch zerstören zu lassen. Deshalb spreche ich eher von Verletzlichkeiten, von Wunden aus der Kindheit, von Genesung und Verantwortlichkeit, aber nie von Schuld oder Mitschuld.

Kommunikation

siehe Manipulation

Konflikte und Konfliktlösung

Eine unserer bemerkenswertesten seelischen → Ressourcen ist die sogenannte Ambiguitätsfähigkeit. Diese Fähigkeit zum Sowohl-als-auch spielt eine wichtige Rolle für die Frage, ob und in welchem Maß wir beziehungsfähig sind. Durch sie sind wir in der Lage, Konflikte zu akzeptieren. Und weil wir → Empathie besitzen, Bindungen aufbauen und aufrechterhalten können, sind wir auch in der Lage, Konflikte zu ertragen und zu lösen.

Selbst bei einem handfesten Krach bemühen wir uns, eine Einigung zu erzielen, weil uns am Miteinander mit anderen Menschen gelegen ist, weil wir niemandem wehtun möchten und weil es uns reut, wenn wir anderen Leid zugefügt haben. Wir klären die Fakten und unsere damit verbundenen Gefühle, übernehmen Verantwortung für unser Handeln und erwarten im Gegenzug, dass auch andere die Verantwortung für ihr Handeln übernehmen.

Soweit die Bedingungen für eine positive Streitkultur – die im Umgang mit NarzisstInnen jedoch geradezu unmöglich ist, weil diese Konflikte und Auseinandersetzungen nicht konstruktiv behandeln. Niemand kann mit NarzisstInnen auf der Basis einer logischen Argumentation streiten; Diskussionen drehen sich letztendlich immer und immer wieder im Kreis. NarzisstInnen streiten Vorwürfe ab, sehen nicht ein, wenn sie einen Fehler gemacht haben, übernehmen keine Verantwortung für Dinge, die schiefgegangen sind, → lügen das Blaue vom Himmel herunter und weisen die Schuld stets den anderen zu. Darüber hinaus können sie aufgrund ihrer mangelnden Empathie kaum oder gar nicht verstehen, wie sehr sie andere verletzen. Es fehlt ihnen schlicht das Mitgefühl. Eine halbwegs vernünftige Auseinandersetzung ist daher vollkommen unmöglich (siehe auch → Narzissmusradar).

Eine wichtige Zutat in der narzisstischen Streitunkultur ist der Umgang mit Kritik. NarzisstInnen → manipulieren und schikanieren Menschen in ihrem → Umfeld durch die Art und Weise, wie sie auf Kritik reagieren und wie sie Kritik einsetzen, um andere systematisch abzuwerten.

Zum narzisstischen »Kritikterror« gehört auf der einen Seite, dass NarzisstInnen jede kleinste – eingebildete oder echte – Kritik als schmerzhafte Kränkung empfinden, die sie weder vergessen noch vergeben können und auf die sie häufig sehr emotional reagieren. So können sie schon bei geringfügigen Anlässen extrem → wütend oder zutiefst beleidigt sein und sogar handgreiflich werden. Wer solche Ausbrüche erlebt hat, möchte ihnen in Zukunft meist entgehen und gewöhnt sich deshalb häufig ein »Leben auf Zehenspitzen« an, um die narzisstische Person nur ja nicht zu reizen. Narzisstische Empfindlichkeit weitet sich so zum Psychoterror aus, der sich schleichend zur Normalität entwickeln kann.

Die andere Seite des narzisstischen »Kritikterrors« ist die Art und Weise, wie NarzisstInnen Kritik ständig, übertrieben oder auch völlig unangebracht als ein Mittel der emotionalen → Gewalt einsetzen. Dies reicht von allgemeinen Floskeln mit verstecktem kritisierendem Inhalt (»Wer Gemüse isst, nimmt ab!«) über offene Kritik (»Du meine Güte, das Essen schmeckt heute aber überhaupt nicht!«) bis zu Demütigungen (»Du bist aber wirklich für alles zu blöd!«). NarzisstInnen verwenden Beleidigungen, Beschimpfungen und bösartigste verbale Attacken als Waffe in Auseinandersetzungen und Streitgesprächen.

Sie ergehen sich aber auch ohne nachvollziehbare Konfliktursache in teils stundenlangen Tiraden über andere Menschen, um diese zu tyrannisieren und zu verängstigen, zu verunsichern und zu entwerten.

Zur Manipulation durch Kritik gehört auch, dass NarzisstInnen Kritik nicht annehmen, sondern wie einen Bumerang auf die Person zurückschleudern, die sie kritisiert hat: »Es tut mir ja leid, wenn du dich von mir gekränkt fühlst, aber ich finde dich jetzt wirklich überempfindlich.« Ein Klassiker der Manipulation beginnt mit den Worten »Entschuldigung, aber …«. Die kritisierte narzisstische Person hat keinerlei Fehlverhalten zugegeben, denn die Schuld liegt immer bei den anderen und wird auch nie erlassen. Die kritisierende Person fühlt sich hingegen schlechter und schwächer als zuvor und muss auch noch beweisen, dass sie sich nicht falsch verhalten hat oder böse Absichten verfolgte.

FALLBEISPIEL

Ich lernte aus diesen endlosen Diskussionen, die sich wieder und wieder im Kreis drehten, immer besser, intensiver, detaillierter zuzuhören, um endlich den Schlüssel für eine Lösung der massiven Probleme zu finden, die mir vorgeworfen wurden. Es gab aber keine Lösung, sondern nur ständig wechselnde Vorwürfe. Eines Tages brach ich unter dem Dauerfeuer der Beschimpfungen und der Last der Ansprüche, die ich nie und nimmer erfüllen konnte, zusammen.

Was tun?

Für die eigene → Heilung ist es unendlich wichtig zu akzeptieren, dass sich Konflikte mit NarzisstInnen nicht befriedigend lösen lassen. So sehr man sich auch wünscht, einen Sieg über den Menschen zu erzielen, der einem so viel Leid zugefügt hat: Je eher man sich dessen bewusst wird, dass dieser Mensch seine Taten niemals bereuen und für sein Handeln auch nicht die Verantwortung übernehmen wird, desto besser. NarzisstInnen können sich zwar zumindest halbherzig entschuldigen, wenn sie sich davon einen Vorteil versprechen. Ein ehrlich gemeintes »Verzeih mir!« wird man jedoch nicht hören, denn dies erfordert Selbstkritik, Einfühlungsvermögen und die Erkenntnis, den anderen verletzt zu haben – für Menschen mit ausgeprägten narzisstischen Zügen eine unmögliche Aufgabe. Auch wenn es enorm schwerfällt: Für die eigene → Gesundheit und Genesung ist es ungleich besser, die ständigen heftigen Auseinandersetzungen aufzugeben und den Wunsch nach Genugtuung zu verabschieden.

Denken Sie immer daran, dass Wahrheit und Vertrauen in der Lebensrealität von NarzisstInnen keine Rolle spielen. Bei Konflikten und insbesondere bei → Trennungen müssen Sie immer davon ausgehen, dass ein narzisstischer Mensch alle → Lügen dieser Welt erzählen wird, um einen Vorteil zu erlangen und Ihnen zu schaden.

Rechnen Sie auch damit, dass sich Konflikte mit narzisstischen Menschen nur selten gütlich regeln lassen. Sorgen Sie deshalb zum Beispiel bei Trennungen dafür, dass Sie einen guten juristischen Beistand haben. Wenden Sie sich dazu auch an die Behörden und Institutionen, die unter den Stichwörtern »Finanzen und materieller Besitz« und »Hilfe« aufgelistet sind.

Persönlicher Kommentar

Zum Streiten gehören immer zwei – bei NarzisstInnen trifft dieser Standardspruch nicht zu. Sie sind meisterhaft darin, permanent Konflikte zu schüren und diese aufrechtzuerhalten. Behalten Sie dies immer im Hinterkopf!

Kontakt nach der Trennung

Für ausgeprägte NarzisstInnen ist es in der Regel nicht hinnehmbar, in Paarbeziehungen verlassen zu werden, die narzisstische Kränkung ist einfach zu groß. → Trennungen, die nicht von ihnen selbst ausgehen, werden von ihnen häufig nur schwer oder gar nicht akzeptiert. Aber auch wenn sie die Beziehung von sich aus lösen, werden sie häufig versuchen, sich immer wieder, oft über Jahre hinweg, in das Leben ihrer ExpartnerInnen zu drängen, um sie zu → manipulieren und zu kontrollieren, sie weiter in Abhängigkeit zu halten und als Quelle → narzisstischer Zufuhr zu missbrauchen.

Dieses Verhalten zeigen NarzisstInnen natürlich besonders ausgeprägt, wenn es um Paarbeziehungen geht – und in diesem Zusammenhang ist es für die Betroffenen häufig besonders verheerend. Sie wenden es aber auch in anderen Konstellationen an, beispielsweise in der Familie oder im Arbeitsleben, um Menschen, die sich von ihnen loslösen (wollen), weiterhin zu beherrschen bzw. nach Bedarf für ihre Zwecke zu nutzen.

»Hoovering« heißt hier das bevorzugte Mittel des narzisstischen Menschen. Die Bezeichnung bezieht sich auf die Hoover-Staubsauger, die in englischsprachigen Ländern zum Inbegriff des Staubsaugers geworden sind, sodass man dort nicht von Staubsaugen, sondern von Hoovern spricht. Die Bezeichnung ist treffend und äußerst anschaulich: Hoovering ist eine Methode, Menschen, mit denen man in Beziehung stand, psychisch einzukreisen und »einzusaugen«. Das Vorgehen ist so simpel wie wirksam: Man lässt sie einfach nicht in Ruhe und nimmt ganz nach Belieben ungebetenen und unerwünschten Kontakt mit ihnen auf.

NarzisstInnen wenden diese Taktik gerne an, wenn sie narzisstische Zufuhr brauchen. Jobverlust, finanzielle Schwierigkeiten, das Ende einer Partnerschaft – in solchen Situationen greifen sie bevorzugt auf ehemalige »LieferantInnen« zurück. Dabei ist es gleichgültig, wer wen verlassen hat. Manchmal versuchen sie, ihre alten Opfer auf diese Weise wieder in eine Beziehung zu ziehen. Häufig wollen sie ihnen einfach nur ihre Spielregeln aufzwingen, sie auf diese Weise kontrollieren und ihr Leben beeinflussen. Dazu erzwingen sie durch Provokationen Reaktionen, die ihr Ego massieren – und die zu diesem Zweck durchaus auch negativ sein dürfen. Ärger, Zorn und selbstverständlich Angst liefern ebenso narzisstische Zufuhr wie Lob und Bewunderung. So kann es beispielsweise für NarzisstInnen unglaublich befriedigend sein, wenn sie der anderen Person durch ihr Auftreten den Tag verderben oder sie durch einen Anwaltsbrief in Sorgen stürzen: Sie halten die Zügel in der Hand.

Typische Hoovering-Taktiken sind:

- Die Person versucht, per Telefon, SMS, E-Mail, Social Media oder Post auf irgendeine Weise in Kontakt zu treten. Dazu ist jeder Vorwand recht, die Palette reicht von banalen Ausreden (»Ich möchte meine Lieblingskuchenform holen«) über das Zusenden von »romantischen« Geschenken wie Blumensträußen oder alten Fotos bis zu pompösen »Liebeserklärungen«.
- Die Person gibt vor, auf die Bedingungen des Expartners oder der Expartnerin eingehen zu wollen: »Ja, ich brauche eine Therapie, du hast ja recht, hilf mir doch dabei, gehen wir doch zusammen hin!« Oder: »Ich werde dir von nun an immer treu sein!«
- Die Person verhält sich vorgeblich freundlich, verständnisvoll und möchte, dass man »befreundet« bleibt – obwohl sie während der Beziehung ihrem Partner oder ihrer Partnerin das Leben zur Hölle gemacht hat. Häufig sollen in diese »Freundschaft« auch die neuen PartnerInnen einbezogen werden.

» Die Person instrumentalisiert andere Menschen, beispielsweise gemeinsame Bekannte, um wieder in Kontakt zu kommen, etwa durch Ausrichten von Grüßen und Liebesbotschaften oder Kontaktanfragen in sozialen Medien.
» Die Person nutzt alle Möglichkeiten, um sich ins Gedächtnis zu bringen. Dazu gehört auch, wann immer möglich Polizei und Anwältinnen und Anwälte einzuschalten, selbst wenn die Anlässe vollkommen absurd sind.

Hoovering scheint auf den ersten Blick vor allem lästig und ärgerlich, doch man sollte seine gefährliche Wirkung nicht unterschätzen. Denn solange Betroffene unter den emotionalen und körperlichen Folgen der → Trennung leiden, stellt jede Kontaktaufnahme eine enorme Belastung dar: So, wie nach einem Drogenentzug ein Konsum des Suchtmittels einen Rückfall bedeuten kann, kann jeder Kontakt die »Sucht« nach der narzisstischen Person wiederaufleben lassen.

Für die → Heilung ist es deshalb unendlich wichtig, den Kontakt mit der narzisstischen Person so weit wie möglich zu unterbinden. Am besten verbannt man sie voll und ganz aus dem eigenen Leben, doch nicht immer ist das möglich, sei es, weil man gemeinsame → Kinder hat, geschäftlich miteinander verbunden oder beim selben Arbeitgeber beschäftigt ist. Allerdings erfordert der Kontaktabbruch ungeheuren Willen und Konsequenz. Betroffene kämpfen mit der starken Versuchung, selbst wieder die Nähe des narzisstischen Menschen zu suchen, und sie kämpfen auch darum, endlich den Wunsch zu überwinden, dass dieser sich wieder bei ihnen meldet. Diese Zeit der quälenden Sehnsucht kann einige Zeit dauern. Immer wieder steigen die Erinnerungen an gute Zeiten und schöne Erlebnisse auf, und immer wieder überfällt einen die Angst, dieser Sehnsucht irgendwann nachzugeben, obwohl man weiß, dass dies schlimme Folgen nach sich ziehen kann.

Doch die Erfahrung vieler Betroffener zeigt, wie heilsam es ist, den Kontakt abzubrechen bzw. auf ein Minimum zu reduzieren: Es ist die beste Methode, die Ruhe und den Abstand zu finden, die es braucht, um endlich über die narzisstische Person hinwegzukommen und die Kontrolle über das eigene Leben (wieder) zu erlangen.

FALLBEISPIEL

Nach meiner Trennung von E. überfiel mich die Sehnsucht nach unseren gemeinsamen schönen Erlebnissen oft so stark, dass es schmerzte. Ich verbannte diese Erinnerungen in den hintersten Winkel meiner Seele, und doch hatte ich Angst, dass ich dem Hoovering irgendwann nicht mehr widerstehen könnte. Das Ganze erschöpfte mich zutiefst. Ich fühlte mich schwach, hilflos und ausgelaugt, aber ich wollte auf keinen Fall wieder »zurück auf null«. Irgendwann wurde es leichter, auch weil mir immer klarer wurde, was ich in unserer Beziehung durchgemacht hatte.
Es half mir, gut auf mich und meine Gesundheit zu achten, und ich wurde auch immer versöhnlicher mit mir selbst.
Mit der Zeit wurden die schmerzhaften Phasen leichter und kürzer, und irgendwann war ich darüber hinweg.

Was tun?

Kein Kontakt – NarzisstInnen können auf diese Verweigerung heftig reagieren. Am höchsten kocht ihre → Wut meist in der frischen Phase nach einer Trennung, die sie nicht selbst eingeleitet haben, auf. Doch selbst wenn sie die andere Person von sich aus verlassen haben und auch noch nach längerer Zeit, können sie mit wütender Hartnäckigkeit vorgehen, sobald ihnen die narzisstische Zufuhr vorenthalten wird: mit Hoovering bis zum → Stalking, mit Beschimpfungen, Einschüchterungen, Drohungen, Rufmord, Sachbeschädigungen und leider auch körperlicher → Gewalt. Rechnen Sie mit solchen Reaktionen und schützen Sie sich davor. Dokumentieren Sie alles und bewahren Sie alle Beweise auf: E-Mails, Anrufe auf dem Anrufbeantworter, Briefe, Fotos, Videoaufnahmen, Audiomitschnitte. Suchen Sie → Hilfe, wenden Sie sich gegebenenfalls an die Polizei und erwirken Sie ein Kontaktverbot.

Denken Sie immer daran: Der narzisstische Mensch in Ihrem Leben kennt Sie in der Regel in- und auswendig, weiß um Ihre → Ängste und Schwächen. Auf diesem Wissen baut er seine Manipulation auf. Je weniger Sie nach der Trennung Kontakt halten, je weniger Informationen Sie preisgeben und je weniger Sie auf sein Verhalten emotional reagieren, desto weniger narzisstische Zufuhr erhält er und desto schwerer wird es für ihn, Sie weiter zu kontrollieren. Und auch wenn Ihnen dies unendlich schwerfällt: Je weniger Sie in Kontakt mit der narzisstischen Person kommen, desto leichter fällt es Ihnen, sich von ihr zu lösen.

Schützen Sie sich also vor jedem Kontakt, den Sie nicht zulassen möchten oder müssen. Gehen Sie dabei gründlich vor:

» Ändern Sie Ihre Telefonnummer, E-Mail-Adresse und Ihre Profile bei sozialen Medien. Blockieren Sie dort die narzisstische Person. Lassen Sie Briefe gegebenenfalls nur von Ihrem Anwalt/Ihrer Anwältin öffnen.
» Treffen Sie sich nicht mit dem narzisstischen Menschen, und schon gar nicht in der eigenen Wohnung. Lassen Sie

sich nicht auf »klärende« Gespräche oder Gespräche über »die guten alten Zeiten« ein.

- Wenn Sie umziehen, geben Sie die neue Adresse nicht an die narzisstische Person weiter. Wenn Sie in Ihrer alten Wohnung bleiben, wechseln Sie die Schlösser aus.
- Unter Umständen müssen Sie Ihre Gewohnheiten in der Freizeit ändern und sich auch einen neuen Bekanntenkreis aufbauen.
- Führen Sie bei Scheidungen oder Auseinandersetzungen über das Sorgerecht/Umgangsrecht bezüglich der Kinder die unvermeidliche Kommunikation so weit wie möglich über Dritte.
- Klären Sie Ihr privates → Umfeld auf und schärfen Sie allen ein, keine Informationen über Sie an den narzisstischen Menschen oder an Personen, die ihm nahestehen, weiterzugeben.
- Bei einer narzisstischen Person im Berufsleben: Überlegen Sie beispielsweise bei → Mobbing, ob Sie die Abteilung oder gar den Arbeitgeber wechseln können.

Persönlicher Kommentar

Denken Sie immer daran: Hoovering basiert niemals auf echten Absichten und ehrlichen Gefühlen, es ist eine rein manipulative Taktik. Nicht selten bearbeiten NarzisstInnen auf diese Weise mehrere Betroffene gleichzeitig nach dem Motto:

»Schauen wir mal, wen ich am schnellsten über den Tisch ziehe.« Lassen Sie sich dadurch nicht von Ihrer Heilung abhalten. Mit der Zeit werden Sie auch die schönen Erinnerungen nicht mehr in unstillbare Sehnsucht versetzen – und dann werden Sie sich unglaublich befreit fühlen.

Love Bombing

Love Bombing ist eine der wichtigsten und effektivsten → Manipulationsmethoden von NarzisstInnen. Sie setzen sie häufig zu Beginn einer Paarbeziehung ein und nutzen sie auch in deren weiterem Verlauf, um die andere Person an sich zu binden. Love Bombing kann – in modifizierter Form – aber auch in anderen Konstellationen erfolgen, zum Beispiel in Freundschaften oder im Berufsleben. Und man sollte diese Taktik niemals unterschätzen: Fachleute bewerten Love Bombing als eine Form des Missbrauchs, und nicht ohne Grund warnen seriöse Dating-Portale eindringlich vor Love Bombern und ihren Methoden.

Love Bomber überrumpeln ihr Gegenüber regelrecht mit Aufmerksamkeit und Beweisen der Zuneigung, sodass dieses gar nicht mehr weiß, wo ihm der Kopf steht. Es regnet rote Rosen, Liebesschwüre, Geschenke, (vermeintliche) Wertschätzung, tolle Angebote und Förderung im Job – rundum wird man in Fürsorge, Unterstützung und Bewunderung so eingehüllt, dass sich das Gehirn ganz schnell vollständig ausschaltet. Auf diese Weise wird das Ego der betroffenen Person nach allen Regeln der Kunst gestreichelt – und auf diese Weise Opfer der eigenen Lust an der → narzisstischen Zufuhr. Klagen und Beschwerden über ExpartnerInnen, Freundinnen und Freunde, GeschäftspartnerInnen, KollegInnen werden unkritisch zur Kenntnis genommen und übernommen. Wer hört nicht gerne, dass er nicht so unsensibel und hinterlistig, so geldgierig und egoistisch ist wie andere? Auf diese Weise schafft es die narzisstische Person, als scheinbar → ideale Partnerin oder idealer Partner ihr Gegenüber emotional an sich zu binden – bis hin zur Abhängigkeit. Denn dieses Hochgefühl, das einem das Love Bombing bereitet, möchte man niemals mehr missen.

Love Bombing garantiert aber auch für die Love Bomber narzisstische Zufuhr. Durch ihre liebenswerte, aufbauende, fürsorgliche Taktik erhalten sie von ihrem Gegenüber positive Aufmerksamkeit bis hin zur Bewunderung. Love Bomber stellen andere auf ein Podest, das auch sie selbst erhöht. Unter der liebevollen, freundschaftlichen und fürsorglichen Art verbirgt sich jedoch knallharte Berechnung. Love Bombing funktioniert umso schneller und besser, je geschickter die narzisstische Person die Schwächen ihres Gegenübers aufspürt und sich zunutze macht: Seelische → Verletzungen, Sehnsüchte, → Ängste, Unsicherheiten sind das »Sesam öffne dich«, durch das sie sich in das Leben und die Gefühlswelt anderer Eintritt verschafft und in der Beziehung die Regie übernimmt – indem sie ihr Verhalten genau darauf abstimmt. Ganz nach Bedarf mutiert sie zum väterlichen Beschützer, zum emanzipierten Hausmann, zur weltgewandten Partnerin, zur mütterlichen Freundin, zum unterstützenden Kollegen, zum fördernden Chef …

Sobald das Ziel erreicht ist, einen anderen Menschen emotional an sich zu binden, hört das Love Bombing mehr oder minder schlagartig auf (siehe → Narzissmusradar). Ein grausamer, harter, absolut berechneter Liebesentzug. Doch die betroffene Person ist nach der scheinbaren Harmonie und der tiefen Verbundenheit süchtig geworden und will diesen Zustand unbedingt (zurück-)erhalten. So beginnt sie, sich die zunehmend unschöne Beziehung schönzureden und beispielsweise die emotionale → Gewalt, der sie ausgesetzt ist, zu bagatellisieren. Und sie zappelt sofort am Haken, wenn ihr Gegenüber immer wieder Love Bombing gezielt einsetzt, um seine Wünsche und Vorstellungen durchzusetzen und bei Bedarf die emotionale Abhängigkeit zu erneuern und zu vertiefen.

Love Bombing ist die klassische Methode von Zuckerbrot und Peitsche, mit der NarzisstInnen häufig sehr erfolgreich eine andere Person bei der Stange halten.

FALLBEISPIEL

> Sie war besorgt um mich und meine Gesundheit.
> Sie gab mir Bestätigung, wie ich sie zuvor noch nie erfahren hatte. Sie beteuerte immer wieder, dass sie noch nie zuvor mit einem so wunderbaren Menschen zusammen gewesen sei. Bisher sei sie immer auf die falschen Männer getroffen, die sie nur ausgenutzt hätten. Doch mit mir sei alles anders.

Was tun?

Love Bombing kann in verschiedenen Konstellationen auftreten; besonders häufig, intensiv und zerstörerisch ist es jedoch in Liebesbeziehungen. In der ersten Phase einer neuen Beziehung ist man geradezu euphorisch. Und natürlich gehören dazu auch Liebeserklärungen und liebevolle Gesten – diese möchte man nicht missen. Sie zählen zu den glücklichsten Erfahrungen im Leben. Aber wie soll man erkennen, ob der neue Mensch im Leben wirklich der ist, für den man ihn hält – oder ob er versucht, einen zu manipulieren?

Ein hundertprozentiges Rezept gibt es dafür nicht, aber doch entscheidende Warnhinweise. Dazu gehört zuallererst, auf das → Bauchgefühl zu hören. Denn unterbewusst registrieren wir meist durchaus, wenn Schein und Sein nicht zusammenpassen. Die Alarmglocken klingeln also auch, wenn das Gehirn durch Love Bombing bereits ausgeschaltet ist.

Um sie nicht zu überhören, lohnt es sich, gleichsam innezuhalten und den neuen Menschen im eigenen Leben nüchtern zu betrachten.

Ist Ihre neue Liebe furchtbar aufregend? Geht alles sehr schnell? Trägt Sie Ihre neue Bekanntschaft von Anfang an auf Händen, obwohl Sie sich eigentlich noch gar nicht kennen? Kommt sie aus dem Schmeicheln und Bewundern gar nicht mehr heraus? Fühlen Sie sich schon nach dem ersten Kennenlernen ernst genommen wie nie zuvor in Ihrem Leben? Das kann der Beginn einer fantastischen Liebesbeziehung, Freundschaft, Zusammenarbeit sein. Dennoch: Seien Sie misstrauisch, wenn alles zu schön ist, um wahr zu sein.

Spricht Ihre neue Liebe nur schlecht von ihren ExpartnerInnen? Waren immer nur die anderen schuld am Scheitern von Beziehungen? War Ihre neue Liebe immer nur Opfer? Haben die Verflossenen sie regelrecht zu Seitensprüngen getrieben, weil sie so bösartig und verständnislos waren? Wenn das der Grundtenor der Erzählungen ist, sollten die Alarmglocken ganz laut schrillen. Die Wahrscheinlichkeit ist hoch, dass Sie an eine narzisstische Person geraten sind.

Achten Sie auch darauf, ob der neue Mensch in Ihrem Leben versucht, ganz schnell die Kontrolle über Sie zu erlangen, und auch gewisse Grenzen überschreitet. Seien Sie vorsichtig, wenn die Person übermäßig eifersüchtig ist, schnell aufbraust, Vorwürfe oder gar Drohungen ausspricht, wenn nicht alles nach ihren Wünschen läuft und Sie auf Ihre Unabhängigkeit bestehen. Ein Warnzeichen ist auch, wenn sie Sie mit Liebesentzug zu manipulieren versucht.

Und nicht zuletzt: Was allgemein im Umgang mit anderen

Menschen gilt, ist auch ein guter Schutz vor Love Bombern. Hören Sie auf die eigenen Grenzen und lernen Sie, Nein zu sagen. Wenn Ihnen das schwerfällt, stärken Sie Ihr → Selbstwertgefühl.

Persönlicher Kommentar

Wenn eine Beziehung so ideal startet, wenn der Märchenprinz/die Märchenprinzessin Wirklichkeit geworden zu sein scheint, wenn alles zu schön ist, um wahr zu sein – dann ist es wahrscheinlich auch nicht wahr, sondern alles ist vorgespielt, alles falsch, unecht. Bomben hinterlassen Splitter, Verletzungen, Krater. Love Bombing tut genau das Gleiche.

Lügen

In Beziehungen, im Arbeitsleben, in der Familie, im Freundeskreis: Viele NarzisstInnen setzen Lügen und → Vertrauensbrüche gezielt und selbstverständlich ein, um Vorteile zu erzielen, ihre Ziele zu erreichen, ihren Willen durchzusetzen und die begehrte → narzisstische Zufuhr zu erlangen: Anerkennung, Bewunderung und das befriedigende Gefühl, sich über andere, die durch ihre »Dummheit« die Lügen nicht erkennen, zu erheben. Sie genießen es, Situationen und Menschen zu kontrollieren, weil sie die »Wahrheit« und damit die Spielregeln bestimmen. Deshalb lügen NarzisstInnen häufig auch um der Lüge willen. Sie flunkern, schwindeln und verdrehen die Wahrheit nach Belieben – selbst wenn es dafür objektiv eigentlich keinen nachvollziehbaren Grund gibt. Dabei gehen sie meist so geschickt vor, dass man ihnen nur schwer auf die Schliche kommt. Tatsächlich gelingt es ihnen oft, ein regelrechtes Doppelleben aufzubauen und aufrechtzuerhalten. Und immer wieder kommt es vor, dass ihnen auch Fachkräfte bei Behörden und Institutionen, die den Betroffenen → Hilfe geben sollten, auf den Leim gehen, selbst wenn die Beweise eine ganz andere, offensichtliche Sprache sprechen.

Ein Klassiker sind Unwahrheiten, mit denen NarzisstInnen ihre Außendarstellung aufpolieren. So geben sie beispielsweise mit Prominenten an, die sie angeblich kennen, mit fiktiven Heldentaten, aufregenden Erlebnissen und großartigen Leistungen, mit falschen Adels- oder Doktortiteln und fantastischen Karrieren, mit Besitztümern und Vermögen – die Palette reicht von Übertreibungen und Aufschneidereien bis zu faustdicken Lügen, die jeder Grundlage entbehren.

In Beziehungen setzen NarzisstInnen Lügen als ein Mittel der emotionalen → Gewalt ein, um ihre PartnerInnen gezielt zu täuschen und zu kontrollieren, eine Machtposition zu erlangen und aufrechtzuerhalten. Dies kann auch bedeuten, dass sie den Belogenen mehr oder minder offen zeigen, wie sehr sie sie belügen, um sie auf diese Weise zu demütigen. In Extremfällen reichen die Täuschungen bis hin zum → Gaslighting.

Das perfide Spiel mit der Wahrheit beginnt in der Regel schon beim → Love Bombing oder wenn NarzisstInnen ihre Lebenssituation, die bei genauerem Hinsehen so gar nicht zur grandiosen Selbstdarstellung passen mag, schönreden und »erklären«. Je genauer sie im weiteren Verlauf der Beziehung die inneren → Verletzungen, → Ängste und Schwächen ihrer PartnerInnen erforschen, umso besser gelingt es ihnen, sie durch ihre Lügen zu → manipulieren. Dabei spielen auch → Schamgefühle eine große Rolle: NarzisstInnen wissen in der Regel genau, dass ihre Lügen von ihren PartnerInnen kaschiert werden, weil diese sich dafür schämen. Und sie nutzen deren emotionale Abhängigkeit aus: Ab einem gewissen Punkt ist den Betroffenen die Beziehung mit der narzisstischen Person so kostbar, dass sie auch offensichtliche Unwahrheiten ignorieren und wider besseres Wissen die billigsten Ausflüchte gelten lassen. Aus Angst vor dem Ende der Beziehung können sie die Wahrheit nicht zulassen. Auf diese Weise machen NarzisstInnen ihre PartnerInnen zu KomplizInnen und binden sie noch einmal fester an sich. Dies kann so weit gehen, dass die Betroffenen auch Lügen und Betrügereien mit strafrechtlichen Konsequenzen in Kauf nehmen.

FALLBEISPIEL

In unserer Beziehung belog mich M. nach Strich und Faden. Es war so offensichtlich, dass ich schon völlig blind gewesen sein müsste, um dies nicht zu sehen. Auch in unserer gemeinsamen Firma versuchte er mit allen erdenklichen Tricks und Lügen, sich jeden Vorteil zu verschaffen.
Er legte sich sogar einen falschen akademischen Titel zu. Ich versuchte mich dagegen zu wehren, doch er schaffte es immer, mir den Schwarzen Peter zuzuschieben. Wenn ich ihn mit seinen Seitensprüngen konfrontierte, bestrafte er mich für meine »falschen Anschuldigungen«: Er verschwand einfach tagelang, und ich blieb wie gelähmt zurück, überlegte, was ich falsch gemacht hatte, und glaubte schließlich absurderweise selbst, ihn zu Unrecht beschuldigt zu haben. Und als ich seine Betrügereien unterbinden wollte, beschimpfte und beschuldigte er mich, dass ich ihn ständig

kritisieren würde und er mich nur mit Samthandschuhen anfassen könnte, weil ich eine solch empfindliche Zicke sei. Und wieder hatte er erreicht, dass ich mich als die neurotische Arbeitswütige fühlte, als unsinnlich, unerotisch und unweiblich.

Was tun?

Was beim Love Bombing gilt, gilt natürlich auch im weiteren Verlauf von Beziehungen und ganz allgemein im Umgang mit anderen (narzisstischen) Menschen: Glauben Sie nicht alles, was man Ihnen erzählt. Hören Sie auch immer auf Ihr → Bauchgefühl! Und, ja, prüfen Sie das ein oder andere einfach einmal nach.

Denken Sie immer daran: In der Lebensrealität von ausgeprägten NarzisstInnen spielen Wahrheit und Vertrauen keine Rolle. Aufgrund ihrer mangelnden → Empathie haben NarzisstInnen auch kein schlechtes Gewissen, wenn sie andere durch ihre Lügen verletzen. Insbesondere bei → Trennungen, aber auch in sonstigen Auseinandersetzungen und Konflikten müssen Sie deshalb davon ausgehen, dass eine narzisstische Person das Blaue vom Himmel herunterlügen wird, um einen Vorteil zu erlangen und Ihnen Schaden zuzufügen.

Seien Sie also gut vorbereitet, wenn Sie Ihr → Umfeld, aber auch Behörden und Institutionen von den Lügen einer narzisstischen Person überzeugen wollen und müssen. Gehen Sie immer davon aus, dass narzisstische LügnerInnen so perfekte LügnerInnen sind, dass sie auch Profis mit ihrer brillanten Rhetorik und ihrem charismatischen Auftreten von sich und ihren angeblich guten Absichten überzeugen können, sei es bei der Polizei, bei Gericht oder bei Behörden und Institutionen. Versuchen Sie deshalb immer, eindeutige Beweise zu erbringen, indem Sie sich alles so weit wie möglich schriftlich bestätigen lassen und dokumentieren.

Gehen Sie nie davon aus, dass ein narzisstischer Mensch aufgibt, wenn er ganz eindeutig der Lüge überführt wird. Selbst dann wird er weiterlügen, wenn es ihm einen Vorteil bringt: um Zeit zu gewinnen, um Beweise zu vernichten, um neue Verbündete zu suchen – oder auch nur, um anderen auf diese Weise weiteren Ärger zu bereiten und dies zu genießen.

Persönlicher Kommentar

Für Menschen ohne narzisstische Persönlichkeit ist es kaum nachvollziehbar, welch großen Raum die Lüge bei NarzisstInnen einnehmen kann. Wenn ein Mensch ohne Grund und immer wieder ganz offensichtlich lügt, sollten die Alarmglocken ganz laut schrillen. Immer wieder belogen zu werden, kann einen Menschen zutiefst verunsichern und schwer verletzen. Schützen Sie sich davor.

Macht

In gesellschaftlichen Positionen oder in persönlichen Beziehungen: Macht und Kontrolle über andere auszuüben, ist für NarzisstInnen eine besonders wichtige → narzisstische Zufuhr. Mit Macht kompensieren sie ihr mangelhaftes → Selbstwertgefühl und nähren ihr grandioses, von Allmachtsfantasien geprägtes Ego. Mit ihrem Sinn für Macht und ihrer Sucht nach Macht ebnen sich NarzisstInnen häufig den Weg zu einer Karriere in Wirtschaft oder Politik, wobei sie die auf ihrem Karriereweg erlangte Macht häufig ohne Skrupel missbrauchen.

NarzisstInnen setzen ihr Machtpotenzial aber auch ohne oder zumindest mit nur geringer → Empathie für die Betroffenen in Beziehungen ein. Sie ordnen andere Menschen vorrangig nach den Kriterien nützlich und nicht nützlich ein, in ihrer Gefühlswelt spielen → Vertrauen, Liebe, Freundschaft und Fairness kaum eine Rolle. Wer ein solches Weltbild in sich trägt, muss schon der eigenen Sicherheit wegen Kontrolle über andere ausüben – denn die könnten ja genauso ticken. Und wer andere Menschen nur nach dem Vorteil beurteilt, den sie einem bringen, möchte diese auch kontrollieren. Deshalb schaffen sich NarzisstInnen in Beziehungen so schnell wie möglich eine Machtposition und legen damit das Fundament für → narzisstischen Missbrauch.

Was tun?

NarzisstInnen streben nach Macht und werden sich in allen Beziehungskonstellationen stets darum bemühen, durch → Manipulation und → Gewalt Kontrolle über andere zu erlangen; dies gilt in der Arbeitswelt genauso wie in Partnerschaften.

Besonders bei → Trennungen ist es wichtig, immer diesen Aspekt der narzisstischen Persönlichkeit im Hinterkopf zu behalten: Hoovering und andere Arten, → Kontakt herzustellen, scheinbar neu entflammte »Liebe« und erneutes → Love Bombing, Bitten um Entschuldigung und Schwüre, sich von nun an zu bessern, dienen in der Regel vor allem dazu, den Expartner oder die Expartnerin (wieder) unter Kontrolle zu bringen. Und wenn dies nichts nutzt und eine Portion narzisstische Gekränktheit hinzukommt, werden auch → Stalking sowie → Prozesse und Klagen als Mittel genutzt, um Macht über den anderen auszuüben.

Persönlicher Kommentar

Verzeihen Sie keinen einzigen Übergriff, gehen Sie auf Schwüre und Beteuerungen nicht ein. Das mag im Moment schwierig erscheinen, zahlt sich aber längerfristig aus. Denken Sie daran: Solche Art der Machtausübung ist nie normal oder entschuldbar.

Manipulation

NarzisstInnen kontrollieren die Menschen in ihrem Umfeld mit einer Vielzahl von manipulativen Methoden und Kommunikationsformen. Dazu gehören → Love Bombing, → Breadcrumbing, → soziale Isolation, → Lügen und Rufmordkampagnen, → Vertrauensbrüche, → Gaslighting, das Suggerieren von → Schuldgefühlen, demonstratives Desinteresse und sonstige Formen der → Gewalt, die die Betroffenen verunsichern und verängstigen, ihre eigene Wahrnehmung verschieben und ihren Sinn für die Realität verbiegen. Es sind dies häufig Methoden, die eine emotionale Verbundenheit vortäuschen, die dann je nach Bedarf »geliefert« und wieder »weggenommen« werden kann, sei es durch Liebesentzug oder plötzliche Stimmungsschwankungen und unvorhersehbare → Wutausbrüche. Mithilfe dieser Taktiken gelingt es NarzisstInnen, ihren Willen gegenüber anderen durchzusetzen, → Macht auszuüben, Vorteile zu erlangen und → narzisstische Zufuhr zu erlangen. Insbesondere schaffen sie es durch ihre Kommunikationsstrategien, andere zu verunsichern und geradezu in den Wahnsinn zu treiben. Bei → Konflikten beispielsweise kann man von NarzisstInnen weder eine Einsicht noch Reue erwarten. Vielmehr setzen sie alles daran, ihr Gegenüber vollkommen zu verunsichern. Dazu treiben sie unter anderem Auseinandersetzungen schier endlos voran. Immer und immer wieder dreht man sich bei Diskussionen mit ihnen im Gedankenkreis, da sie Argumente nach Belieben bis zur Sinnlosigkeit einbringen und verwerfen und einem das Wort im Mund umdrehen. Auf diese Weise bringen sie andere zum Einknicken und verwirren sie so gründlich, dass ihr Gegenüber schließlich alle Fehler und alle Schuld bei sich sieht.

Eine wichtige Waffe aus dem Arsenal der Manipulationsmethoden sind zudem doppelte Botschaften. Wenn einem zum Beispiel der Satz »Wie schön, dass du kommst!« deutlich grantig entgegengeschleudert wird, weiß man nicht, was man damit anfangen soll. Wenn man danach fragt, warum die andere Person sauer ist, antwortet sie: »Wieso? Ich habe doch nur gesagt: ›Wie schön, dass du kommst!‹« Eine solche doppelte Botschaft verunsichert und verdirbt oft genug die Laune – für NarzisstInnen eine wunderbare narzisstische Zufuhr.

Lügen, Beleidigungen, Kritikabwehr, ungerechte Schuldzuweisungen, das Leugnen von Verantwortung, die Beendigung von Gesprächen, obwohl der andere noch gar nicht zum Punkt kommen konnte, verächtliches Desinteresse, Wutanfälle – viele Manipulationsmittel, die von NarzisstInnen verwendet werden, sind Bestandteile der »lebensentfremdenden« Kommunikation. Geprägt hat den Begriff der US-amerikanische Psychologe und Kommunikationsforscher Marshall Rosenberg. Seine Konzepte sind vielen aus der Pädagogik bekannt, wo sie unter den Bezeichnungen »Wolfssprache« und »Giraffensprache« zusammengefasst werden.

Giraffensprache sind dabei Formen der gewaltfreien Kommunikation, bei denen die Beurteilung anderer vermieden wird. Vielmehr versuchen sich die GesprächspartnerInnen in ihr Gegenüber einzufühlen und auf Augenhöhe zu kommunizieren. In Konflikten gilt es, in sich selbst hineinzuhören, die eigenen Bedürfnisse und damit das eigentliche Problem der Auseinandersetzung zu erfassen.

Von gewalttägiger Wolfssprache oder lebensentfremdender Kommunikation hingegen spricht man immer dann, wenn nicht auf Augenhöhe kommuniziert wird. Gewalt wird dabei sehr weit definiert und tritt immer auf, wenn jemand seine eigenen Interessen und Bedürfnisse auf Kosten anderer befriedigt. Lebensentfremdende Kommunikation beinhaltet auch moralische Urteile. Durch sie wird dem Gegenüber unterstellt, im Unrecht oder gar ein schlechter Mensch zu sein, wenn es sich nicht entsprechend den eigenen Vorstellungen und Wünschen verhält.

Verpackt werden diese verletzenden Urteile beispielsweise in Kritik, die pauschal ausgesprochen wird oder Vergleiche beinhaltet. Sie kann sich aber auch hinter scheinbaren Komplimenten verstecken: »Ich bin beeindruckt, wie viele erfolgreiche Menschen du kennst« (und zwar erfolgreicher als du, schreit einem die Abwertung entgegen). Zur Wolfssprache gehört aber auch, Verantwortung für die eigenen Handlungen zu leugnen: Schuld sind immer die anderen. Ein typisches Vorgehen ist zudem, Wünsche nicht als Bitten zu formulieren, sondern als Forderungen, die oft mit unterschwelligen oder offenen Drohungen untermauert werden: »Gib mir – oder …«

Wir alle verwenden immer wieder – meist unbewusst – die Wolfssprache, auch weil wir es so gelernt haben. Letztendlich geht es dabei darum, über einen bestimmten Kommunikationsstil Macht über andere zu erlangen und sie zu manipulieren. Viele NarzisstInnen beherrschen die Wolfssprache meisterhaft und setzen sie gezielt ein. Dies fällt ihnen insofern leicht, als sie in der Regel kaum → Empathie und deshalb wenig Skrupel besitzen.

Eine wirksame und gängige Manipulationsmethode ist die Dreieckskommunikation oder Triangulierung. Dabei kommunizieren zwei Parteien nicht direkt miteinander, sondern über eine dritte Person. Diese hält die Fäden in der Hand und kann die Betroffenen nach ihrem Gutdünken beeinflussen, je nachdem, wie sie Informationen in beide Richtungen weitergibt und inwieweit diese überhaupt der Wahrheit entsprechen. »Dein Bruder hat mir immer schon erzählt, dass du einen komplizierten Charakter hast, aber ich wollte ihm ja nicht glauben«, ist ein typisches Beispiel solcher Triangulierung. Oder: »Selbst deine beste Freundin hat mir gesagt, dass du manche Dinge zu ernst nimmst. Auch sie findet, dass du dich mir gegenüber nicht fair verhältst. Ich stehe also mit meiner Meinung nicht allein da.« NarzisstInnen nutzen die Triangulierung mit gezielten Falschaussagen oft und gekonnt, um Menschen von ihrem Umfeld zu entfremden und sozial zu isolieren.

FALLBEISPIEL

In unserem Familienbetrieb arbeiteten auch mein Bruder und mein Sohn mit. Mein narzisstischer Mann schaffte es durch seine geschickten Aussagen, dass mein Bruder das Gefühl bekam, ich wäre mit seiner Arbeit nicht zufrieden. Zudem stellte er mich unter Krokodilstränen als verbitterte Ehefrau dar, die ihn mit aller Kraft aus der Beziehung drängen wollte.

Im Gegenzug kritisierte er mir gegenüber ständig die Arbeit meines Sohnes, den er als faul und inkompetent beschrieb. Durch sein geschicktes Taktieren gelang es ihm beinahe, meinen Sohn, meinen Bruder und mich einander so zu entfremden, dass es fast kein Zurück in unser zuvor gutes Verhältnis gab. Er zerstörte unsere Vertrauensbasis fast vollständig. Glücklicherweise schafften wir es jedoch, uns aus diesem manipulativen Lügengespinst zu befreien. Heute ist die Beziehung zwischen uns wieder besser denn je, doch beinahe hätte ich beide für immer verloren.

Was tun?

Wenn Betroffenen klar wird, wie sehr sie im Lauf ihrer Partnerschaft manipuliert, belogen und betrogen werden und wurden, sind sie in der Regel zutiefst geschockt. Ihre ganze Lebenswahrnehmung ist infrage gestellt. Was ist wahr, auf was kann man sich verlassen? Stand die ganze Beziehung nur auf tönernen Füßen? Waren alle Emotionen nur gespielt? Offensichtlich, so wird ihnen nach und nach mit Schrecken bewusst, sind sie der Illusion einer tiefen Liebe, unbedingten Vertrauens, gegenseitigen Respekts und Wohlwollens aufgesessen. Eine beklemmende Vorstellung, die nicht alle Betroffenen zulassen können. Manche schaffen an dieser Stelle den Absprung und beenden die Beziehung, mit Schmerzen, Wut und Trauer und sicher auch mit neuen Wunden in der Seele – aber auch mit einer gewissen Portion Erleichterung. Doch nicht immer kann ein solch klarer Schlussstrich gezogen werden, weil beispielsweise → Kinder vorhanden sind oder weil die Betroffenen psychisch gar nicht in der Lage sind, eine → Trennung zu vollziehen. NarzisstInnen agieren stets selbstbezogen. Stellen Sie sich deshalb im täglichen Umgang und insbesondere bei Trennungen darauf ein, dass alles, was ein narzisstischer Mensch kommuniziert und unternimmt, dazu dient, Sie, Ihr Umfeld, das Gericht und alle anderen Beteiligten zum eigenen Vorteil zu manipulieren. Das bedeutet für Sie:

- Glauben Sie nichts.
- Holen Sie sich so viel professionelle Unterstützung wie möglich.
- Betreiben Sie in Ihrem Umfeld → Aufklärung!
- Halten Sie sich unbedingt an die Regel: Kein oder nur minimaler → Kontakt!

Persönlicher Kommentar

Jeder Mensch kann manipuliert werden, wenn er die narzisstischen Taktiken nicht kennt. Manipulation knüpft an unseren Schwachpunkten an, zum Beispiel an unseren Eitelkeiten oder an Dingen, die uns schmeicheln. Sie überraschen uns aber auch, weil wir selbst nicht so handeln. Ich selbst erklärte mir die Verhaltensweisen meines narzisstischen Ehemanns von einer »normalen« Warte aus und lief damit natürlich in die Falle. Ich hatte nie gedacht, dass ich manipuliert wurde, und ich hätte auch nie geglaubt, dass man mich manipulieren könnte. Darum auch hier: Informationen und Wissen sind eine positive und schützende Macht.

Denken Sie auch stets daran: Menschen, die sich von NarzisstInnen nicht manipulieren lassen, sind für diese »wertlos«.

Männer

Ist Narzissmus unter Männern stärker verbreitet als unter Frauen? Und sind Frauen häufiger Opfer von → narzisstischem Missbrauch? Das kann bislang niemand sicher mit Zahlen belegen. Sicher ist jedoch, dass Narzissmus kein rein männliches Phänomen ist, weshalb in diesem Buch konsequent die Bezeichnung »NarzisstInnen« verwendet wird.

Tatsächlich ist es so, dass mehr Frauen als Männer zugeben, unter narzisstischem Missbrauch zu leiden, doch Rückschlüsse lassen sich daraus nicht ziehen. Die Dunkelziffer ist vermutlich so hoch, dass sich nichts Eindeutiges sagen lässt. Entscheidenden Einfluss übt hier sicherlich das traditionelle Rollenbild des »starken Mannes« aus. Emotionale und/oder körperliche → Gewalt mit sich geschehen zu lassen, wird von vielen noch immer als unmännliche Schwäche gesehen. Männliche Betroffene kämpfen deshalb häufig mit besonders starken → Scham- und → Schuldgefühlen, haben oft sehr große Hemmungen, sich in → Behandlung zu begeben und ihrem → Umfeld zu öffnen – das wiederum selbst in diesem Rollenbild gefangen ist und Misshandlungen und deren Folgen → bagatellisiert. Dies kann so weit gehen, dass selbst die medizinische Behandlung darunter leidet. So kommt es immer wieder vor, dass bei männlichen Patienten trotz eindeutiger Symptome nicht die richtige Diagnose → Depression gestellt wird.

Das traditionelle männliche Rollenbild zu hinterfragen und zu überwinden, ist ein entscheidender Schritt bei der → Gewaltprävention. Denn bei Gewalt im sozialen Nahbereich sind Männer unvergleichbar häufiger Täter als Frauen. Hier sprechen die Zahlen eine deutliche Sprache. Männer üben weitaus mehr körperliche Gewalt aus, gegenüber ihren Partnerinnen, ihren Partnern, ihren → Kindern. Und die gesellschaftlichen Strukturen sind noch immer so, dass es ihnen leichter fällt, in heterosexuellen Beziehungen ihre Partnerin zu dominieren und → sozial zu isolieren. Noch immer verdienen Männer häufig mehr als Frauen, die so leichter in eine → finanzielle Abhängigkeit geraten, insbesondere wenn sie für die Kinder beruflich zurückstecken.

Gesellschaftliche Strukturen und überkommene Rollenbilder sind zudem dafür verantwortlich, dass Männer noch immer leichter und häufiger auf der Karriereleiter weiter nach oben steigen als Frauen und deshalb auch eher als Frauen in Positionen gelangen, in denen ihr narzisstisches Verhalten deutlich wahrgenommen wird und in denen sie durch rücksichtslose Ellenbogenmentalität, verantwortungslose Risikobereitschaft, Selbstüberschätzung, Machtbesessenheit und mangelnde Empathie großen Schaden anrichten können.

Frauen öffnen sich eher und leichter, wenn sie unter narzisstischem Missbrauch leiden, doch soll dies nicht darüber hinwegtäuschen, dass auch sie Täterinnen sein können. → Lügen, → Manipulation, → Gaslighting, → Stalking, → finanzielle Ausbeutung – sämtliche Formen der psychischen Gewalt werden auch von Frauen ausgeübt. Und auch Frauen werden bisweilen handgreiflich. Ein gesellschaftliches Tabuthema ist nach wie vor, dass auch Frauen sexuelle Gewalt ausüben, gegenüber anderen Frauen, Männern und Kindern.

Männer können sowohl in hetero- als auch in homosexuellen Beziehungen narzisstische Gewalt und narzisstischen Missbrauch erleiden. Darüber hinaus sind NarzisstInnen nicht nur PartnerInnen in Beziehungen, sondern auch Eltern, Familienmitglieder, Personen aus dem Freundes- und Kollegenkreis,

Vorgesetzte, pädagogisches Personal. Niemand kann bezweifeln, dass Jungen in Familien mit narzisstischen Elternteilen oder unter narzisstischen LehrerInnen und PädagogInnen genauso leiden wie Mädchen und dass sie als Erwachsene ebenso mit den Langzeitfolgen zu kämpfen haben. Und selbstverständlich können Männer auch im Berufsleben genauso wie Frauen Opfer von → Mobbing werden. Doch selbst wenn sie die Situation erkennen, sich öffnen und → Heilung finden möchten, müssen sie oft schmerzhaft erkennen, dass ihre seelischen Nöte nicht oder weniger ernst genommen werden.

Männer üben also in vielen Konstellationen mehr körperliche Gewalt aus als Frauen – sie können jedoch auch selbst von narzisstischer Gewalt in all ihren Spielarten betroffen sein. Auf gesellschaftlicher Ebene wird beiden Phänomenen bislang noch zu wenig Rechnung getragen. Noch immer werden toxische Männlichkeitsbilder tradiert, noch immer nimmt Gewalt gegen Frauen und Kinder ein erschreckendes Ausmaß an, noch immer wird Gewalt gegen Männer nicht ausreichend problematisiert – und noch immer wird zu wenig Geld und Energie in die Gewaltprävention und in den Opferschutz investiert.

Es gibt jedoch Initiativen und Fachleute, die männlichen Opfern und Tätern Rat und Hilfe bieten. Die Adressen von Einrichtungen, an die sich gewaltbereite oder Gewalt ausübende Männer wenden können, die ihre Gewalttätigkeit überwinden möchten, sind unter dem Stichwort »Gewaltprävention« aufgelistet. Männer, die von Gewalt betroffen sind, können sich im gesamten deutschsprachigen Raum an Organisationen und Initiativen wenden, in der Regel kostenlos und anonym, häufig rund um die Uhr. Dies ist ein Anfang, aber es gibt noch viel zu tun. Was zum Teil als Pilotprojekt begann, erfährt heute Regelförderung: In Deutschland gibt es mittlerweile 15 Männerschutzwohnungen mit 46 Plätzen, in die Männer teils auch mit ihren Kindern Zuflucht finden. In der Schweiz bietet die Organisation ZwüscheHalt geschützte und fachlich betreute Unterkünfte in Bern, Luzern und Zürich für Männer und Väter mit ihren Kindern.

FALLBEISPIEL

Ich wuchs in einem Elternhaus mit einer narzisstischen Mutter auf, Liebe, Wärme, Geborgenheit, ganz normale Zuwendung oder gar Anerkennung habe ich als Sohn dort nie gefunden. Als ich einmal unglücklich verliebt und deshalb einsam und psychisch am Boden war, lernte ich A. kennen. Obwohl wir keine Paarbeziehung eingingen, durchlebte unsere »Freundschaft« doch alle Phasen der Beziehung mit einem Narzissten: Love Bombing, emotionale Abhängigkeit meinerseits, Abwertung, Demütigung, Ausbeutung, Fallenlassen – und nach Bedarf Breadcrumbing und Hoovering, um mich bei der Stange zu halten. Als er mich dann endgültig nicht mehr brauchte und »auf den Müll warf«, brach ich zusammen. Erst mithilfe einer Therapie gelang es mir, dies alles zu verarbeiten und einigermaßen zu überwinden.

Was tun?

Auf dem Weg zur → Heilung gilt für betroffene Männer das Gleiche wie für Frauen: Setzen Sie sich ehrlich mit sich selbst und Ihrer Situation auseinander. Geben Sie sich selbst und anderen gegenüber zu, dass Ihnen Gewalt angetan wird oder wurde, dass Sie seelisch und körperlich leiden. Kümmern Sie sich um Ihre → Gesundheit, gehen Sie in → Therapie, suchen Sie sich Unterstützung und → Hilfe, betreiben Sie → Aufklärung. Nutzen Sie gegebenenfalls die männerspezifischen Angebote.

Persönlicher Kommentar

Durch meine Kommunikation mit vielen Betroffenen weiß ich, dass es Männer auch aufgrund ihres anerzogenen Rollenbilds meist schwerer als Frauen fällt, zuzugeben, dass sie Opfer von narzisstischem Missbrauch geworden sind. Ich kann nur jedem Betroffenen raten, die eigenen Tabus zu brechen und sich helfen zu lassen.

Weiterführende Informationen

Deutschland

Bundesfach- und Koordinierungsstelle Männergewaltschutz. Auf der Website der Organisation findet man die Adressen der Männerschutzwohnungen, eine umfassende Liste von Initiativen, Beratungsstellen, Hotlines und Hilfeportalen sowie eine Karte mit Adressen der Gewaltopferambulanzen. www.maennergewaltschutz.de

Österreich

Krisentelefon für Männer. Kostenlos und rund um die Uhr erhalten Männer, die Probleme mit Gewalt haben, Hilfe und Beratung unter: 0800 400 777.

DMÖ – Dachverband für Burschen,- Männer und Väterarbeit. Im DMÖ ist eine breite Vielfalt von Engagierten, Fachleuten sowie Organisationen im Feld der Burschen-, Männer- und Väterarbeit Mitglied. Auf der Website findet man einen umfassenden Überblick über sämtliche Beratungsstellen und Hilfeinitiativen. www.dmoe-info.at

Schweiz

ZwüscheHalt. Der Verein bietet Unterkunft und professionelle therapeutische Begleitung für Männer, die Gewalt erfahren oder ausgeübt haben. www.zwueschehalt.ch

Fachverband Gewaltberatung Schweiz (FVGS). Auf der Website des Verbands findet man ein Verzeichnis der Anlaufstellen für von Gewalt betroffene Menschen. www.fvgs.ch

Mediation

siehe Trennung – praktisches Vorgehen

Mobbing

Narzissmus ist nicht nur ein Problem auf zwischenmenschlicher Ebene, sondern auch ein brisantes Charakteristikum moderner, zunehmend »narzisstischer« Gesellschaften. Es ist kennzeichnend für diese Gesellschaften, dass sie Werten wie Solidarität oder sozialer Gerechtigkeit immer weniger Bedeutung zumessen. Der sozialkompetente, einfühlsame, hilfsbereite Mensch verliert an Wertschätzung, wohingegen der rücksichtslose, egozentrische Einzelkämpfer zum Ideal erhoben wird.

Diese pronarzisstischen Strukturen spiegeln sich nicht zuletzt in der Arbeitswelt wider. Konzernchefs, die ohne soziale Verantwortung agieren, sind nur die Spitze des Eisbergs. In einer Arbeitsumgebung, in der der bedenkenlose Erfolg zum höchsten Ideal erkoren wird, können NarzisstInnen brillieren. Doch auch wenn sich der berufliche Erfolg nicht einstellt, bleiben ihnen immer noch genügend Möglichkeiten, durch Mobbing ihre KollegInnen zu → manipulieren, zu kontrollieren und zu schikanieren, um durch Machtspiele und Abwertungen → narzisstische Zufuhr zu erhalten.

Mobbing leitet sich von dem englischen Wort »to mob« (angreifen, anpöbeln, bedrängen) ab. Eine juristisch wasserdichte Definition von Mobbing gibt es (noch) nicht. Allgemein sind damit negative Handlungen in zwischenmenschlichen Beziehungen gemeint, die dazu dienen, eine oder mehrere Personen abzuwerten und auszugrenzen. So wird zwischen dem Mobbing auf KollegInnenebene, dem Bossing – wenn das Mobbing von Vorgesetzten gegenüber Untergebenen ausgeht – und dem Staffing unterschieden. Beim Staffing, das seltener als die beiden anderen Formen vorkommt, richten sich die Aktionen gegen Vorgesetzte, indem man ihnen zum Beispiel Informationen vorenthält oder Gerüchte über sie streut. Wichtig ist, dass diese Handlungen systematisch und über einen längeren Zeitraum hinweg erfolgen. Dazu gehören beispielsweise:

» Handlungen auf kommunikativer Ebene: Anschreien, ständiges, auch unberechtigtes Kritisieren
» Handlungen auf sozialer Ebene: bewusstes massives Ignorieren, Übergehen und Ausgrenzen, Lächerlichmachen und Verleumdungen
» Handlungen auf professioneller Ebene: falsche Arbeitsan-

weisungen oder die häufige Zuteilung von Aufgaben, die eine massive Über- oder Unterforderungen beinhalten

» Handlungen, die → Gewalt androhen oder beinhalten: das Zerstören von persönlichem Besitz, körperliche, auch sexuelle Übergriffe

Mobbing wirkt unter anderem auf die Betroffenen so zerstörerisch, weil ihr → Selbstwertgefühl durch permanente Kritik, Ausgrenzung und → Isolation massiv zerstört wird. Selbstzweifel, Versagensängste und Erschöpfung sind die Folge. Viele Betroffene verlassen oder verlieren nach einiger Zeit ihren Arbeitsplatz und entwickeln schwere → gesundheitliche Probleme, die sogar Burn-out, → Depression oder Posttraumatische Belastungsstörungen (→ Trauma) umfassen können.

Was tun?

Mobbing in seinen verschiedenen Formen kann jedem zustoßen. Es ist in der Regel ein schleichender Prozess, der mit der Zeit an Intensität zunimmt. Man sollte auf keinen Fall warten, bis sich das Problem von allein löst, denn das wird es in der Regel nicht. Es ist daher wichtig, relativ rasch zu reagieren, wenn man betroffen ist. Und auch hier gilt: → Hilfe zu suchen ist kein Zeichen von Schwäche, sondern ein Zeichen von Stärke!

Mögliche Vorgehensweisen sind:

» Sprechen Sie mit der entsprechenden Person die Konflikte an und machen Sie deutlich, dass Sie schikanöses Verhalten nicht dulden.

» Wenden Sie sich an den oder die Vorgesetzte/-n, insofern er oder sie nicht die mobbende Person ist. Allerdings sind viele Vorgesetzte nur wenig mit dem Thema vertraut und oft nicht willens, sich damit zu beschäftigen. In diesem Fall wendet man sich am besten an firmeninterne Institutionen, wie Betriebsrat, Personalrat oder Gleichstellungsbeauftragte. In manchen Unternehmen gibt es sogar spezifische Anti-Mobbing-Anlaufstellen mit hierfür ausgebildetem Fachpersonal. Auch Betriebsärztinnen oder -ärzte können helfen.

» Holen Sie sich KollegInnen mit ins Boot, zu denen Sie Vertrauen haben. Je mehr Menschen Ihnen beistehen, desto besser.

» Notieren Sie sich alle schikanierenden Vorgänge und alle Mobbinghandlungen. Es ist wichtig, dass Sie sie schwarz auf weiß dokumentieren und möglichst auch durch ZeugInnen belegen können.

» Falls Sie in der Firma keine Unterstützung bekommen, wenden Sie sich an Mobbingberatungsstellen, beispielsweise bei Gewerkschaften, oder auch an Profis im Arbeitsrecht.

» Gehen Sie in ärztliche oder therapeutische Behandlung, sobald der Psychoterror Ihre → Gesundheit angreift.

Weiterführende Informationen

Deutschland

Berufsverband der Rechtsjournalisten. Erklärungen zu Mobbing und konkrete Tipps, wie man sich schützen und wehren kann. www.arbeitsrechte.de

Gewerkschaft ver.di. Informationen zu Mobbing, Vergleichbares findet sich auf den Webseiten anderer Gewerkschaften. www.macht-immer-sinn.de

Österreich

Arbeiterkammer. Auf dem Portal der österreichischen Arbeiterkammer findet man Informationen zum Mobbing sowie den Kontakt zur arbeitsrechtlichen Beratung.
www.arbeiterkammer.at

Schweiz

Staatssekretariat für Wirtschaft SECO. Auf der Website findet man umfassende Informationen und die Broschüre »Mobbing und andere Belästigungen« mit Handlungstipps.
In der Suchmaske der Homepage »Mobbing« eingeben.
www.seco.admin.ch

NARP – Narcissistic Abuse Recovery Progam

Das Narcissistic Abuse Recovery Program (Programm zur Genesung von narzisstischem Missbrauch) oder kurz NARP ist eine → Therapieform, die von der Australierin Melanie Tonia Evans entwickelt wurde. Diese war selbst ein Opfer von schwerem → narzisstischem Missbrauch in Beziehungen, der für sie lebensbedrohliche Folgen nach sich zog. Mithilfe des NARP konnte sie wieder vollständig genesen. Seit einigen Jahren wendet sie sich mit diesem Programm auch an andere Betroffene – mit erstaunlichen Erfolgen.

Das NARP basiert auf der Fähigkeit der Betroffenen, sich in erlebte Situationen zurückzuversetzen. Dabei werden in geführten Sitzungen Gefühle niedergeschrieben und wieder neu geweckt, um auf diese Weise die Ursache der Leiden aufzuspüren. Durch Visualisierungen von Licht und Energie wird direkt zu den Zellen »gesprochen«, in denen die → Traumata des narzisstischen Missbrauchs gespeichert sind. Auf diese Weise wird es einem möglich, diese zu lösen. In der Folge können auch die tief sitzenden → Verletzungen und negativen inneren Überzeugungen, die einen für die narzisstische Person → anfällig gemacht haben, geheilt beziehungsweise überwunden werden. Dadurch erlangt man eine neue psychische Stärke.

Das NARP ist eine sanfte, einfache und sehr wirksame Selbstheilungsmethode, die jedoch → Selbstverantwortung, Arbeit und Durchhaltevermögen erfordert. Es ist gleichsam ein Entgiftungsprogramm, das die langsam schleichende Vergiftung des narzisstischen Missbrauchs wieder aufhebt. Die unbestrittene Wirksamkeit dieser Therapie ruht auf drei Säulen: Ehrlichkeit ohne Schuldzuweisungen, Selbsteinsicht und Unterstützung durch ein großes Onlineforum mit betroffenen Mitgliedern (→ Selbsthilfegruppen).

Das NARP kann über Melanie Evans' Webseite gebucht und absolviert werden. Eine deutsche Übersetzung des Programms liegt seit Kurzen auch in Buchform vor (»Endlich frei!«).

Was tun?

Das NARP adressiert alle starken Gefühle, die sich während der Phase des »Nachbebens« nach der → Trennung und während des → Heilungsprozesses einstellen. Wer sich lieber für eine andere Therapieform entscheidet, sollte darauf achten, dass die gewählte Methode ebenfalls diese intensiv erlebte Gefühlsachterbahn einbezieht.

Persönlicher Kommentar

Durch die realitätsnahe Präzision von NARP fühlt man sich vollständig verstanden. Die durchlebten Gefühle werden ernst genommen, und man versteht endlich, dass man sich weder dafür schämen noch sie sich ausreden muss. Dies ebnet den Weg, die eigenen Gefühle aufzuarbeiten und zu einer Ehrlichkeit gegenüber sich selbst zu finden, die ungeahnte Kraft verleiht. Wer das Programm sorgfältig absolviert, wird durch die Befreiung von seinen Leiden auch psychisch erstarken. Schmerz und Trauma sind nicht vergessen, aber sie verblassen schnell und machen Platz für eine freudige Lebensenergie.

Weiterführende Informationen

Website von Melanie Tonia Evans und dem NARP:
www.melanietoniaevans.com

Narzissmus – Ursachen

Warum sich Menschen zu NarzisstInnen entwickeln, hat die Wissenschaft bislang nicht klären können. Möglicherweise ist die Veranlagung zum Narzissmus zu einem kleinen Teil genetisch bedingt, doch hier steht die Forschung noch ganz am Anfang.

Eine wichtige Rolle spielt jedoch sicherlich die Beziehung zu den Eltern in der Kindheit, wenn sich Individualität und Selbstwertgefühl entwickeln. Das typisch narzisstische Missverhältnis zwischen selbstbewusster Außendarstellung, Größenfantasien und innerer Unsicherheit kann entstehen, wenn Eltern ihrem Kind wenig Einfühlungsvermögen und Bestätigung entgegenbringen – möglicherweise weil sie selbst narzisstisch sind oder in ihrer Kindheit massiv vernachlässigt oder traumatisiert wurden. Die Saat zur narzisstischen Persönlichkeitsstörung wird gelegt, wenn Eltern ihr Kind nicht als Person mit eigenen Bedürfnissen wahrnehmen, wenn sie es materiell überhäufen und seelisch aushungern, wenn sie es überfordern, sodass es sich nicht altersgerecht entwickeln kann, oder wenn sie es überbehüten, sodass ihm überhaupt keine Möglichkeit zur Entfaltung bleibt. Ein Grund für die Herausbildung einer narzisstischen Persönlichkeitsstörung kann auch sein, wenn Eltern ihr Kind nicht lieben, aber bewundern – oder wenn sie es als zu perfektionierendes Objekt ihres eigenen Narzissmus missbrauchen, indem es ihre eigene Grandiosität durch Leistung beweisen muss – in der Schule, im Sport oder gar als Kinderstar. Die erwartete Leistung kann auch darin liegen, möglichst hübsch auszusehen und sich die »richtigen« Freunde zu suchen.

In einem solchen familiären Umfeld erleben Kinder nicht, dass sie um ihrer selbst willen geliebt werden. Sie erfahren nur das oberflächliche Interesse, das ihnen ihre Eltern schenken, wenn sie deren Erwartungen entsprechen, sich nach ihren Vorstellungen formen lassen und funktionieren. Sie werden Opfer von emotionaler → Gewalt und lernen schon früh, sich zu schützen, ihren Schmerz zu überdecken und sich an die ständig wechselnden Erfordernisse anzupassen.

Dies kann dazu führen, dass sich die betroffenen Kinder selbst verlieren, keine eigene Persönlichkeit entwickeln oder diese als abstoßend empfinden und verleugnen. In ihrem Inneren entsteht eine schreckliche Leere und Einsamkeit.

Narzissmus ist also das Ergebnis tiefer Verletzung und fehlgeleiteter Entwicklung, die im frühen Kindesalter beginnt. Das grandiose Ego, die Selbstherrlichkeit und Überheblichkeit sowie das Anspruchsdenken von NarzisstInnen sind nicht Ausdruck ihrer übermäßigen Selbstliebe, sondern ihres geringen Selbstgefühls und Selbstwertgefühls. Ihr ganzes Selbst baut sich auf der → narzisstischen Zufuhr auf, die sie von außen bekommen.

Für von narzisstischem Missbrauch Betroffene und ihre → Heilung ist das Wissen um die Liebesfähigkeit von NarzisstInnen besonders wichtig. NarzisstInnen suchen zwar ein Leben lang Liebe und Aufmerksamkeit, doch es ist für sie in der Regel nicht möglich, wahre Selbstliebe für sich zu empfinden. Weil sie sich nicht selbst lieben können, demonstrieren sie eine übersteigerte Selbstliebe nach außen, setzen andere herab und entwerten sie. Und genauso, wie sie sich selbst nicht lieben können, sind sie auch in der Regel nicht fähig, zu anderen Menschen eine Liebesbeziehung aufzubauen.

Persönlicher Kommentar

Es ist wichtig, dass Sie sich keine Illusionen machen und sich von unrealistischen Hoffnungen verabschieden. Ausgeprägte NarzisstInnen können in der Regel andere Menschen weder lieben noch sich für sie verändern.

Narzissmus – verschiedene Ausprägungen

Narzissmus ist ein vielschichtiges Persönlichkeitsmerkmal mit vielen positiven und negativen Facetten. Die Bezeichnung Narzisst oder Narzisstin bezieht sich in diesem Buch jedoch nur auf Menschen, die sehr ausgeprägte negative narzisstische Eigenschaften bis hin zu einer narzisstischen Persönlichkeitsstörung aufweisen.

Doch was ist unter dem Persönlichkeitsmerkmal Narzissmus in seinen positiven und negativen Ausprägungen zu verstehen?

Positiver Narzissmus

Wunsch nach Anerkennung und Überschätzung der eigenen Wichtigkeit – auf Basis dieser Formel wird jeder Mensch narzisstische Züge an sich entdecken. Wir alle sind bis zu einem gewissen Grad selbstbezogen und überschätzen unsere eigene Bedeutung, sind eitel und stellen uns in einem möglichst günstigen Licht dar, streben nach Erfolg und Bestätigung. Und den Fachleuten zufolge ist das auch gut so. Wird meine Leistung anerkannt? Wie wirke ich auf mein Umfeld? Wie gehen andere mit mir um? Es ist diese Selbstbezogenheit, die unser Selbstbild und unser Selbstwertgefühl steuert. Sie ist dafür verantwortlich, wie wir uns selbst sehen, unsere Eigenschaften bewerten und uns achten. Von ihr hängt es ab, ob wir unser inneres Gleichgewicht aufrechterhalten, uns wohlfühlen und Selbstsicherheit entwickeln oder ob wir uns unfähig und dem Leben nicht gewachsen fühlen, für wertlos und nicht liebenswert halten.

In der richtigen Dosis hat Narzissmus ein positives Gesicht und wirkt wie unser psychischer Turbo: Er treibt uns an, wenn wir anderen gefallen wollen, verleiht uns Ehrgeiz und Durchsetzungsfähigkeit, um im Beruf Erfolg zu haben, und schürt unsere Kreativität, wenn wir schöpferisch tätig sind oder Dinge verbessern möchten. Sogenannte positive NarzisstInnen besitzen eine positive Einstellung zu sich selbst und weisen eine realistische Selbsteinschätzung auf. Sie sind mit ihrem Selbstbild zufrieden und haben deshalb ein stabiles → Selbstwertgefühl. Sie sind selbstkritisch, aber sie mögen sich. Sie suchen die Bestätigung durch andere und können auch geniale Selbstdarsteller sein. Sie sind in sich gefestigt und können deshalb Ablehnung, Rück- und Fehlschläge überstehen und verarbeiten.

Negativer Narzissmus – der Narzissmus der NarzisstInnen

Im Gegensatz dazu steht der sogenannte negative Narzissmus, den wir bei Menschen finden, die – unterschiedlich gewichtet und kombiniert, aber doch sehr deutlich ausgeprägt – folgende Eigenschaften aufweisen:

» Sie haben ein grandioses Ego, halten sich selbst für übermäßig bedeutend und großartig, fühlen sich anderen überlegen und erwarten, dafür bewundert zu werden.
  Sie geben sich häufig arrogant und fantasieren von Macht und Erfolg. Sie haben eine ausgeprägte Anspruchshaltung, erwarten beispielsweise stets, dass ihre Bedürfnisse automatisch und bevorzugt erfüllt werden.
» Sie sind auffällig egozentrisch.
» Sie sind ausgesprochen egoistisch. Sie beuten andere Menschen aus und sind stets bereit, von anderen zu nehmen, ohne sich im Gegenzug dazu verpflichtet zu fühlen, selbst etwas zu geben. Sie sind häufig neidisch auf andere und glauben, dass auch andere neidisch auf sie sind.

- Sie besitzen wenig oder keine → Empathie.
- Sie sind äußerst empfindlich. Sie reagieren sehr emotional, gekränkt und → wütend auf Kritik oder Ablehnung, teilen jedoch im Gegenzug stark aus.
- Sie werten andere ab, um das eigene Ego aufzuwerten.

Narzisstische Persönlichkeitsstörung

Die Grenzen zwischen positivem und negativem Narzissmus sind selten deutlich, und auch die Grenze zum Pathologischen lässt sich nicht immer genau ziehen. Wir alle streicheln ab und an unser Ego und reagieren in bestimmten Situationen narzisstisch. Wenn jedoch die typischen negativ-narzisstischen Eigenschaften bei einem Menschen so massiv und so beständig auftreten, dass er selbst und seine Umwelt darunter ernsthaft leiden, spricht man von einer narzisstischen Persönlichkeitsstörung.

Maligner Narzissmus

Eine Extremform der narzisstischen Persönlichkeitsstörung ist der bösartige oder maligne Narzissmus. Bei bösartigen NarzisstInnen sind typische narzisstische Eigenschaften wie Egozentrik und Selbstherrlichkeit, Selbstdarstellung und Überheblichkeit, Empathiemangel und Anspruchsdenken auffällig ausgeprägt. Hinzu kommen Gefühlskälte, Menschenverachtung und Paranoia sowie eine Aggressivität, die sich in zerstörerischer Wut und Hass äußern kann. Bösartige NarzisstInnen kennzeichnet zudem ein antisoziales Verhalten. Sie → lügen, betrügen, beuten aus, → stalken, schlagen, schaden, zerstören. Der maligne Narzissmus ist der Narzissmus der Diktatoren, Sadisten, Serienmörder und Amokläufer, aber beispielsweise auch der Narzissmus der Mobber, Verleumder, zynischen Chefs und brutalen Erzieher.

Was tun?

Warum hat der narzisstische Mensch in meinem Leben so gehandelt? Warum hat er mich auf diese Weise behandelt? Wie kann ich sein Verhalten verstehen und einordnen?

Für Betroffene ist es wichtig, dass sie sich über Narzissmus informieren, um die Persönlichkeit und die Vorgehensweisen von NarzisstInnen zu verstehen.

Dazu gibt es eine Reihe von guten, informativen Büchern und Dokumentationen, die auch für Laien eingängig sind. Wer Englisch versteht, dem seien die Bücher und Filme von Sam Vaknin empfohlen. Vaknin weist eine schwere narzisstische Persönlichkeitsstörung auf (Genaueres siehe unten unter »Weiterführende Informationen«). Er ist als Narzisst jedoch insofern eine Ausnahmeerscheinung, als er die Fähigkeit zur Selbstreflexion besitzt und somit eindrückliche und aufschlussreiche Einblicke in sein gequältes Innenleben geben kann. Detailliert und differenziert beschreibt er die Motive, Denkweisen und das Vorgehen einer narzisstischen Persönlichkeit sowie die verheerenden Auswirkungen ihrer Handlungen auf ihre Nächsten.

Narzissmusradar

Der Narzissmusradar oder »Narcdar« wurde von Renate Apollonia Mitterer (→ Selbsthilfegruppen Österreich) und mir als ein nützliches Instrument für die Praxis entwickelt. Unter dem Motto »Man sieht nur, was man weiß« haben wir teils hochmanipulative Verhaltens- und Vorgehensweisen von NarzisstInnen und die Reaktionen der Betroffenen sowie deren Umfeld zusammengestellt, die in den verschiedenen Phasen des → narzisstischen Missbrauchs wiederholt auftreten und sich beobachten und beschreiben lassen. Der Narzissmusradar stellt keine Diagnose dar. Er bietet vielmehr eine Arbeitsgrundlage, um die Situation eines von narzisstischem Missbrauch betroffenen Menschen einschätzen und die Handlungen der narzisstischen Person einordnen und sogar vorausschauen zu können. Dies kann für TherapeutInnen ebenso hilfreich sein wie für Mitarbeitende in Behörden, JuristInnen und alle anderen, die beruflich oder privat Kontakt mit Betroffenen haben.

Der Narzissmusradar ist nicht in Stein gemeißelt. Wir möchten ihn noch gerne verbessern und freuen uns deshalb über Rückmeldungen und Ergänzungen.

Bevor wir mit der »Narzissmusradartabelle« weiter ins Detail gehen, vorab einige Gedanken und Hinweise für die Beurteilung der jeweiligen Fälle in der Praxis:

» **(Lebens-)Wichtig:** Als Erstes muss immer abgeklärt werden, ob für die betroffene Person Gefahr für Leib und Leben besteht! Warnzeichen sind unter anderem dokumentierte Verletzungen, Stalking durch die narzisstische Person, geplante »letzte Klärungsgespräche«.
» Der Kreislauf von Idealisierung, Manipulation, Gewalt und Vergebung führt zu einer immer stärkeren Abhängigkeit der betroffenen Person und wird oft mit Liebe verwechselt. Aufgrund ihrer Traumabindung zu der narzisstischen Person fällt es Betroffenen zum Beispiel so schwer, Anzeige zu erstatten. Oder sie brauchen mehrere Anläufe, um Hilfe zu suchen, und ziehen sich wiederholt wieder zurück. Behalten Sie dies im Hinterkopf, wenn Sie die Geschichte

der betreffenden Beziehung mit all ihren Trennungen und Versöhnungen nachvollziehen, Ihnen das vergebende Verhalten der Betroffenen unverständlich erscheint.

» Hilfreiche Hinweise sind, ob ein Paar sehr schnell zusammenzog und gegebenenfalls Kinder bekam, ob der Paarkonflikt schon länger dauert und es gute und sehr schlechte Zeiten gab.

» Lassen Sie sich nicht täuschen, wenn die Paarbeziehung von Außenstehenden ganz anders beschrieben wird als von der narzisstisch missbrauchten Person: harmonisch und materiell erfolgreich (»ideales Paar«), nett, hilfsbereit, großzügig ... NarzisstInnen sind meisterhaft darin, ihr gesamtes Umfeld zu manipulieren und den schönen Schein aufrechtzuerhalten.

» Wappnen Sie sich: NarzisstInnen
  - treten in der Regel selbstbewusst auf
  - sind sich keiner Schuld bewusst
  - erfinden mit Leichtigkeit Ausreden und Entschuldigungen für ihr Verhalten, die auf den ersten Blick plausibel erscheinen
  - halten Abmachungen und Versprechen nicht ein (ignorieren zum Beispiel ein Betretungsverbot)
  - sind nach Abmahnungen gekränkt, wehren sich, schieben die Schuld auf die betroffene und/oder die Fachperson
  - oder geloben Besserung, die natürlich niemals eintritt
  - betreiben Rufmord an allen, die ihnen »im Weg stehen«, an den Betroffenen wie auch an TherapeutInnen, Mitarbeitenden in Behörden und anderem Fachpersonal
  - können aggressiv und bedrohlich sein
  - strengen häufig eine Gegenklage an, selbst wenn diese sinnlos erscheint.

Reaktion der betroffenen Person (BP)	**Beobachtbares und wiederholtes Verhalten der narzisstischen Person (NP) und der BP**	**Vorgehen der NP**	**Schlüsselwörter/ -ereignisse, die einen Hinweis zur Einschätzung der Situation geben**
»Liebe auf den ersten Blick« – BP fühlt sich wie am fantastischen Beginn einer idealen Beziehung.	NP flirtet gekonnt, sprudelt gleichsam über mit Lob und Komplimenten, streicht die Gemeinsamkeiten heraus und postuliert sehr schnell eine »Seelenverwandtschaft«.	Charmantes, charismatisches (»James Bond«) oder »verletzliches«/hilfsbedürftiges Auftreten als ein Wesen, das gerettet werden muss (»Bambi«)	→ Love Bombing, Glorifizieren des Gegenübers
BP ist hingerissen und/oder geschmeichelt, das »Helfergen« wird aktiviert – trotzdem verspürt sie ein merkwürdiges → Bauchgefühl.	BP hat »angebissen«, Schmeicheleien sind wie Balsam für die Seele, Gefühl der Großartigkeit, Glaube an eine Seelenverwandtschaft mit der NP	NP drängt (erfolgreich) darauf, schnell zusammenzuziehen, zu heiraten/ Kinder zu bekommen.	→ Future Faking
BP erlebt erste Irritationen durch negative Bemerkungen der NP.	NP kritisiert Verhalten der BP, speziell Verhaltensweisen, die sie zuvor gelobt hat.	NP entwertet andere, agiert als Energieräuber oder Energievampir.	Red Flags (Warnzeichen)
BP ist sprach- und hilflos angesichts der Abwertungen, Stimmungsschwankungen, neuen Regeln seitens der NP. Sie ist sich nicht darüber bewusst, dass schon zuvor erste Red Flags auftauchten, die jedoch nicht wahr- oder ernst genommen wurden.	Verliebte BP steckt voller Zweifel und macht Zugeständnisse. Alles dreht sich nur noch um die NP. BP atmet auf, schöpft Hoffnung, klammert sich an NP, arbeitet hart und härter, macht finanzielle Zugeständnisse.	NP macht sich rar, antwortet nicht, ist für Tage unauffindbar, kann sich »nicht für die Beziehung entscheiden«. Taucht dann wieder aus der Versenkung auf, mit Versprechungen oder auch den sprichwörtlichen roten Rosen, um die BP nicht aus der emotionalen Bindung entgleiten zu lassen.	→ Breadcrumbing

Reaktion der betroffenen Person (BP)	Beobachtbares und wiederholtes Verhalten der narzisstischen Person (NP) und der BP	Vorgehen der NP	Schlüsselwörter/ -ereignisse, die einen Hinweis zur Einschätzung der Situation geben
NP macht immer mehr Anschuldigungen. BP unternimmt bis zur Erschöpfung alles, um zu beweisen, dass die Anschuldigungen ungerechtfertigt sind. BP schämt sich für NP.	BP wehrt sich anfänglich, übt Kritik, regt NP zur Selbstreflexion an, stößt in unendlichen »Klärungsgesprächen« auf taube Ohren und auf absolut kein Verständnis.	NP verträgt keinerlei Kritik und reagiert darauf wie auf eine Majestätsbeleidigung, will immer recht haben, entschuldigt sich nie, kennt keine Reue, redet sich immer heraus.	Überempfindlichkeit und leichte Kränkbarkeit der NP
BP hinterfragt ihre Wahrnehmung, ist froh, NP als »Hilfe« in ihrem Leben zu haben. BP erlebt Zusammenbrüche, schöpft dann wieder Hoffnung, findet, dass sie selbst Unrecht hat, vergibt NP.	NP verneint Sachverhalte, auch wenn handfeste Beweise vorhanden sind. Schiebt Schuld auf andere oder auf äußere Umstände. Lügt. Begeht extreme Manipulationen wie zum Beispiel Essen zu vergiften oder heimlich Autos gefährlich zu beschädigen.	NP unternimmt eine langsame Gehirnwäsche bei BP, der Missbrauch wirkt wie schleichendes Gift, sodass BP beginnt, die Realität anzuzweifeln. NP verwendet bizarre Ausflüchte, auf die es eigentlich keine adäquate Antwort oder Reaktion gibt.	NP: → Gaslighting, »Untermauern« falscher Sachverhalte durch Namedropping und angebliches Zitieren von Autoritäten

Reaktion der betroffenen Person (BP)	Beobachtbares und wiederholtes Verhalten der narzisstischen Person (NP) und der BP	Vorgehen der NP	Schlüsselwörter/ -ereignisse, die einen Hinweis zur Einschätzung der Situation geben
BP ist von Familie und Umfeld isoliert, gibt Hobbys und Kontakte auf, wird arbeitsunfähig, wendet sich an Fachleute um Hilfe.	NP redet schlecht über andere, gaukelt BP vor, dass Freunde und Familie sie ablehnen würden. Beim gemeinsamen Besuch von Fachleuten lobt NP die Kompetenz/Zuständigkeit der BP über den grünen Klee, zeigt sich von ihrer besten Seite, flirtet mit Fachpersonen.	NP mobilisiert und manipuliert andere, damit sie sie unterstützen und ihr helfen, BP weiterhin an sich zu binden (sogenannte Flying Monkeys oder »Fliegende Affen«), schafft dazu Abhängigkeiten und macht materielle Versprechungen.	NP: → Manipulation durch Triangulation (angebliche Aussagen Dritter), Anschwärzen, Verleumden, Beschuldigen
BP zieht trotz Widerstand oder heimlich Fachleute hinzu. Diese zweifeln jedoch ihre Kompetenz/ Erfahrung an. Kompetenz wird »bewiesen« oder »nachgewiesen«.	NP lässt sich kaum auf Vereinbarungen ein oder hält sie nicht ein. Zögert mit allen Mitteln juristische Verfahren hinaus. Verzerrt Tatsachen so, dass sich BP im Unrecht fühlt oder zumindest verblüfft ist. NP weckt Schuldgefühle bei Fachleuten (»Verfahrensfehler«), bricht den Kontakt ab oder entzieht sich laufenden Verfahren durch »Krankheit und Unfall«, angebliche Schicksalsschläge oder durch kriminelle Machenschaften.	NP manipuliert (auch Fachleute). Wenn Fachleute nicht lockerlassen oder auf Fakten bestehen, kritisiert NP ihre Autorität oder Fachkompetenz/Zuständigkeit, verlangt nach ihren Vorgesetzten, droht mit »wichtigen Leuten«, die sie kennt (Namedropping).	NP: Passive Aggressivität, Drohungen mit Autoritäten, Täter-Opfer-Umkehr (Victim Blaming), Namedropping

Reaktion der betroffenen Person (BP)	Beobachtbares und wiederholtes Verhalten der narzisstischen Person (NP) und der BP	Vorgehen der NP	Schlüsselwörter/-ereignisse, die einen Hinweis zur Einschätzung der Situation geben
BP wendet sich an TherapeutIn.	TherapeutInnen versuchen, die »andere« Seite zu verstehen und zu vermitteln. Oft erkennen sie das narzisstische Muster nicht. BP gehen oft jahrelang in Therapie, ohne wirkliche Erleichterung oder Aufklärung zu erfahren.	NP geht mit in eine Therapie, nur um entweder den/die TherapeutIn schlechtzumachen oder um Bereitschaft zur Besserung vorzugaukeln (Future Faking).	Erfolglose Therapie
BP wird krank, erleidet Unfälle oder Zusammenbrüche.	NP verweigert jegliche Hilfe und Unterstützung.	NP macht keine Krankenbesuche bei BP, fragt nicht einmal nach, wie es ihr geht. Lenkt Mitleid auf sich selbst, ist der »Nabel der Welt«.	NP: Empathielosigkeit, Kaltherzigkeit, Egozentrik
BP entdeckt Ungereimtheiten und Unwahrheiten, konfrontiert unter Umständen NP damit, will Klarheit.	NP zeigt kriminelle Energie, Hang zur Kleinkriminalität, begeht zahlreiche Überschreitungen (Parktickets, Steuerhinterziehung etc.), lügt im großen Ausmaß, führt ein Doppelleben.	NP projektiert eigene negative Eigenschaften auf BP, dreht den Sachverhalt um. Ist neidisch auf andere.	NP: Tatsachen verdrehen, auf Privilegien bestehen, Anspruchsdenken (»Entitlement«)

Reaktion der betroffenen Person (BP)	Beobachtbares und wiederholtes Verhalten der narzisstischen Person (NP) und der BP	Vorgehen der NP	Schlüsselwörter/-ereignisse, die einen Hinweis zur Einschätzung der Situation geben
BP versucht verbindliche Absprachen mit NP zu treffen, ohne Erfolg (wie »Pudding an die Wand nageln«), erlebt Verzweiflung, Erschöpfung und reagiert mit noch mehr Einsatz.	NP hält sich an keine Versprechen, ihre Handlungen stimmen nie mit fest getroffenen Absprachen ein. NP hat diverse Vor- und Bagatellstrafen, brüstet sich mit Errungenschaften, droht BP bei Mitwisserschaft.	NP arbeitet mit Betrug, Fälschungen, falschen Titeln etc., lügt über angebliche Beziehungen zu »wichtigen« Menschen, führt ein Doppelleben.	NP: Lügen, Manipulation, emotionaler Missbrauch, seelische Erpressung, → Mobbing
BP ist froh oder sogar glücklich, wenn sie in der Beziehung wieder »gute Zeiten« erlebt, so wie es »früher war«.	NP täuscht Veränderungen nur vor, die nie dauerhaft sind. Die Situation wird »immer schlimmer«.	NP gelobt Besserung, verhält sich für kurze Zeit wie gewünscht.	NP: → Gaslighting, wieder »einfangen«
BP vergibt NP, gibt ihr noch eine – oder viele – Chancen; verausgabt sich finanziell, arbeitet bis zum Umfallen.	NP weckt bei BP Mitgefühl und Schuldgefühle, stellt angeblich zu Recht Ansprüche oder fordert von BP, vermeintliches Unrecht wiedergutzumachen.	Mitleid heischen, Krankheiten und Schicksalsschläge vortäuschen	NP: Schwäche vorspielen, Guilt Tripping (»Schuldzuweisung« – bewusst Schuldgefühle bei anderen auslösen, um sie zu kontrollieren)
BP ist komplett erschöpft vom Kreislauf: Idealisieren – Entwerten – Kleinmachen – Beschuldigen – Anprangern – Lügen Wut – Gewalt – und wieder »gute Zeiten« … NP hat BP total unter Kontrolle.	NP kontrolliert Finanzen, Handy, Computer, Kameras, sämtliche sozialen Kontakte der BP. Vernachlässigt Pflichten und bleibt Zahlungen schuldig (zum Beispiel Alimente).	NP will mit allen Mitteln Kontrolle von und Macht über BP erhalten und steigern.	NP: Manipulation → Stalking/Cyberstalking

Reaktion der betroffenen Person (BP)	**Beobachtbares und wiederholtes Verhalten der narzisstischen Person (NP) und der BP**	**Vorgehen der NP**	**Schlüsselwörter/ -ereignisse, die einen Hinweis zur Einschätzung der Situation geben**
Selbstvertrauen der BP erodiert, sie lebt in dauernder Ungewissheit und Alarmbereitschaft / → Stress.	NP greift tief in die Manipulationskiste: Ghosting, Mobbing, Stalking / Cyberterror …	NP verschwindet, meldet sich nicht, redet nicht mit BP, übt aber unter Umständen durch psychische Gewalt beängstigenden Druck aus.	Umfassende Manipulation, unter anderem durch Stonewalling (plötzlicher Abbruch jeglicher Kommunikation), Silent Treatment oder Toxisches Schweigen (absichtlich Interaktion stoppen, um Macht und Kontrolle auszuüben)
BP weiß nicht, wo ihr der Kopf steht, zweifelt an ihrer Wahrnehmung.	NP entschuldigt sich zum Schein, spielt Reue vor.	NP findet immer eine auf den ersten Blick plausible Erklärung für ihr Benehmen.	Unwissen und Unschuld – glaubhaft von NP vorgespielt (siehe auch Gaslighting)
BP zieht sich zurück, sieht die Welt oft nur noch als feindlich und macht die Erfahrung, dass es nirgendwo Hilfe gibt.	NP macht BP schlecht vor anderen, vor Behörden, der Polizei, der eigenen Familie.	Schuld von sich weisen bzw. Schuldumkehr, überzeugende Ausreden darbieten	Victim Blaming, NP spielt angebliche eigene Betroffenheit vor

Reaktion der betroffenen Person (BP)	Beobachtbares und wiederholtes Verhalten der narzisstischen Person (NP) und der BP	Vorgehen der NP	Schlüsselwörter/ -ereignisse, die einen Hinweis zur Einschätzung der Situation geben
BP zweifelt nicht nur sich selbst, sondern auch andere an, bricht Kontakte ab, vereinsamt, verliert das Vertrauen in Behörden, Polizei etc. Kinder kommen in Loyalitätskonflikt.	NP macht BP weis, dass andere lügen, schlecht über sie reden, sie als mental krank bezeichnen.	NP zieht (real oder vorgespielt) Dritte zur Beweisführung gegen BP heran, rekrutiert Flying Monkeys, die sie so manipuliert, dass sie sie unterstützen. Kinder werden als Faustpfand und Waffe missbraucht.	Triangulation (über die realen oder fiktiven Aussagen Dritter eine andere Person manipulieren oder einen Keil zwischen zwei Menschen treiben)
BP bricht Kontakt zu den vermeintlichen »Feinden« ab, ist in der Folge noch verunsicherter und isolierter.	NP macht BP laufend weis, dass ihr niemand mehr traut, dass sie unberechenbar ist, dass sie »spinnt«. Benutzt dazu bevorzugt FreundInnen und Familienmitglieder.	Untergräbt durch Triangulieren und Lügen über Dritte die Beziehungen der BP zu ihr nahestehenden Personen (Familienmitglieder, FreundInnen).	BP: Abspaltung vom sozialen Umfeld, Misstrauen und Enttäuschung in Bezug auf nahestehende Menschen, Isolation
BP ist voller Angst und Schrecken, unternimmt → Suizidversuche, wird in die Psychiatrie eingewiesen, erkennt sich in realer (Lebens-) Gefahr, unterwirft sich der Situation oder flieht zum Beispiel ins Frauenhaus.	Endlose Streitgespräche, die sich im Kreis drehen und nie zu einer Lösung führen, seitens NP Schuldzuweisungen, Aufzählungen von vermeintlichen »Sünden« der BP und Beschimpfungen. NP übt Gewalt aus.	Zeigt ein unreifes Verhalten, hat eine »kurze Zündschnur« und reagiert unverhältnismäßig heftig auf Kleinigkeiten, ist extrem empfindlich und kränkbar. Stößt Drohungen aus. Begeht Tätlichkeiten bis hin zum Mord.	NP: Verschwindet, flieht, verlässt BP, zieht zu neuem »Opfer«; beängstigende Wutausbrüche, Gewalt gegen BP (teils auch gegen die gemeinsamen Kinder), im schlimmsten Fall sogar tödlich.

Narzisstischer Missbrauch in Beziehungen

NarzisstInnen hinterlassen in ihrem Leben in jeder Hinsicht verbrannte Erde. Besonders verheerend wirken sich ihre Handlungen in engen Beziehungen aus. Zu Beginn einer Liebesbeziehung weisen jedoch narzisstische TäterInnen und Betroffene viele Ähnlichkeiten auf: Seelische → Verletzungen, der Wunsch nach → narzisstischer Zufuhr und das Verlangen nach Bestätigung von außen sind beiden gemeinsam. Bei NarzisstInnen sind jedoch affektive → Empathie und die Fähigkeit zur Selbstreflexion in der Regel wenig oder gar nicht ausgeprägt. Deshalb fällt es ihnen verhältnismäßig leicht, schnell und zu Beginn noch unmerklich eine Machtposition innerhalb der Beziehung zu erlangen. Damit schaffen sie die Grundvoraussetzung für narzisstischen Missbrauch.

Vergötterung, Abwertung, Wegwerfen – in diesen Phasen verläuft typischerweise eine Beziehung mit ausgesprochenen NarzisstInnen. In der ersten Phase, der Vergötterung, bedienen sie sich häufig der Methode des → Love Bombing und geben sich als → idealer Partner oder ideale Partnerin, um die andere Person bis zur Abhängigkeit emotional an sich zu binden. Sie verschaffen ihr ein Hochgefühl, das sie niemals mehr missen möchte, und erhalten dafür im Gegenzug narzisstische Zufuhr in Form von Aufmerksamkeit, Liebe, → Sex oder Bewunderung. Sie stellen den anderen Menschen auf ein Podest, das auch sie selbst erhöht.

In der folgenden Phase der systematischen Abwertung hat die Beziehung für NarzisstInnen meist bereits ihren Reiz verloren. Ihre perfekte Fassade beginnt zu bröckeln, und sie stoßen ihre PartnerInnen von dem Podest, auf das sie sie während der Vergötterungsphase selbst gehievt haben. Diese schleichende Entthronung erfolgt anfangs subtil durch kalkulierte Kritik, Kränkungen und andere Formen der Mikrogewalt (→ Gewalt). Auch der zu Beginn der Beziehung aufregende Sex wird für NarzisstInnen nun schon wieder langweilig. Häufig suchen sie sich deshalb neue Quellen narzisstischer Zufuhr, sei es durch schnelle One-Night-Stands, Bordellbesuche, einen Geliebten … Die PartnerInnen ahnen in dieser Phase sehr häufig weder von den Seitensprüngen noch davon, dass ihr Sexualleben emotional zu einer sehr einseitigen Angelegenheit geworden ist.

Mit der Zeit vergrößern sich die Risse in der narzisstischen Fassade immer mehr, bis schließlich die Maske ganz fällt. Charme, überschwängliche Aufmerksamkeit und positive Zuwendung dienen nun nur noch der Außendarstellung oder der kurzfristigen Durchsetzung von Wünschen und Vorstellungen. Die Abwertungen nehmen dabei an Heftigkeit zu. Schon bald verschärfen sich die Attacken, aus subtiler Kritik werden handfeste Beleidigungen, Demütigungen und Beschimpfungen. NarzisstInnen greifen in dieser Phase zu allen verfügbaren Waffen aus dem Arsenal der emotionalen → Gewalt. → Lügen, Betrug und → Vertrauensbrüche stehen irgendwann auf der Tagesordnung, aber auch schwere → Manipulationen wie → Gaslighting, dramatische → Wutanfälle und gewalttätige Kommunikationsformen sowie ein äußerst verletzendes Desinteresse an den PartnerInnen. Diese gewöhnen sich an, das abwertende Verhalten der NarzisstInnen schönzureden, denn sie können und wollen nicht glauben, dass ihre neue Liebe vielleicht doch nicht so perfekt ist, wie sie bisher glaubten. Sie möchten sie aber auch aus Loyalität, Verantwortungsbewusstsein und Pflichtgefühl nicht aufgeben und entwickeln mehr und mehr ein → kollusives Verhalten.

Mit der Zeit nehmen NarzisstInnen eine extreme Machtposition in der Beziehung ein, die sie teils durch körperliche Gewalt untermauern. Doch viele Betroffene schaffen es auch jetzt nicht, einen Schlussstrich zu ziehen – ihre emotionale Abhängigkeit und ihre → Ängste sind hierfür einfach zu groß. In der Regel leiden sie zudem stark an den → gesundheitlichen Folgen der missbräuchlichen Beziehung, sodass sie keine Kraft besitzen, eine Änderung herbeizuführen.

Wegwerfen – die Trennung: Solange ihnen ihre PartnerInnen als Quelle narzisstischer Zufuhr nützlich sind, werden NarzisstInnen versuchen, sie zu manipulieren und zu behalten – bis sie sie nicht mehr brauchen. Tatsächlich können viele je nach Bedarf und Belieben Beziehungen an- oder ausknipsen. In sehr vielen Fällen sind sie der treibende Part, der eine → Trennung herbeiführt. In der Regel gibt es dann schon eine neue Person in ihrem Leben, die nun »besser passt« und neue, aufregendere, befriedigendere narzisstische Zufuhr verspricht. Auf Gefühle wird in dieser Lage wenig Rücksicht genommen: Die PartnerInnen werden, ohne mit der Wimper zu zucken, ausrangiert und »weggeworfen«. Ganz verschwunden sind sie damit aus dem Ich-Universum der NarzisstInnen jedoch nicht, denn vielleicht kann man sie ja noch einmal brauchen. So kommt es – selbst nach Jahren – unter Umständen wieder zu dem Versuch, den → Kontakt durch Hoovering und sonstige Manipulationstechniken wieder zu aktivieren. In dieser Hinsicht agieren NarzisstInnen wie Krokodile, die ihre Beute unter Wasser lagern, um bei Bedarf darauf zurückgreifen zu können. Häufig beginnt an dieser Stelle ein nervenzehrender, kräfteverschleißender »in and out dance«, ein Reigen mit einer zerstörerischen Choreografie aus Verlassen, Verlassenwerden und erneutem Zusammenkommen. Die psychischen und körperlichen Folgen für die Betroffenen sind meist katastrophal. Unabhängig davon, ob die unter narzisstischem Missbrauch Leidenden ihre PartnerInnen selbst verließen oder von ihnen verlassen wurden: Spätestens zu diesem Zeitpunkt brauchen sie → Hilfe, um nicht für immer in ihrer Beziehung unterzugehen.

Bei Missbrauch denken die meisten Menschen an sexuellen oder körperlichen Missbrauch. Diese Missbrauchsformen können in Beziehungen mit narzisstischen Menschen auch vorkommen, narzisstischer Missbrauch ist jedoch vor allem ein psychischer Missbrauch. Dies bedeutet, dass ein Mensch die emotionale Bindung eines anderen Menschen, dessen Liebe und Vertrauen bewusst ausnutzt, um dadurch einen Vorteil zu erlangen und/oder ihm emotional zu schaden.

NarzisstInnen sind vollkommen auf sich selbst fokussiert. Sie gehen mit anderen Menschen weder tiefe Liebes- noch intensive Freundschaftsbeziehungen ein und sehen in ihnen auch keine Subjekte mit eigenen Gefühlen und Bedürfnissen. Stattdessen empfinden sie sie als austauschbare Objekte, die sie nach Belieben auswählen und abstoßen. Sie missbrauchen sie, um ihr zutiefst gestörtes → Selbstwertgefühl durch narzisstische Zufuhr zu stärken, und sie nutzen sie als Energiequelle, um ihre innere Leere aufzufüllen.

In Beziehungen bedeutet dies, dass sie eine breite Palette von Gewalt- und Manipulationsformen einsetzen, um eine Machtposition zu erlangen und ihr Gegenüber abzuwerten und emotional auszubeuten. Sie nutzen dazu vor allem die bereits vorhandenen seelischen Verletzungen anderer Menschen, um sie in der ersten Phase der Vergötterung als scheinbar ideale PartnerInnen in ein Hochgefühl zu versetzen und auf diese Weise emotional an sich zu binden. Und sie reißen diese Wunden immer wieder auf, um ihre Wünsche und Vorstellungen durchzusetzen sowie nach Bedarf die emotionale Abhängigkeit ihres Gegenübers zu erneuern und zu vertiefen. Beispielsweise geben sie Menschen, die sich unbewusst als ungenügend oder wertlos fühlen, zuerst das Gefühl, kostbar zu sein, um ihnen im weiteren Verlauf der Beziehung wieder genau dieses Gefühl der Wertlosigkeit zu suggerieren. Es geht ihnen also weder darum, die Wunden des Gegenübers zu heilen, noch darum, die damit verbundenen Probleme zu lösen, sondern sie wollen sie für ihre eigenen Zwecke nutzen.

Im Lauf dieses Prozesses kontrollieren und manipulieren NarzisstInnen ihre PartnerInnen, bis deren Denken und Fühlen nur noch auf sie ausgerichtet sind. Die Wahrnehmung und Eigenwahrnehmung der Betroffenen verschiebt sich dabei in einem Maß, dass sie bisweilen den Bezug zur Realität vollständig verlieren. Die NarzisstInnen isolieren sie von ihrem → Umfeld, um sie zu schwächen, rauben ihnen ihre Kraft (und auch ihren materiellen Besitz) und zerstören ihr Selbstwertgefühl und ihre psychische und körperliche Gesundheit. Sie begehen narzisstischen Missbrauch.

Was tun?

Haben Sie das Gefühl, dass diese Kurzbeschreibung einer missbräuchlichen Beziehung auch auf Ihre Partnerschaft zutrifft? Leiden Sie unter gesundheitlichen Problemen, die die Folge einer solchen Beziehung sein könnten? Wenn Sie sich nicht sicher sind, helfen Ihnen Literatur über missbräuchliche Beziehungen oder die Berichte von Betroffenen in → Selbsthilfegruppen und Onlineforen weiter. Informieren Sie sich und suchen Sie schon beim leisesten Verdacht Hilfe! Viele Informationen und Möglichkeiten dazu sowie die Adressen von professionellen Anlaufstellen finden Sie in diesem Buch. Gehen Sie diesen Schritt lieber heute als morgen.

Persönlicher Kommentar

Narzisstischer Missbrauch wirkt wie ein schlimmes schleichendes Gift, das großes Leid auslöst. Außenstehende können nur schwer nachvollziehen, wie Menschen in den Bann negativer NarzisstInnen geraten und wie sie durch deren perfide Mechanismen zerstört werden – doch die Betroffenen wissen ja nicht, dass sie in die Falle einer gestörten Persönlichkeit, eines skrupellosen Feindes, geraten sind! Sie brauchen deshalb jede Unterstützung, um sich aus dieser Falle wieder befreien zu können.

Narzisstische Zufuhr

Als narzisstische Zufuhr wird allgemein jede Art der Zuwendung bezeichnet, die das → Selbstwertgefühl stärkt, zum Beispiel Lob, Erfolg, Anerkennung und Liebe. Jeder Mensch braucht diese Bestätigung von außen, ist sie doch ein elementarer Ansporn, um Ehrgeiz zu entwickeln, nach Leistung zu streben, sich um Freundschaften und Liebesbeziehungen zu bemühen.

Menschen mit einem stabilen, positiven Selbstwertgefühl genießen die narzisstische Zufuhr, die sie von außen erhalten, aber sie haben auch genug Selbstvertrauen und Selbstbewusstsein, sich selbst zu beruhigen und zu trösten, zu ermutigen und zu motivieren, wenn ihr Selbstwertgefühl erschüttert wird. Diese

Fähigkeit zur Selbstregulierung hilft ihnen, die eigenen Grenzen zu akzeptieren, Ablehnung zu ertragen, Kritik zu verarbeiten und Rückschläge zu überwinden. Indem sie aus sich selbst heraus bejahende Gefühle für sich mobilisieren können, gelingt es ihnen, ihr inneres Selbst nach frustrierenden Ereignissen und Niederlagen wieder ins Gleichgewicht zu bringen.

NarzisstInnen sind dagegen aufgrund ihres zutiefst gestörten Selbstwertgefühls wie Süchtige auf ihre Droge darauf angewiesen, ständig von außen bestätigt zu werden. Jede positive oder negative Form der Aufmerksamkeit dient dazu, ihre innere Leere aufzufüllen. Ihr ganzes Selbst baut sich auf der narzisstischen Zufuhr auf, die sie in allen möglichen Spielarten bekommen: Anerkennung, Lob, Bewunderung, Respekt, → Sex, → finanzielle Vorteile und materieller Besitz. Oft spielt auch das Bedürfnis, anderen → Angst einzuflößen und sie zu unterwerfen, eine Rolle, denn damit gehen Kontrolle und → Machtgefühle einher. NarzisstInnen sind deshalb häufig sehr auf Äußerlichkeiten wie gutes Aussehen, teure Kleidung und Statussymbole bedacht, sie sind sehr ehrgeizig, leistungsbereit und auch oft erfolgreich. Sie reüssieren nicht selten in Wirtschaft, Politik und in der Unterhaltungsindustrie, suchen sich aber auch gerne Berufe, in denen sie leicht Macht über andere und deshalb narzisstische Zufuhr bekommen, beispielsweise im Schulbereich.

Ihre innere Leere bestimmt auch ihr soziales Verhalten: NarzisstInnen sind an anderen Menschen nur als Lieferanten für ihre narzisstische Zufuhr interessiert, und sei es, dass sie abwerten, um sich selbst aufzuwerten. Sie gehen Beziehungen ein, um geliebt zu werden – aber sie selbst sind kaum oder gar nicht zur Liebe fähig. Und sie können mit unbändiger → Wut reagieren, wenn sie beispielsweise durch die → Trennung einer Beziehung den Partner oder die Partnerin als stete Quelle der narzisstischen

Zufuhr verlieren. Im Gegenzug beherrschen sie es jedoch auch perfekt, anderen Menschen gezielt narzisstische Zufuhr zu liefern, um sie zum Beispiel durch → Love Bombing und → Breadcrumbing zu → manipulieren.

FALLBEISPIEL

Für meinen Vater war ich als kleines Kind die Prinzessin, die ihn bewunderte und bedingungslos liebte. Auch nach der Trennung meiner Eltern kümmerte er sich um mich und genoss sein »Papakind«, das versuchte, es ihm recht zu machen. Er gab gerne mit mir an, mit meinen Leistungen in der Schule und im Sport und weil ich ein hübsches Kind war. Als ich älter und weniger pflegeleicht wurde, ließ er den Kontakt schleifen und brach ihn schließlich ganz ab. Auch die Alimente zahlte er nur noch, weil er gerichtlich dazu verdonnert wurde. So machte er es auch mit meinen Halbgeschwistern. Solange sie klein waren und ihn vergötterten, gab er sich mit ihnen ab. Sobald sie jedoch größer und eigenständiger wurden und ihn auch mal leise kritisierten, stieß er sie aus seinem Leben.

Was tun?

Für NarzisstInnen ist die narzisstische Zufuhr der Schlüssel in Beziehungen zu anderen Menschen. Wenn Sie sich von einer narzisstischen Person lösen möchten, verweigern Sie ihr deshalb am besten jegliche narzisstische Zufuhr. So verliert sie am schnellsten das Interesse, sich weiter in Ihr Leben zu drängen.

Neue Partnerschaft

siehe Anfälligkeit, ideale PartnerInnen und Verletzungen

Onlineforen

siehe Selbsthilfegruppen

Opferrolle

Zu unseren wichtigen inneren → Ressourcen gehört unsere Erwartung an unsere Selbstwirksamkeit. Diese ist entscheidend dafür, ob und wie sehr wir auf unsere eigene Stärke und unser Leistungsvermögen vertrauen. Sie trägt in großem Maß dazu bei, dass wir Probleme bewältigen und Krisen überstehen.

Betroffene, die → narzisstischen Missbrauch erleiden oder erlitten haben, haben dieses Vertrauen in sich selbst in großem Maß oder ganz verloren. Sie fühlen sich als schwaches Opfer – als eine Person, die den Missbrauch scheinbar tatenlos mit sich geschehen ließ, die dem narzisstischen Menschen hilflos ausgeliefert war oder ihm noch immer ausgeliefert ist, die im Rahmen der → Kollusion als Teil eines eingespielten Teams seine destruktiven Verhaltensweisen ermöglichte und unterstützte. Sie erstarren regelrecht in ihrer Opferrolle, fühlen sich vollkommen machtlos und infolge des Kontrollverlusts sowie vor → Scham- und → Schuldgefühlen wie gelähmt.

Dieser Effekt verstärkt sich häufig, wenn das → Umfeld nicht versteht, was mit den Betroffenen geschehen ist, und diese sich für ihre Handlungen rechtfertigen müssen – beispielsweise dafür, dass sie trotz aller Leiden in der Beziehung verblieben und diese als kollusiver Partner aufrechterhielten. Nicht selten werden sie auch noch einmal zum Opfer gemacht, indem ihnen unterstellt wird, dass sie von der Beziehung profitiert hätten, und deshalb ihr Leiden nicht ernst genommen oder als gerechte Strafe gewertet wird. Problematisch bleibt dieser Aspekt auch auf dem weiteren Weg der → Heilung, wenn sich Betroffene für ihre notwendige strikte Vorgehensweise rechtfertigen müssen, beispielsweise dafür, absolut keinen → Kontakt mit dem Expartner oder der Expartnerin zu halten.

»Warum muss gerade ich diese leidvolle Erfahrung ertragen?« Es ist nachvollziehbar, dass viele mit ihrem Schicksal hadern und sich von dem Erlebten so überwältigt fühlen, dass sie weder ein noch aus wissen. Für die Heilung ist es jedoch entscheidend, dass sie Selbstmitleid und Passivität aufgeben. Die Opferrolle abzustreifen bedeutet im übertragenen Sinn, einen inneren Schalter umzulegen: von passiv auf aktiv, von »Ich kann nicht (mehr)« zu »Ich kann«. Ich kann → Selbstverantwortung für meine eigene Genesung übernehmen. Dies ist allerdings leichter gesagt als getan, denn in der Regel leiden die Betroffenen erheblich unter den → gesundheitlichen Folgen des Missbrauchs. Zudem sind sie auch nach der → Trennung zunächst von der narzisstischen Person weiterhin seelisch und körperlich abhängig. Die meisten schaffen deshalb nur mit → therapeutischer Hilfe den Weg (zurück) in ein selbstbestimmtes Leben – ihr ganz persönliches → Coming Home.

Was tun?

Die Opferrolle abzulegen ist ein entscheidender Meilenstein. Um ihn zu erreichen, müssen die Betroffenen im ersten Schritt verstehen, was mit ihnen passiert ist. Durch die → Aufklärung über Narzissmus und → narzisstischen Missbrauch wird ihnen klar, dass sie keine Schuld an dem Erlebten und an ihrem Leiden haben, sondern auf eine Weise manipuliert und emotional ausgebeutet wurden, gegen die sie sich nicht schützen und wehren konnten. Dieses Wissen hilft ihnen, sich selbst zu vergeben (→ Forgiveness, Selbstwertgefühl).

Im zweiten Schritt gilt es zu verstehen und zu akzeptieren, dass der narzisstische Mensch sich nicht ändern wird – und dass er weder Verantwortung für sein Handeln übernehmen noch deswegen um Verzeihung bitten wird. Diese Erkenntnis ist für viele Betroffene extrem schmerzhaft.

Die meisten Opfer sehnen sich in dieser Phase danach, dass die narzisstische Person auf irgendeine Weise zur Rechenschaft gezogen und bestraft wird. Häufig haben sie auch das Gefühl, dass sie mit der Beziehung erst abschließen können, wenn sie diese Genugtuung erfahren haben. Die Opferhaltung aufzugeben bedeutet in diesem Zusammenhang: Man stellt sich dem tiefen seelischen Schmerz, der aus den Verletzungen durch den narzisstischen Menschen entstand. Man bekämpft jedoch sein Selbstmitleid. Und sobald man es überwunden hat, wird man ruhiger und kann seine Situation sehr viel besser einordnen. Man sieht ein, dass Rachepläne nichts bringen. Und man verschiebt beispielsweise juristische Auseinandersetzungen, weil man sich dessen bewusst ist, dass man noch zu verletzt, zu aufgewühlt und zu schwach ist, um Gerichtsverfahren erfolgreich zu bestehen. Man hört nach und nach auf, planlos zu reagieren, und beginnt, bewusst und strategisch zu agieren.

Im dritten Schritt setzt man sich damit auseinander, dass man kein zufälliges Opfer war. Man spürt seinen seelischen → Verletzungen nach, um zu verstehen, weshalb man in einer bestimmten Lebenssituation so → anfällig für den narzisstischen Menschen war, und überlegt, was man daraus lernen, welche seelischen Wunden man durch dieses Wissen heilen kann.

»Welche Überzeugungen standen mir immer schon im Weg?« Zu einer ehrlichen Antwort auf diese Frage gehört auch, sich dessen bewusst zu werden, dass man am Anfang der Beziehung gewisse Gemeinsamkeiten mit der narzisstischen Person aufwies: Verletzlichkeiten, den Wunsch nach narzisstischer Zufuhr, Bestätigung, Anerkennung und Liebe – nach der »Droge Mitmensch«. Wer sich mit diesen Themen intensiv beschäftigt, gewinnt eine neue innere Stärke und psychische Stabilität, besinnt sich auf seine → Ressourcen und stärkt sein Selbstwertgefühl.

Diese neue Festigkeit hilft im vierten Schritt, noch bestehende → Ängste vor dem narzisstischen Menschen, die Furcht vor seinen → Manipulationen, seiner → Gewalt und seinen verheerenden Aktionen abzulegen. Je geringer ihre Angst und Panik, desto besser können Betroffene ihre eigenen Grenzen aufrechterhalten und neu ziehen. Damit entziehen sie der narzisstischen Person die → Machtbasis, sodass diese ihr Leben nun nicht mehr vereinnahmen und kontrollieren kann. Erfahrungsgemäß lassen NarzisstInnen ab diesem Zeitpunkt auch häufig von den Betroffenen ab und suchen sich leichtere Beute.

Persönlicher Kommentar

Ein Ziel der Heilung ist, dass man den narzisstischen Missbrauch als Teil seines Lebenswegs akzeptiert – und dabei einen entscheidenden Perspektivenwechsel vollzieht. Es ist eine große, viel Kraft und Energie erfordernde Leistung, diese traumatisierende Erfahrung zu überleben, zu überwinden und sich um Heilung zu bemühen. Diese Leistung gilt es für sich selbst zu würdigen. Wem dies gelingt, sieht sich selbst nicht mehr als Opfer, sondern erkennt sich als selbstbestimmten Menschen an, der Großes geleistet hat.

Polizei

siehe Hilfe

Prozesse und Klagen

NarzisstInnen überhäufen ihre Mitmenschen oft notorisch mit Beschwerden bei der Polizei und Klagen. Es ist Ausdruck ihres grandiosen Egos, dass sie bei jeder Gelegenheit bis zum letzten juristischen Mittel darauf bestehen, Recht zu bekommen – auch wenn sie nicht im Recht sind. Überspitzt formuliert, sind sie der Nachbar, der wegen eines Streits um die Heckenhöhe auch bis vor das Bundesverfassungsgericht ziehen würde.

Vor Gericht zu ziehen verschafft ihnen zudem Rache für narzisstische Kränkungen. Und es verschafft ihnen → narzisstische Zufuhr, anderen auf diese Weise Ärger zu bereiten, in ihr Leben einzugreifen und damit → Macht über sie auszuüben. Dies kann bei → Trennungen so weit gehen, dass sie sich lieber selbst ruinieren als auf irgendeine gütliche Einigung einzugehen.

FALLBEISPIEL

Nach unserer Scheidung gab meine Exfrau einfach nicht auf, bis unsere ganze Familie finanziell ruiniert war. Immer wieder überzog sie mich mit Klagen und erhob neue Unterhaltsforderungen. Dabei handelte sie völlig irrational. Selbst als klar war, dass sie mehr Geld für sich verlangte, als ich überhaupt verdiente, gab sie nicht auf. Dabei torpedierte sie auch meine Bemühungen, unsere Finanzen zu konsolidieren. Es war klar, dass wir unser gemeinsames Haus nicht würden behalten können. Doch sie weigerte sich auszuziehen, da das Haus »ihr zustände«. Sie stimmte deshalb auch nicht zu, als ich es zu einem guten Preis verkaufen wollte.
Das Ende vom Lied war, dass unser Haus zwangsversteigert wurde und wir dadurch eine Menge Geld verloren.
Es dauerte Jahre, bis sie ihre Versuche aufgab, mich bei jeder Gelegenheit juristisch zu belangen.

Was tun?

Rechnen Sie damit, dass Sie bei Trennungen und sonstigen → Konflikten mit hoher Wahrscheinlichkeit nur über gerichtliche Entscheidungen zu einer Einigung gelangen. Sorgen Sie dafür, dass Sie einen guten juristischen Beistand haben. Wenden Sie sich dazu auch an die Behörden und Institutionen, die unter den Stichwörtern »Finanzen und materieller Besitz« und »Hilfe« aufgelistet sind.

Persönlicher Kommentar

Gegen einen narzisstischen Menschen gewinnt man nie, so die Erkenntnis vieler Betroffener. Für NarzisstInnen ist nämlich jahrelanger Kampf narzisstische Zufuhr ohne Ende. Darum führen sie oft so lange Prozesse, bis nichts mehr da ist: keine Energie beim Opfer, kein Geld, kein Job. Daher ist es wichtig, sich gut beraten zu lassen. Und es ist entscheidend, den narzisstischen Menschen loszulassen und aus dem eigenen Leben zu verbannen, auch wenn dies manchmal finanziellen Verlust bedeutet. Aber was ist wichtiger: Jahre unseres kostbaren und einmaligen Lebens, unsere → Gesundheit, die seelische Gesundheit unserer → Kinder – oder Geld und materieller Besitz? Hier ist überlegtes Vorgehen angesagt. Manchen Betroffenen gelingt es, hinter dem Rücken der narzisstischen Person ihre → Finanzen zu regeln, Geld auf die Seite zu schaffen und ihren Ausstieg aus der Beziehung vorzubereiten. In → Selbsthilfegruppen und Onlineforen wird dieses Vorgehen des → Grauen Fels auch als überlegte, strategische Kriegsführung oder Hinterhalt bezeichnet. Doch dieses Vorgehen erfordert Mut und Kraft, in der Regel schafft man es erst, wenn man schon ein gutes Stück auf dem Weg der → Heilung vorangekommen ist. Und man muss natürlich mit der ungewohnten und verunsichernden Erfahrung umgehen können, den narzisstischen Menschen mit seinen eigenen Waffen zu schlagen.

Ratgeberliteratur

In den letzten Jahren sind NarzisstInnen und ihr Verhalten zunehmend in den Fokus der öffentlichen Wahrnehmung gerückt. Im Zuge dessen ist auch die Zahl der Ratgeber für Betroffene, die unter narzisstischen Menschen und/oder den Folgen → narzisstischen Missbrauchs leiden, gestiegen. Das ist zu begrüßen, denn jede Veröffentlichung kann dazu beitragen, dass die Opfer und ihr → Umfeld schnellere und bessere → Aufklärung, Unterstützung und → Hilfe erhalten.

Was tun?

Dennoch sollte man auch in Bezug auf Ratgeberliteratur den kritischen Verstand nicht ausschalten und auf die Gefühle achten, die sie bei einem auslöst. Achten Sie, genau wie bei → Selbsthilfegruppen und Onlineforen, darauf, ob den Betroffenen der Respekt und die → Empathie entgegengebracht werden, die sie verdienen. Werden Sie misstrauisch, wenn ihre Leiden → bagatellisiert werden. Nicht akzeptabel und kontraproduktiv ist zudem, wenn ihnen, auch ungewollt, → Schuldgefühle suggeriert werden, weil sie als »Co-Abhängige« im Rahmen der → Kollusion den Missbrauch möglicherweise zugelassen oder gar unterstützt oder weil sie angeblich von der narzisstischen Person profitiert hätten.

Persönlicher Kommentar

Ich persönlich lese nur Literatur, die anerkennt, dass narzisstischer Missbrauch jeder und jedem passieren kann. Ich lehne

Ansichten ab, dass man »co-narzisstisch« sein muss, um in so eine Beziehung zu geraten, oder dass man sogar aus dem Leiden einen Gewinn zieht. Natürlich lernt man viel aus so einer Erfahrung, gesucht hat man sie aber nicht.

Rechtfertigen

siehe Opferrolle

Ressourcen

Den Begriff »Ressourcen« kennt man vor allem aus der Wirtschaft, darunter fallen zum Beispiel Rohstoffe, Geld oder Wissen. Aber auch jeder Mensch verfügt über Ressourcen, die ihm helfen, seine Bedürfnisse zu befriedigen und persönlich bedeutsame Lebensziele zu erreichen. Wir alle benötigen diese Ressourcen, um mit all den kleinen Herausforderungen, Ärgernissen und Rückschlägen im Alltag umzugehen, aber auch um einschneidende Ereignisse und Lebenskrisen zu bewältigen. Es braucht dazu zum einen materielle Ressourcen, also Geld und Besitz oder beispielsweise eine gute Krankenversicherung, auf die wir bei Problemen und in Krisen zurückgreifen können. Unterstützung finden wir zudem in unseren sozialen Ressourcen, etwa in unseren Freunden und Familien. Hinzu kommen körperliche Ressourcen, beispielsweise Kraft und Ausdauer.

Und nicht zuletzt – oder vor allem – verfügen wir über innere Ressourcen. Dazu gehören beispielsweise Fähigkeiten, Talente und Wissen, Neigungen und Stärken, Charaktereigenschaften und Einstellungen. Unsere inneren Ressourcen bauen wir im Lauf unserer Entwicklung auf, unter anderem durch unsere Erfahrungen und Leistungen. Wichtige geistige Ressourcen sind beispielsweise Begabungen, Kreativität oder die Fähigkeit, Probleme zu lösen. Für die psychische Widerstandsfähigkeit bedeutsam sind die seelischen Ressourcen, zum Beispiel der sogenannte Kohärenzsinn. Er bezeichnet die Fähigkeit, sich mit sich selbst bzw. mit der sozialen Umwelt verbunden, zufrieden und zugehörig zu fühlen. Das Kohärenzgefühl ist ein beständiges Grundvertrauen, das auf drei Säulen ruht: auf dem Gefühl, dass man die Ereignisse und Zusammenhänge des Lebens verstehen kann, auf der Überzeugung, dass man das eigene Leben gestalten kann, und auf dem Gefühl der Sinnhaftigkeit – dem Glauben an den Sinn des Lebens bzw. der Überzeugung, dass Aufgaben im Leben einen Sinn haben. Seelische Ressourcen sind zudem Optimismus und die Erwartung an die eigene Selbstwirksamkeit.

Wer glaubt, etwas bewirken und durch seine Fähigkeiten etwas verändern zu können, hat auch Vertrauen in die eigene Stärke und das eigene Leistungsvermögen und traut sich zu, etwas zu lernen oder eine Aufgabe zu bewältigen. Hinzu kommen → Empathie und Bindungsfähigkeit, und damit eng verbunden die sogenannte Ambiguitätsfähigkeit. Dank dieser Fähigkeit zum Sowohl-als-auch können wir Konflikte akzeptieren.

Dank unserer inneren Ressourcen sind wir beziehungsfähig: Weil wir Empathie besitzen, Bindungen aufbauen und aufrechterhalten sowie Konflikte ertragen und lösen können, sind wir auch fähig, in Krisensituationen Hilfe zu geben und selbst Hilfe anzunehmen. Durch unsere geistigen Fähigkeiten, unseren Optimismus und unseren Glauben an die Selbstwirksamkeit sind wir in der Lage, Probleme zu bewältigen und Krisen zu überstehen. Und wir sind bereit, für uns sinnvolle Lebensziele zu verfolgen, uns selbst zu akzeptieren und → Selbstwertgefühl zu entwickeln.

Nicht selten sind sich Menschen ihrer inneren Potenziale gar nicht bewusst. Diese sind jedoch starke Kraftquellen, die für die → Heilung genutzt werden können. Nach diesem Prinzip arbeiten ressourcenorientierte → Therapien und Selbstmanagementtrainings wie das Zürcher Ressourcenmodell.

FALLBEISPIEL

Nach der Trennung von B. verlor ich meine Arbeit und fühlte ich mich ungeheuer schwach, obwohl ich mein Leben lang ein starker, sportlicher Mensch gewesen war. Irgendwann begann ich, an den Wochenenden an organisierten Bergwanderungen teilzunehmen. Der Aufenthalt in der Natur und das Zusammensein in der Gruppe taten mir gut. Vor allem aber merkte ich, wie meine Kondition und Kraft zurückkehrten. Das gab mir Mut, auch andere Dinge auszuprobieren. Als englischer Muttersprachler gründete ich eine Gruppe für Deutsche, die englische Konversation üben wollten.
Das machte mir Spaß und gab mir das nötige Erfolgserlebnis, aus dem ich Kraft schöpfte, um mich weiter Schritt für Schritt aus meiner Krise herauszuarbeiten. Ich fand eine neue Arbeitsstelle, lernte neue Menschen kennen und fand sogar Glück in einer neuen Liebesbeziehung.

Was tun?

Sich auf die eigenen Ressourcen zu besinnen ist ein wichtiger Aspekt, um aus der → Opferrolle ausbrechen, → Ängste überwinden, → Selbstverantwortung übernehmen und im Rahmen des → Coming Home eine authentische Persönlichkeit entwickeln zu können.

Je nach Situation und Persönlichkeit können die Ressourcen auf verschiedene Weisen gestärkt werden:

- » Erforschen Sie sich selbst, entdecken Sie die eigenen Wünsche und versuchen Sie, diese zu erfüllen. Dies kann beispielsweise bedeuten, etwas Neues zu erlernen oder eine bestimmte Erfahrung zu erleben.
- » Achten Sie im Alltag darauf, wann und in welchen Situationen Sie sich wohlfühlen. Versuchen Sie, diese Situationen bewusst für sich herbeizuführen.
- » Achten Sie auf Ihre → Gesundheit, verbessern Sie Ihr Körpergefühl und → Selbstwertgefühl durch → Selbstfürsorge.
- » Brechen Sie gegebenenfalls aus der → sozialen Isolation aus bzw. pflegen Sie soziale Kontakte. Die Mitgliedschaft in einem Verein kann dabei helfen.
- » Gehen Sie Arbeiten, Hobbys oder Tätigkeiten nach, die Ihnen Befriedigung und ein Erfolgserlebnis verschaffen. Bauen Sie diese in Ihren Alltag ein. Viele Menschen spüren ihre innere Kraft beispielsweise beim Musizieren, beim Malen oder bei anderen kreativen Tätigkeiten, andere eher bei der Gartenarbeit oder beim Spielen.
- » Halten Sie sich in der Natur auf, unternehmen Sie beispielsweise lange Waldspaziergänge.

» Entdecken und pflegen Sie Ihre Spiritualität. Vielen Menschen hilft dies, ihrem Leben und dem, was sie erleben, Sinn zu geben. Bauen Sie diese Spiritualität auch in Ihren Alltag ein, beispielsweise durch Meditation und Achtsamkeitsübungen. Vielen hilft auch eine bewusste spirituelle Auszeit, beispielsweise ein zeitlich begrenzter Aufenthalt in einem Kloster.

Weiterführende Informationen

Zürcher Ressourcenmodell. Auf der Website steht ein kostenloses Online-Tool zur Verfügung, mit dessen Hilfe man seine – vielleicht tief verborgenen – Bedürfnisse erkennen kann. www.zrm.ch

Scham

Von NarzisstInnen sind Schamgefühle für ihr Verhalten kaum zu erwarten, doch bei ihren Opfern spielen diese Gefühle eine wichtige, teils überragende Rolle. Die Betroffenen fühlen sich gedemütigt und schämen sich, Opfer geworden zu sein, emotional missbraucht und/oder körperlich misshandelt zu werden und deswegen psychisch und körperlich zu leiden. Besonders ausgeprägt sind diese Gefühle häufig bei → Männern, doch auch Frauen spüren sie sehr intensiv. Ähnlich wie → Schuldgefühle können solche Schamgefühle sogar so überwältigend sein, dass man sich weigert, die eigene Situation und die daraus entstandenen Leiden zu erkennen und sich selbst gegenüber einzugestehen – geschweige denn gegenüber dem → Umfeld oder auch Menschen, die einem von Berufs wegen helfen könnten. Und nicht zuletzt ist tiefe Scham ein bedeutender Grund, dass Betroffene in Beziehungen → Lügen, Betrügereien und → Gewalt der narzisstischen Person verschweigen und decken – in der Psychologie wird dieses Verhalten → Kollusion, Zusammenspiel, genannt.

»Wie konnte man mir dies antun?« – »Wie konnte ich nur so blöd sein?« – »Wie soll ich das nur anderen erklären?« – »Ich kann mich selbst gar nicht mehr im Spiegel ansehen, so sehr schäme ich mich!« Schamgefühle können eine hohe Hürde auf dem Weg zur → Heilung darstellen. Es ist deshalb wichtig, sich ihnen zu stellen, sich mit ihnen auseinanderzusetzen und sie zu überwinden. Denn man sollte sich immer dessen bewusst sein: Ein anderer Mensch hat einem übel mitgespielt, und man hat alles Recht der Welt, verletzt, traurig und wütend zu sein. Aber man hat nichts getan, wofür man sich schämen müsste, im Gegenteil!

Wenn diese Erkenntnis nicht nur im Kopf angekommen, sondern wirklich angenommen worden ist, fällt den Betroffenen in der Regel eine schwere Last von der Seele. Manche trauen sich erst dann, sich ihrem Umfeld gegenüber zu öffnen, sich von der narzisstischen Person zu → trennen, → Hilfe zu suchen und ihre Heilung in Angriff zu nehmen.

FALLBEISPIEL

Sobald ich ausstrahlte, dass ich mich nicht mehr schämte, meine Verletzlichkeiten genauso zugab wie meine Entschlossenheit, mein Leben wieder in die Hand zu nehmen, erfuhr ich überwältigend viel Hilfe, erhielt Rat – oft auch kostenlos – sowie Zuspruch, Aufmunterung und Einblick in ähnliche Erfahrungen anderer.

Was tun?

Die Scham zu überwinden kann ein schwerer Schritt sein. Den meisten Betroffenen hilft es, sich mit anderen auszutauschen, beispielsweise in → Selbsthilfegruppen vor Ort oder in Onlineforen.

Persönlicher Kommentar

Betroffene sollten auf ihrem Weg nie vergessen, dass sie nichts getan haben, was ihnen peinlich sein müsste. Es gibt nichts, wofür sie sich schämen müssten!

Schuldgefühle

Von NarzisstInnen sind Schuldgefühle für ihr Verhalten schon allein wegen ihrer mangelnden → Empathie kaum zu erwarten. Bei den Betroffenen von → narzisstischem Missbrauch spielen sie jedoch genau wie → Schamgefühle eine wichtige Rolle.

Schuldgefühle gehören zu den besten Türöffnern, die NarzisstInnen nutzen, um in das Leben anderer Menschen einzudringen und sie in eine emotionale Abhängigkeit zu bringen. Zudem ist es eine äußerst wirksame und gängige → Manipulationsmethode, mit deren Hilfe die TäterInnen die Realität verdrehen und die Schuld für ihr missbrauchendes Verhalten den

Betroffenen zuschieben. Ein klassisches, wenn auch extremes Beispiel ist der gewalttätige Ehemann, der seine Frau psychisch so weit manipuliert, dass sie sich für die Schläge, die sie von ihrem Partner erhält, selbst verantwortlich fühlt. Immer wieder fragt sie sich, ob sie ihn nicht durch ihr eigenes Verhalten so weit bringt, dass er sie einfach verprügeln muss?

Doch auch nach der → Trennung können schwere Schuldgefühle die Betroffenen quälen. Sie machen sich Vorwürfe, dass sie es »so weit haben kommen lassen« und dass sie »Fehler gemacht haben«. Bei manchen sind diese Gefühle so stark, dass sie sich weigern, die eigene Situation und die daraus entstandenen Leiden zu erkennen und sich selbst gegenüber einzugestehen – geschweige denn gegenüber dem → Umfeld oder gegenüber Menschen, die ihnen von Berufs wegen medizinische oder sonstige → Hilfe geben könnten.

Insbesondere bei schwer → traumatisierten Betroffenen erfüllen solche Schuldgefühle möglicherweise jedoch auch einen besonderen Zweck. Wenn es für sie vollkommen unerträglich ist, die eigene Hilflosigkeit gegenüber der missbräuchlichen → Gewalt zu sehen, entwickeln sie unbewusst Schuldgefühle. Der Gedanke, dass sie selbst Fehler gemacht haben könnten, indem sie bestimmte Dinge getan oder auch nicht getan haben, scheint ihnen unter Umständen leichter erträglich als das Gefühl vollständiger Ohnmacht. Gerade bei solchen Betroffenen ist es sehr wichtig, dass sie ihre vermeintliche Schuld an dem Geschehen im Rahmen einer guten → Therapie ablegen und durch ein positiveres, realistischeres Bild ersetzen.

FALLBEISPIEL

Gespräche mit meiner Exfreundin waren wie Einbahnstraßen. Ich hörte zu, was sie sprach, aber sie hörte nie richtig zu, wenn ich etwas zu sagen hatte. Sie wechselte unvermittelt das Thema, ließ mich nicht ausreden. Dabei beschuldigte sie mich gerne, dass ich sie nicht ausreden lasse – obwohl eigentlich sie immer mich unterbrach.
Es gelang mir kaum, meinen Standpunkt darzulegen. Meist endete ein solches Gespräch mit der Anklage, dass ich sie nur kritisieren würde und schrecklich gemein sei. Dabei flossen auch schon mal ein paar Tränen. Das nahm mir stets den Wind so aus den Segeln, dass ich mich zu entschuldigen begann. Sie konnte in Gesprächen fantastisch Schuldgefühle in mir wecken, obwohl ich nichts getan hatte, was solche Gefühle rechtfertigen würden. Sie war natürlich nie an irgendetwas schuld. Fehler gab sie nur so weit zu, wie es sich nicht vermeiden ließ.

Was tun?

Wer narzisstischen Missbrauch erlebt, ist nicht schuld daran, dass ihm dies widerfährt. Er ist vielmehr durch seine seelischen → Verletzungen, → Ängste und Schwächen oder auch durch seine besondere Lebenssituation → anfällig dafür, emotional ausgebeutet zu werden. Für die → Heilung ist es wichtig, dass man seine Schuldgefühle und die damit verbundene → Opferrolle ablegt und durch → Selbstverantwortung für die eigene Genesung ersetzt.

Persönlicher Kommentar

Ich wiederhole es hier nochmals, weil es so wichtig ist: Betroffene sind niemals schuld an dem, was ihnen geschehen ist. Sie sind jedoch dafür verantwortlich, daraus Lehren zu ziehen und auf dieser Basis ein neues, besseres Leben zu beginnen.

Selbstaufgabe

Nicht wenige Betroffene führen eine leidvolle Beziehung mit einem narzisstischen Menschen bis zur Selbstaufgabe auch dann weiter, wenn ihnen bereits klar ist, dass sie sich damit schwer schaden. In vielen Fällen versuchen sie über Jahre hinweg, ihren narzisstischen Partner oder ihre narzisstische Partnerin und die Beziehung zu retten, indem sie intensiver und härter daran arbeiten, immer mehr investieren und zum Beispiel eine gemeinsame → Therapie besuchen. Doch im Endeffekt werden sie immer weiter emotional misshandelt und ausgebeutet.

Die Gründe für dieses bedingungslose Durchhalten liegen in der komplexen, von → Kollusion, → Gewalt, → Macht und → Manipulation geprägten Beziehung zwischen den narzisstischen TäterInnen und den vom → narzisstischen Missbrauch Betroffenen. Häufig sind Menschen involviert, die aufgrund ihrer seelischen → Verletzungen hochverantwortlich agieren, extrem loyal sind und ihre Grenzen kaum behaupten können. Besonders betroffen sind Frauen in heterosexuellen Beziehungen, die nach einem eher traditionellen Rollenverständnis ihre Bedürfnisse in der Partnerschaft hintanstellen, die Beziehung und die Familie als ihre wichtigste Lebensaufgabe sehen und sich unter anderem auch in → finanzielle Abhängigkeit begeben. Bei → Trennungen fällt es ihnen in der Regel besonders schwer, sich vom Expartner zu lösen.

Was tun?

Viele Betroffene, die so agieren, merken in der Regel lange Zeit gar nicht, wie erfolg- und sinnlos ihre Bemühungen sind. In vielen Fällen investieren sie so lange all ihre Kraft in die Beziehung, bis sie zusammenbrechen. Häufig werden sie nicht wahrhaben (können), wie sehr sie missbraucht werden. Menschen mit diesem Hang zur Selbstaufgabe sollten vor allem allein und nicht gemeinsam mit ihren narzisstischen PartnerInnen eine Therapie absolvieren. So haben sie eher die Chance zu erkennen, wie sehr sie manipuliert werden und wie stark sie darunter leiden.

Selbstfürsorge

Selbstfürsorge – der Begriff ist Programm. Doch was bedeutet es, für sich selbst zu sorgen? Die Psychotherapeutin Luise Reddemann gibt hierfür eine anschauliche Definition. Sie versteht unter Selbstfürsorge »einen liebevollen, wertschätzenden, achtsamen und mitfühlenden Umgang mit mir selbst und Ernstnehmen der eigenen Bedürfnisse«.

Selbstfürsorge sollte jeder Mensch betreiben, um nicht in den Pflichten und Aufgaben des Alltags unterzugehen. Betroffene von → narzisstischem Missbrauch müssen diese Art der Fürsorge jedoch häufig erst (wieder) lernen. Über einen längeren Zeitraum hinweg emotional ausgebeutet und psychisch missbraucht, haben sie häufig schlicht vergessen, dass sie sich um sich selbst kümmern sollten, und verlernt, wie solche Selbstfürsorge stattfinden kann. Nicht selten haben sie durch seelische → Verletzungen ein inneres Skript entwickelt, das ihnen unbewusst vorschreibt, dass sie sich erst bis zur Selbstaufgabe um andere kümmern müssen, bevor sie an sich selbst denken dürfen. Diese Opferbereitschaft zeigen häufig sehr verantwortliche und loyale Menschen.

Für die → Heilung ist es jedoch unabdingbar, Selbstfürsorge zu betreiben, verleiht sie einem doch Kraft und emotionale Stabilität. Sich selbst zu achten, zu respektieren und zu umsorgen ist wichtig, um ein positives → Selbstwertgefühl aufzubauen. Je mehr einem dies gelingt, desto besser kann man den narzisstischen Menschen aus seinem Denken und Fühlen verbannen und den Entzug nach der → Trennung überstehen. Darüber hinaus fällt es einem leichter, Menschen, die einem Gutes tun wollen, in seinem Leben zu begrüßen – weil man verstanden hat, dass man Gutes verdient und dies auch ausstrahlt.

FALLBEISPIEL

Einige Zeit nach der Trennung kratzte ich all meine Ersparnisse zusammen und fuhr zusammen mit einer Freundin und unseren jeweiligen Kindern in Urlaub. Wir waren campen, und schon das sprengte schon fast unser Budget. Aber es war jeden Cent wert. Wenn ich auf das Meer blickte, den Kindern beim Sandburgenbauen zusah und abends mit meiner Freundin bei einem Wein zusammensaß, verspürte ich zum ersten Mal seit Jahren tiefen Frieden.

Was tun?

Für Betroffene bedeutet Selbstfürsorge zuallererst, sich selbst in den Mittelpunkt der eigenen Aufmerksamkeit zu stellen und Gutes zu tun. Am besten nimmt man sich Folgendes vor: »Ich kümmere mich um mich selbst so fürsorglich und liebevoll, wie ich es für meine beste Freundin oder meinen besten Freund tun würde, der in einer Krise meine Hilfe braucht.«

Zunächst geht es darum, die eigenen Bedürfnisse überhaupt wahrzunehmen. Das beginnt schon bei Grundbedürfnissen. Beobachten Sie sich selbst: Nehmen Sie wahr, wenn Sie müde, hungrig oder durstig sind? Achten Sie darauf, dass Sie diese Bedürfnisse angemessen befriedigen? Ziehen Sie sich zum Beispiel etwas Warmes an, wenn Ihnen kalt ist? Manchen fallen schon diese kleinen selbstfürsorgerischen Handlungen schwer. Sie müssen regelrecht trainieren und bewusst üben, sich selbst wieder zu spüren.

Viele Betroffene sind insbesondere in den ersten Monaten nach der Trennung körperlich stark erschöpft. Es ist nicht ungewöhnlich, dass sie täglich gut zehn Stunden oder mehr schlafen. Achten Sie darauf, dass Sie Ihrem Körper und Ihrer Seele die Erholung bieten, die Sie brauchen. Wichtig ist auch eine gute Ernährung mit frisch zubereiteten Speisen aus guten Zutaten. Denken Sie daran, dass die Vitamine, Spurenelemente und sonstigen Nährstoffe grundlegend für Ihre → Gesundheit sind. Und natürlich gehört es auch zur grundlegenden Selbstfürsorge, sich ganz allgemein um die Gesundheit zu kümmern. Denken Sie neben den Behandlungen und → Therapien, denen Sie sich möglicherweise wegen des narzisstischen Missbrauchs unterziehen, beispielsweise auch daran, zu den fälligen Vorsorgeuntersuchungen zu gehen oder diese nachzuholen.

Achten Sie zudem unbedingt darauf, dass Sie genügend Entspannung erhalten, → Stress abbauen bzw. diesen so weit wie möglich vermeiden. Bauen Sie dazu kleine Rituale in den Alltag ein. Aktivieren und pflegen Sie auch Ihre → Ressourcen. Besonders wichtig ist, dass Sie (wieder) herausfinden, was Ihnen guttut und in welchen Situationen Sie sich wohlfühlen. Verwöhnen Sie sich selbst mit kleinen Geschenken oder Auszeiten im Alltag. Solch ein Geschenk kann ein duftendes Schaumbad sein. Aber auch Aktivitäten wie das Musizieren oder der Sport mit Freunden oder ein abendlicher Tanzkurs tun der Seele gut. Die Möglichkeiten sind auch bei finanziellen Engpässen vielfältig, selbst ein schöner Spaziergang im Stadtpark kann schon wie ein Miniurlaub wirken.

Persönlicher Kommentar

Achten Sie auch darauf, ob und welche Ihrer Bedürfnisse nicht erfüllt werden. Was fehlt Ihnen? Wenn Sie sich damit schwertun, können Sie einen kleinen Trick anwenden: Stellen Sie sich einfach vor, was Sie gerne von anderen hätten, zum Beispiel Aufmerksamkeit. Das gibt Ihnen einen Hinweis darauf, in welchem Bereich Ihnen Selbstfürsorge fehlt. Nun fällt es Ihnen leichter, sich dieses Bedürfnis zu erfüllen, und zwar selbst: Denn wie für die Heilung gilt auch für die Selbstfürsorge, dass man dafür in → Selbstverantwortung selbst zuständig ist.

Weiterführende Informationen

Publikationen von Luise Reddemann unter anderem zum Thema Selbstfürsorge finden Sie auf ihrer Website. www.luise-reddemann.de

Selbsthilfegruppen und Onlineforen

Für viele Betroffene ist es ein großer Trost, wenn sie sich mit anderen, die Ähnliches erlebt haben, austauschen können, sei es im persönlichen Kontakt in Selbsthilfegruppen vor Ort oder in Onlineforen im Internet. Nicht selten erfahren sie auf diese Weise zum ersten Mal, dass ihr Leiden von anderen ernst genommen wird – und dass sie damit nicht allein stehen. Dies bringt eine unheimliche Erleichterung mit sich und bewirkt bei vielen, dass sie ihre → Scham und ihre → Schuldgefühle ablegen. Durch die gegenseitige Unterstützung und Ermutigung finden Betroffene Hoffnung; für manche geben solche Gruppen sogar den entscheidenden Anstoß, sich intensiv um ihre → Heilung zu bemühen, die → Trennung von einer narzisstischen Person einzuleiten und durchzuführen und → Hilfe zu suchen.

Im Internet gibt es schon länger einige Foren von Betroffenen. In den letzten Jahren ist dazu eine wachsende Zahl von lokalen Selbsthilfegruppen zum Thema narzisstischer Missbrauch hinzugekommen. Manchen Betroffenen hilft aber auch, sich in Gruppen mit ähnlichen Themen auszutauschen. In Deutschland, Österreich und der Schweiz gibt es beispielsweise viele Selbsthilfeinitiativen zu häuslicher → Gewalt, Abhängigkeit (→ Suchterkrankungen) oder zu Problemen mit der psychischen oder körperlichen → Gesundheit.

Selbsthilfegruppen in der Schweiz

Wenn man auf der Themenauswahl auf der Website der Stiftung Selbsthilfe Schweiz den Eintrag »Narzissmus« anklickt, erscheint eine lange Liste von rund dreißig Selbsthilfegruppen, in denen sich Betroffene in der ganzen Schweiz treffen, sich gegenseitig unterstützen und Mut machen.

Selbsthilfegruppen in Österreich

In Österreich hingegen gibt es noch wenige Selbsthilfegruppen rund um das Themenfeld toxische Beziehungen, emotionale Gewalt, narzisstischer Missbrauch. Dies erklärt, warum die drei Tiroler Selbsthilfegruppen für Betroffene von narzisstischem Missbrauch so großen Zulauf erfahren. Die »Urgruppe« in Innsbruck gründete ich zusammen mit Renate Apollonia Mitterer. Mit ihr habe ich auch zusammen den → Narzissmusradar entwickelt. Renate Apollonia Mitterer fand die Kraft, nach vielen Jahren eine narzisstische Beziehung zu verlassen und ein neues, glückliches Leben zu beginnen. »Wie Phönix aus der Asche«, laut ihren eigenen Worten. Als ehemalige Langzeitbetroffene besitzt sie große Erfahrung und reichlich Wissen zum Thema narzisstischer Missbrauch, dass sie als engagierte Aktivistin auch in Medien und in Schulungen zum Beispiel von PolizistInnen oder JuristInnen zur Aufklärung weitergibt. Ihr Buch »Narzissmus überlebt« ist ein Leitfaden für alle, die den erlittenen narzisstischen Missbrauch in Partnerschaft, Familie oder Umfeld entlarvt haben und ihr selbstbestimmtes Leben in Freiheit genießen wollen. Für die Selbsthilfegruppe ist Renate Apollonia Mitterer täglich zwei bis drei Stunden ehrenamtlich beschäftigt. »Unsere Arbeit in der Gruppe und in der Aufklärung rettet Leben«, erklärt sie. Die hohen Fallzahlen von häuslicher und Partnerschaftsgewalt, einschließlich Frauenmorden, in Österreich führt sie auf eine unheilige Allianz aus individuellem Narzissmus und patriarchalen Strukturen in Gesellschaft und Gesetzgebung zurück.

Zu den Treffen der Innsbrucker Gruppe kommen regelmäßig etwa 25 Personen, in der Mehrzahl Frauen. Sie finden an einem sicheren Ort statt, dessen Adresse öffentlich nicht bekannt ist. Weitere Selbsthilfegruppen bestehen im Tiroler Unter- und Oberland. In Kärnten, in der Steiermark und im benachbarten italienischen Südtirol sind derzeit weitere Gruppen im Aufbau.

Selbsthilfegruppen in Deutschland

In Deutschland gibt es mittlerweile eine ganze Reihe von Selbsthilfegruppen für Betroffene von narzisstischem Missbrauch oder toxischen Beziehungen. Dass das Thema in Medien und Politik in den letzten Jahren präsenter wurde, ist auch Svenja Beck zu verdanken. Svenja erlebte schweren narzisstischen Missbrauch in ihrer Beziehung mit einem Partner, der zweimal versuchte, sie zu ermorden. Sie überlebte den Missbrauch und die Mordversuche und kämpfte sich zurück in ein gutes, erfülltes Leben. Um aufzuklären und aufzurütteln, um die Hilfs- und Unterstützungsangebote für Betroffene auszubauen und die Prävention zu verbessern, leistet sie intensiv Medienarbeit – und setzt sich bei PolitikerInnen für diese Ziele ein. Daneben leitet sie eine Selbsthilfegruppe und engagiert sich in dem von ihr mitgegründeten Verein T.o.B.e. Toxische Beziehungen überwinden. Die Mitglieder von T.o.B.e. möchten Betroffenen helfen, ihr Selbstvertrauen (wieder) zu erlangen und sie dazu ermutigen, sich aus toxischen Beziehungen zu lösen. Dazu bieten sie unter anderem Workshops, Vorträge, juristische Hilfe sowie ein rund um die Uhr besetztes Hilfetelefon an. Die Facebook-Selbsthilfegruppe des Vereins zählt bereits mehr als 10.000 Mitglieder. Der Verein hilft zudem allen, die eine Selbsthilfegruppe zum Thema toxische Beziehungen gründen möchten.

In einem gemeinsam herausgegebenen Buch erzählen Mitglieder von T.o.B.e. von ihren Erfahrungen und Erlebnissen in toxischen Beziehungen – und wie sie den Absprung und den Weg in ein besseres Leben schafften. »Unglaublich, aber wahr …: … wir haben es erlebt« soll als Wegweiser, Mutmacher und Hoffnungsbringer für Betroffene und Angehörige dienen. 2023 veröffentlicht, geht es 2024 bereits in die zweite Auflage.

Was tun?

Wer sich einer Selbsthilfegruppe anschließt oder in einem Onlineforum Mitglied wird, sollte darauf achten, dass ihm das dortige Klima und die Umgangsformen gefallen und zuträglich sind. Wie bei der Auswahl von → Therapien oder medizinischem und psychologischem Fachpersonal gilt auch hier, dass man unbedingt danach gehen sollte, ob sie für einen selbst in der derzeitigen Situation das Richtige sind. Werden Sie zum Beispiel – ähnlich wie bei → Ratgeberliteratur – hellhörig, wenn Opfern eine Art Mitschuld gegeben wird, wenn Beteiligte nicht korrekt oder sogar anklagend behandelt werden oder wenn sich eine Art Kult um die Gründerpersonen entwickelt.

Wer selbst eine Selbsthilfegruppe oder ein Onlineforum gründen möchte, muss einige Dinge beachten, zum Beispiel juristische Aspekte. Möglicherweise können auch Fördermittel beantragt werden. Weitere Hinweise dazu sowie zu weiteren Selbsthilfegruppen finden sich unten unter »Weiterführende Informationen«.

Persönlicher Kommentar

Selbsthilfegruppen sollten den Fokus auf die Heilung und das weitere, bessere Leben legen, praktische Hilfe und Verständnis anbieten. Selbsthilfegruppen oder Foren, die sich auf »die bösen NarzisstInnen« fokussieren, endlos auswalzen, was er/sie schon wieder getan hat, mögen kurzfristig helfen, langfristig aber ist nur die Änderung der eigenen Haltung zielführend. Hauptpunkte sind: Opferrolle aufgeben, Verantwortung übernehmen, Mut haben.

Weiterführende Informationen

Deutschland

Nakos. Auf der Website der nationalem Kontakt- und Informationsstelle zur Anregung und Unterstützung von Selbsthilfegruppen findet man die Kontaktadressen der betreffenden Gruppen in ganz Deutschland. www.nakos.de

T.o.B.e. – Toxische Beziehungen überwinden e.V. Das Infotelefon des Vereins ist montags und dienstags von 14 bis 15 Uhr besetzt. In der virtuellen Selbsthilfegruppe stehen rund um die Uhr AnsprechpartnerInnen zur Verfügung. www.tobe-verein.de

Österreich

Öffentliches Gesundheitsportal Österreichs. Auf der Website kommt man über Services-Gesundheitssuchen zum Verzeichnis der Selbsthilfeverbände der Bundesländer und darüber zu den Selbsthilfegruppen vor Ort. www.gesundheit.gv.at

Selbsthilfegruppe für Betroffene von narzisstischem Missbrauch in Innsbruck. Kontaktaufnahme über Renate Apollonia Mitterer, Anfragen aus ganz Österreich und dem nahen Ausland sind ebenso willkommen. Tel. 660 56 66 128; renateapollonia@gmail.com

Selbsthilfegruppen für Betroffene von narzisstischem Missbrauch in Tirol. www.selbsthilfe-tirol.at

Schweiz
Stiftung Selbsthilfe Schweiz. www.selbsthilfeschweiz.ch

Selbstverantwortung

Selbstverantwortung (oder Eigenverantwortung) bedeutet ganz allgemein, Verantwortung für das eigene Handeln – und für unterlassene Handlungen – zu übernehmen und für die Konsequenzen einzustehen. Sie ist in allen Lebensbereichen von Bedeutung, im sozialen Zusammenleben oder im Beruf ebenso wie in der Medizin, und eine Grundvoraussetzung für ein selbstbestimmtes Leben.

Für Menschen, die → narzisstischen Missbrauch erlitten haben, ist es entscheidend, dass sie die → Opferrolle aufgeben und für ihre → Heilung Selbstverantwortung übernehmen.

FALLBEISPIEL

Ich wusste, ich muss an mir arbeiten, niemand würde dies für mich tun, aber es dauerte über ein Jahr des Weiterleidens, bis meine innere Stimme verstummte, die mir bisher eingeredet hatte, es würde Hilfe von außen kommen, jemand würde mich retten, meine Rachepläne würden aufgehen. Ich wurde immer bitterer, die Umwelt konnte mich in meiner Leidenshaltung kaum mehr ausstehen, erst dann entschied ich mich, Eigenverantwortung zu übernehmen. Ab da ging es bergauf.

Was tun?

Die Übernahme von Selbstverantwortung setzt einige grundlegende Schritte voraus. Dazu gehört unter anderem:

- Zu Änderungen bereit sein.
- Akzeptieren, wenn etwas nicht geändert werden kann – beispielsweise vergangene Taten, Erlebnisse und Erfahrungen.
- Die eigenen Grenzen entdecken und verschieben.
- Die Vorstellung aufgeben, dass einem der schwierige Weg der Heilung von einem anderen Menschen abgenommen werden kann.
- Die eigenen → Schuldgefühle ablegen. Denn Selbstverantwortung zu übernehmen heißt nicht, dass man sich die Schuld dafür gibt, narzisstischen Missbrauch erlitten zu haben. Selbstverantwortung bedeutet, sich mit den eigenen psychischen Voraussetzungen und → Verletzungen auseinanderzusetzen, die es dem narzisstischen Menschen ermöglichten, eine emotionale Abhängigkeit zu schaffen und diese für seine Zwecke zu missbrauchen.
- Die Dinge im Rahmen der eigenen Möglichkeiten in die eigene Hand nehmen. Das heißt, sich um seine → Gesundheit und gegebenenfalls um eine → Therapie bemühen, → Selbstfürsorge betreiben und die eigenen → Ressourcen entdecken und stärken.
- Gezielt → Hilfe suchen und annehmen, wenn man eine bestimmte Situation nicht allein bewältigen oder ein Problem nicht allein lösen kann.

Persönlicher Kommentar

Für viele Betroffene ist es anfangs schwierig, Selbstverantwortung und Schuldgefühle auseinanderzuhalten. Betroffene waren nie »schuld« am Missbrauch, sondern verletzlich und damit anfällig für Missbrauch. Diese Einsicht kann einige Zeit dauern. Geduld mit sich selbst und Selbsteinfühlung sind hier wichtig.

Selbstwertgefühl

Der Name sagt es schon: Unter Selbstwertgefühl wird in der Psychologie der Wert verstanden, den ein Mensch sich selbst zuschreibt. Dieser Wert ist entscheidend für unsere Identität, denn er bestimmt, wie wir uns selbst sehen, unsere Eigenschaften einschätzen und uns selbst achten. Von unserem Selbstwertgefühl ist es abhängig, ob wir unser inneres Gleichgewicht aufrechterhalten, uns wohlfühlen und Selbstsicherheit entwickeln oder ob wir uns unfähig und dem Leben nicht gewachsen fühlen, uns für wertlos und nicht liebenswert halten. Das Selbstwertgefühl ist individuell verschieden und zudem Schwankungen unterworfen. Durch Empfindungen wie Kraft, Stolz, Triumph oder Überlegenheit wird es gestärkt, durch → Scham, → Schuldgefühle, Reue oder Verlegenheit geschwächt. Quellen für unser Selbstwertgefühl sind unter anderem individuelle Leistungen, die wir erbringen und die wir selbst und andere als positiv wahrnehmen und anerkennen. Aber auch befriedigende soziale Beziehungen und eine gute soziale Kontaktfähigkeit tragen zu einem positiven Selbstwertgefühl bei. Als Bedrohung für ein gutes Selbstwertgefühl wird dagegen alles empfunden, was uns als positive Erscheinung infrage stellt: Dazu gehören beispielsweise → Kritik, insbesondere wenn sie als ungerechtfertigt empfunden wird, oder das Gefühl, nicht verstanden zu werden. Und selbstverständlich nagt es am eigenen guten Selbstwertgefühl, wenn man abgewertet wird – je häufiger, intensiver und dauerhafter, desto schlimmer.

Ein bejahendes Selbstwertgefühl ist eine wichtige Voraussetzung, um zu anderen Menschen Beziehungen aufzubauen, die für beide Seiten befriedigend sind, sei es in einer Liebesbeziehung, in der Familie, im Freundes- oder Kollegenkreis. Denn wer sich selbst wertschätzt und akzeptiert, kann auch anderen diese Gefühle entgegenbringen und im Gegenzug von seinen Mitmenschen diese Gefühle annehmen.

Es trägt zudem dazu bei, dass wir einerseits unsere eigenen Fähigkeiten anerkennen und andererseits die eigenen Grenzen akzeptieren, Ablehnung ertragen, Kritik verarbeiten und Rückschläge überwinden können. Je stabiler und stärker unser Selbstwertgefühl, desto besser gelingt es uns auch, aus uns selbst heraus so starke positive Gefühle zu mobilisieren, dass wir unser inneres Selbst nach frustrierenden Ereignissen und Niederlagen wieder ins Gleichgewicht bringen.

Menschen mit einem positiven Selbstwertgefühl genießen → narzisstische Zufuhr, sind aber – anders als NarzisstInnen – nicht allein auf diese Bestätigung von außen angewiesen, um ihr positives Selbstbild, ihr Selbstvertrauen und ihr Selbstbewusstsein aufrechtzuerhalten. Andererseits sind Menschen, deren Selbstwertgefühl durch ihre seelischen → Verletzungen und ihre inneren Skripte auf äußerer Anerkennung und Zustimmung basiert, besonders → anfällig für NarzisstInnen.

FALLBEISPIEL

Mein Vater war äußerst streng und anspruchsvoll. Wir Kinder konnten es ihm nie recht machen. Umso verzweifelter versuchten wir, seinen Ansprüchen zu genügen. In meinem ganzen Leben kann ich mich nur an eine Situation erinnern, in der er mich gelobt hat. B. dagegen zeigte mir offen seine angeblich uneingeschränkte Wertschätzung. Das gab mir zu Beginn unserer Beziehung ein fantastisches Selbstwertgefühl, wie ich es zuvor nicht gekannt hatte.

Was tun?

Die ständigen Abwertungen, die → Gewalt und die Verunsicherung, die mit → narzisstischem Missbrauch verbunden sind, schwächen das positive Selbstwertgefühl der Betroffenen, bis es mit der Zeit völlig verschwunden ist und nur noch negative Überzeugungen verblieben sind: »Ich kann nichts.« – »Ich bin hilflos.« – »Ich bin minderwertig.«

Für die → Heilung ist es deshalb entscheidend, das Selbstwertgefühl zu stärken, auch, um aus der → Opferrolle ausbrechen zu können. Wirksame Strategien sind unter anderem, die eigenen → Ressourcen zu entdecken, zu pflegen und zu stärken, gegebenenfalls aus der → sozialen Isolation auszubrechen, und vor allem, es sich »selbst wert« zu sein, bewusste → Selbstfürsorge zu betreiben. Wichtig ist auch, beispielsweise im Rahmen einer → Therapie, Scham- und Schuldgefühle zu überwinden und sich selbst zu vergeben.

Persönlicher Kommentar

Mir war nie bewusst, wie harsch ich mit mir selbst sprach und wie streng ich mich selbst behandelte! Ich hätte so einen Ton niemals gegenüber meinen FreundInnen, MitarbeiterInnen oder Geschwistern angeschlagen. Als ich das bemerkte bzw. als ich darauf aufmerksam gemacht wurde, änderte ich das sofort und ging liebevoll mit mir selbst um. Eigentlich war das ganz einfach!

Sexualität

Sex ist für NarzisstInnen ein wichtiges Mittel, um → narzisstische Zufuhr zu erhalten. Ihr Interesse an den Menschen, mit denen sie Sexualkontakt haben, ist in der Regel jedoch nur gering. Viele wechseln häufig ihre Sexualpartner oder unterhalten parallel sexuelle Kontakte mit verschiedenen Menschen. Nicht wenige entwickeln eine → Sucht nach Sex und damit verbunden auch eine Pornografiesucht.

In Beziehungen gehen viele NarzisstInnen geradezu zwanghaft fremd, und aufgrund ihrer mangelnden → Empathie verspüren sie in der Regel auch kein schlechtes Gewissen, das → Vertrauen ihrer PartnerInnen auf diese Weise zu missbrauchen. Sie haben auch keine Skrupel, ihre PartnerInnen zu kontrollieren und zu → manipulieren, indem sie ihnen nach Belieben Sex geben und Sex entziehen. Aufgrund ihrer Lust an der → Macht spielt für sie zudem gewerblicher Sex häufig eine wichtige Rolle.

FALLBEISPIEL

> H. wusste genau, dass ich ihn liebte, seine Zärtlichkeiten und den Sex mit ihm sehr genoss. Er dagegen mochte Sex, der jedoch nicht unbedingt mit mir sein musste. Wenn er etwas erreichen wollte oder etwas nicht nach seinen Wünschen verlief, »bestrafte« er mich mit emotionalem und körperlichem Liebesentzug. Eiskalt und ohne mit der Wimper zu zucken. Und natürlich unternahm ich alles, damit er mich wieder »liebte«. Ich hatte einfach so große, auch sexuelle Sehnsucht nach ihm.

Was tun?

Zuerst und vor allem: Safer Sex, insbesondere, wenn man sich neu kennenlernt. Auch in Beziehungen, in denen PartnerInnen häufig fremdgehen, sollte man unbedingt auf seine → Gesundheit achten. Man kann nicht darauf vertrauen, dass sich der Partner oder die Partnerin ausreichend vor sexuell übertragbaren Krankheiten schützt. Man kann nur allzu leicht angesteckt werden!

Halten Sie sich nach → Trennungen so weit wie möglich daran, keinen → Kontakt mit dem narzisstischen Expartner oder der Expartnerin zu halten. Durch ihre sexuelle Anziehungskraft schaffen diese es häufig, Beziehungen wieder aufleben zu lassen – und die Katastrophe geht in eine neue Runde.

Weiterführende Informationen

Deutschland

Pro Familia. Die Filialen des Verbands sind in ganz Deutschland vor Ort. Pro familia berät aber auch anonym per

Telefon und über Videokonferenz im Internet zu allen Fragen rund um Sexualität, Partnerschaft, Schwanger- und Elternschaft. www.profamilia.de

Österreich

Courage. Die öffentlich geförderte österreichische Partner-, Familien- und Sexualberatungsstelle bietet Hilfe vor Ort sowie anonym per Telefon und/oder im Internet. www.courage-beratung.at

Schweiz

Sexuelle Gesundheit. Die gemeinnützige Stiftung Sexuelle Gesundheit bietet Hilfe vor Ort sowie anonym per Telefon und/oder im Internet. www.sexuelle-gesundheit.ch

Sozialämter

siehe Hilfe

Soziale Isolation

Kein Freundeskreis, kein Kontakt mit den Familienangehörigen, keine privaten Treffen mit KollegInnen, ja nicht einmal flüchtige Bekannte – die soziale Isolation ist ein häufiges Kennzeichen narzisstischer Missbrauchsbeziehungen. Das dahinterstehende Prinzip ist denkbar einfach: Je gründlicher NarzisstInnen ihre PartnerInnen von ihrem → Umfeld isolieren, desto größer wird deren emotionale Abhängigkeit und desto besser können sie kontrolliert werden. Damit vergrößert sich die → Macht, die die narzisstischen TäterInnen ausüben können. In extremen Fällen geht die Isolation so weit, dass die Betroffenen → finanziell total abhängig sind, im Haus eingesperrt werden und weder Telefon noch andere Kommunikationsmittel nutzen können, um Kontakt mit anderen Menschen aufzunehmen.

Sozial isoliert zu werden ist eine Form der psychosozialen → Gewalt, und wer ihr ausgesetzt ist, ist nicht nur einsam, sondern verliert auch sein → Selbstwertgefühl und sein Selbstvertrauen sowie den Bezug zur Realität. Deshalb wirkt auch → Mobbing in der Schule oder am Arbeitsplatz so zerstörerisch, weil es Menschen ausgrenzt, isoliert und ins Abseits treibt. Soziale Isolation erzeugt → Ängste und ein lähmendes Gefühl der Ohnmacht und Ausweglosigkeit, → Depressionen und eine Vielzahl von psychosomatischen Krankheiten. Entwertungen, wie sie bei → narzisstischem Missbrauch üblich sind, können in einer solchen Situation noch verheerender wirken, weil kein soziales Gegengewicht vorhanden ist, das diesem Verhalten positive Botschaften entgegenstellen könnte: Es gibt niemanden, der einen lobt, der freundlich ist, der einem Anerkennung und Wertschätzung entgegenbringt. Und es gibt auch niemanden, der einem helfen könnte, sich aus der missbräuchlichen Beziehung zu befreien. Irgendwann können sich die Betroffenen auch gar nicht mehr vorstellen, ohne die einzige, die narzisstische Person in ihrem Leben zu existieren.

NarzisstInnen versuchen deshalb häufig, ihre PartnerInnen sozial zu isolieren: Durch → Lügen und → Manipulationen sabotieren sie deren soziale Kontakte mit dem Umfeld, insbesondere mit Menschen, die ihnen kritisch gegenüberstehen und somit eine Gefahr oder auch nur schlicht ein Ärgernis bedeuten. Sie treiben bewusst einen Keil zwischen die Betroffenen, deren Familie und Freundeskreis. Möglichkeiten gibt es hierfür viele:

» Grüße und Anrufe werden nicht ausgerichtet, Einladungen, gemeinsame Treffen, und Unternehmungen werden boykottiert, zum Beispiel durch spontane Streite, schlechte Laune, katastrophales Benehmen oder plötzlich ausgebrochene »Krankheiten«.
» Angehörige und Freundinnen oder Freunde der PartnerInnen werden in allen Bereichen verunglimpft, zum einen, um damit auch die Betroffenen zu entwerten, und zum anderen, damit sie sich selbst aus ihrem Umfeld zurückziehen. Manchmal verhält die narzisstische Person sich absichtlich so, dass sich das Umfeld abwendet. Angehörige und Freundinnen oder Freunde werden nach allen Regeln der Kunst um den Finger gewickelt und manipuliert, sodass sie den Betroffenen nicht glauben (können), wie sehr diese in der Beziehung leiden. Damit wird auch das perfekte Fundament für → Gaslighting gelegt: Die Betroffenen werden von ihren narzisstischen PartnerInnen als labil, zerstreut und verwirrt verleumdet – und das Umfeld glaubt es.

Beliebt sind auch Dreieckskommunikation und Rufmordkampagnen: Angehörige und Freundinnen oder Freunde hätten schlecht über die Betroffenen geredet – oder umgekehrt: Menschen aus dem Umfeld wird erzählt, wie abfällig sich die Betroffenen angeblich über sie geäußert hätten.

FALLBEISPIEL

Mein Partner hat jahrelang alle Telefonate gestört oder unterbrochen, die ich mit meinen Eltern führte, und alle Treffen mit ihnen boykottiert. Dass ich das zugelassen habe, finde ich heute unglaublich. Irgendwann hatten wir nur noch Kontakt, wenn er nicht da war, und ab einem gewissen Punkt war es schwierig, überhaupt noch Kontakt zu halten. Er hat mich dadurch von meiner Familie systematisch isoliert.

Was tun?

Hat sich Ihr Freundeskreis verkleinert? Treffen Sie überhaupt noch Freundinnen/Freunde oder Familienangehörige? Fühlen Sie sich einsam? Fühlen Sie sich alleingelassen? Können Sie nicht verstehen, warum sich Menschen nicht mehr bei Ihnen melden? Haben Sie selbst den Kontakt abgebrochen? Überlegen Sie, ob Sie sich einer sozialen Isolation nähern oder schon isoliert sind – und warum dies so ist.

Wenn es Ihnen möglich ist, melden Sie sich wieder bei den Menschen in Ihrem Umfeld und sprechen sich mit ihnen aus. Vielleicht lassen sich Vorfälle und Begebenheiten klären.

Springen Sie über Ihren Schatten und suchen Sie insbesondere Unterstützung von anderen Menschen, wenn Sie sich aus der Partnerschaft lösen möchten oder die → Trennung schon vollzogen ist – egal ob von Ihnen gewollt oder nicht. In dieser Situation können Sie jede Hilfe brauchen!

Persönlicher Kommentar

Auch wenn eine Partnerschaft zu Beginn noch so ideal erscheint, vernachlässigen Sie nie Ihre Freundinnen, Kollegen, Ihre Vereinsmitgliedschaften etc. Ich selbst habe meine Kontakte immer gepflegt und mich gewundert, ja geärgert, dass der Narzisst oft schlecht über sie sprach. Heute weiß ich es besser, und glücklicherweise habe ich keine Freunde verloren in der Zeit, die ich mit dem Narzissten verbrachte. Wenn dies bei Ihnen anders sein sollte und Sie sich isoliert wiederfinden, zögern Sie nicht, Kontakte wieder neu anzuknüpfen. Man wird Sie verstehen. Und wenn einige kein Verständnis haben, lassen Sie sie gehen!

Weiterführende Informationen

siehe Hilfe- und Beratungsstellen unter dem Stichwort → Gewalt

Stalking

Stalking ist eine schwere Form psychischer → Gewalt, die in Deutschland und Österreich als Straftat gilt. Im Behördendeutsch versteht man in Deutschland darunter: »Das beharrliche Verfolgen, penetrante Belästigen und Nachstellen einer Person gegen deren Willen, sodass sie in ihrer Lebensgestaltung schwerwiegend beeinträchtigt wird.« Als Stalking gilt, wenn eine Person einer anderen auf unerbetene, lästige, Angst einflößende Weise nachstellt, indem sie etwa

- beharrlich die Nähe der gestalkten Person sucht – sie verfolgt, beobachtet, sich zum Beispiel immer wieder vor ihrer Haustür aufhält oder sogar auf ihr Grundstück oder in ihre Wohnung eindringt;
- ihr immer wieder unerwünschte Geschenke schickt;
- die gestalkte Person und möglicherweise auch deren Familie, Freundes- und Bekanntenkreis ausspioniert;
- wiederholt gegen den Willen der gestalkten Person versucht, mit ihr in → Kontakt zu treten – per Telefon, SMS, über Social Media (Cyber-Stalking), brieflich oder über sonstige Kommunikationsmittel wie etwa über Nachrichten, die sie an der Haustür oder der Windschutzscheibe vom Auto anbringt;
- andere Personen beauftragt, auf diese Weise mit der gestalkten Person Kontakt aufzunehmen;
- die persönlichen Daten der gestalkten Person verwendet, um Waren oder Dienstleistungen in ihrem Namen für sie zu beauftragen;
- ihr oder einer ihr nahestehenden Person mit körperlichen Angriffen, Entführung und Ähnlichem droht und damit erhebliche Ängste auslöst und psychischen Druck ausübt.

Die Dunkelziffer der Stalking-Fälle ist sehr hoch, doch bei den Fällen, die zur Anzeige kommen, lässt sich eine klare Tendenz ablesen: In Deutschland sind rund 80 Prozent der Betroffenen Frauen – und ebenfalls rund 80 Prozent der stalkenden Personen Männer. Laut Statistik sind die meisten StalkerInnen ehemalige BeziehungspartnerInnen, und sicherlich bilden NarzisstInnen hier einen großen Anteil. Die häufigsten Motive für StalkerInnen lesen sich wie aus einem Handbuch zur narzisstischen Persönlichkeitsstörung: Sie wollen → Macht über die gestalkte Person ausüben und damit ihre eigene Ohnmacht kompensieren. Oft fühlen sie sich gekränkt und sind voller → Wut, weil sie verlassen oder zurückgewiesen wurden, weshalb sie aus Rache stalken und sich dabei gleichsam im Recht fühlen. Ziel ist es meist, die gestalkte Person in → Angst und Verzweiflung zu stürzen.

Stalking ist kein Kavaliersdelikt, sondern eine Gewalttat, denn StalkerInnen beeinträchtigen das Leben und den Alltag der von ihnen gestalkten Personen teilweise erheblich. Und auch die → gesundheitlichen Auswirkungen können schwerwiegend sein: Sie reichen von innerer Unruhe, Nervosität, Ängstlichkeit über Misstrauen und Aggressionen gegenüber anderen Menschen bis zu körperlichen und psychischen Erkrankungen wie → Depression und Panikattacken. Und nicht zuletzt kann Stalking auch in körperlicher Gewalt mit schlimmsten, tödlichen Folgen für die gestalkte Person enden.

Es kann auch vorkommen, dass von narzisstischem Missbrauch Betroffene selbst als StalkerInnen auftreten: Wenn Betroffene eine erste Ahnung davon bekommen, wie sehr sie von ihren narzisstischen PartnerInnen belogen, verraten und betrogen werden und wurden, verfallen sie häufig in eine wilde, rasende Suche nach Beweisen und Erklärungen. E-Mails, Anruflisten, SMS werden heimlich gelesen, Internetverläufe nachvollzogen, Kreditkartenbelege genauestens überprüft, Adressen im Navigationsgerät des Autos rückverfolgt und angefahren. Die Betroffenen entwickeln so eine Art Stalking-Verhalten, um sämtliche Informationen zu sammeln. Aber auch Betroffene, die verlassen wurden, können zu StalkerInnen werden, weil sie von ihren narzisstischen ExpartnerInnen emotional so abhängig sind, dass sie sie nicht lösen können und ihr ganzes Denken und Fühlen um die Verflossenen kreist.

Was tun?

Wenn man gestalkt wird

Wer gestalkt wird, sollte sämtliche Möglichkeiten unterbinden, dass die stalkende Person Kontakt aufnehmen kann. Kriminal- und psychologische Fachleute raten, ihr nur einmal und eindeutig klarzumachen, dass man keinen Kontakt wünscht. Ab diesem Zeitpunkt gilt dann: Die stalkende Person und ihre Handlungen werden ausnahmslos ignoriert. Dazu gehört unter anderem, sie auf Social-Media-Konten zu blockieren. Gegebenenfalls kann es nötig sein, die Telefonnummer zu wechseln und Warnsysteme im Haus zu installieren. Betroffene sollten zudem immer ihr → Umfeld informieren, dass sie gestalkt werden.

Darüber hinaus sollten sie sich möglichst früh beraten lassen, zum Beispiel bei Opferhilfestellen, Gewaltschutzzentren oder ähnlichen Einrichtungen (→ Gewalt) sowie bei der Polizei. Diese kann beispielsweise die stalkende Person aufsuchen und, wie es in Deutschland heißt, eine Gefährderansprache ausführen. Das heißt, der stalkenden Person wird mitgeteilt, dass ihr Stalking vorgeworfen wird, und es wird ihr erklärt, was juristisch droht, falls sie dieses Verhalten nicht beendet.

Wichtig: Betroffene sollten ein Stalking-Tagebuch führen. Darin wird jede einzelne Aktivität der stalkenden Person dokumentiert (Anrufe, versuchte oder erfolgte Kontaktaufnahmen, Drohungen etc.), am besten notiert man sich gegebenenfalls auch die ZeugInnen für diese Aktionen. Diese Aufzeichnungen können ein grundlegendes Beweismittel bei der Polizei und vor Gericht darstellen. Hilfreich kann hier die App NO STALK sein, die von der Opferschutzorganisation WEISSER RING entwickelt wurde. Damit kann man alle Stalking-Vorfälle per Foto-, Video- sowie Sprachaufnahmen chronologisch und lückenlos mit dem Smartphone dokumentieren, die Aufnahmen zählen bei der Polizei bzw. vor Gericht als vollwertige Beweise.

Für die Schweiz gelten all diese Ratschläge und Vorgehensweisen auch, wenngleich Stalking hier kein Straftatbestand ist. Allerdings sind einzelne Handlungen, die oft zusammen mit Stalking auftreten, durchaus strafbar, wie Nötigung, Drohung, Ehrverletzung und selbstverständlich auch Körperverletzung. Darüber hinaus gibt es bei der Schweizer Polizei vielerorts Stalking-Fachleute und -Beratungsstellen sowie ein Bedrohungsmanagement zur Erkennung, Einschätzung und Entschärfung von Bedrohungslagen und Gefährdungssituationen.

Wenn man stalkt

Und wer selbst seinen narzisstischen (Ex-)Partner oder seine (Ex-)Partnerin stalkt? Der sollte sofort damit aufhören – nach einer → Trennung –, jeden → Kontaktwunsch zu unterdrücken versuchen und Hilfe suchen. Anlaufstellen sind hier unter anderem die Einrichtungen, die unter dem Stichwort → Gewaltprävention aufgeführt sind, oder auch die in Berlin ansässige Initiative Stop-Stalking. Ihre ExpertInnen beraten – auch per E-Mail – sowohl Menschen, die gestalkt werden, als auch Personen, die einem Ausweg aus ihrem Stalking-Verhalten suchen.

Persönlicher Kommentar

Der Drang, den narzisstischen Expartner oder die Expartnerin zu überwachen, um immer zu wissen, was sie oder er gerade tut und ob die oder der Neue in ihrem Leben besser ist als das, was man selbst zu bieten hatte, ist nach einer → Trennung oft über Monate hinweg quälend und verführerisch. Geben Sie dem Drang nicht nach, streichen Sie den narzisstischen Menschen aus Ihrem Leben. Stalking ist immer eine selbst herbeigeführte Verlängerung der eigenen Agonie, des eigenen Leids.

Weiterführende Informationen

Deutschland

App NO STALK. Informationen auf der Website nostalk.de

Stop-Stalking. Das Team der Hilfsorganisation für Stalking-Opfer und StalkerInnen berät telefonisch und per E-Mail. www.stop-stalking-berlin.de

Österreich

BestNet Beratungsstellen. Um Beratungsstellen vor Ort zu finden, auf der Homepage in der Suchmaske »Stalking« eingeben. www.beratungsstellen.at

Schweiz

Schweizerische Kriminalprävention. Auf der Website findet man umfassende Informationen zur Rechtslage in der Schweiz, Verhaltenstipps und Adressen von Hilfs- und Beratungsstellen. www.skppsc.ch/de/

Stress

Eine Hauptursache für die → gesundheitlichen Probleme, mit denen viele Betroffene zu kämpfen haben, ist der andauernde Stress, dem sie in Beziehungen und im Umgang mit narzisstischen Personen ausgesetzt sind.

Grundsätzlich ist Stress eine nützliche Anpassungsreaktion des Organismus an eine gefährliche Situation, sei es in den dunklen Wäldern unserer Vorfahren oder in den dunklen Straßen unserer heutigen Städte. Kampf oder Flucht (»Fight or Flight«) sind die Optionen, zwischen denen innerhalb von Sekunden gewählt werden muss, um einer Gefahr am besten zu begegnen. Eine weitere Option liegt darin, weder zu fliehen noch in den Kampfmodus zu schalten, weil man erkannt hat, dass eine vermeintliche Gefahr in Wahrheit gar keine ist.

Eine wichtige Rolle spielt dabei das Zwischenhirn, der Hypothalamus. Das Zwischenhirn reguliert unter anderem Körpertemperatur und Blutdruck, Hunger und Durst, Schlaf- und Sexualverhalten und reagiert auf körperliche oder psychische Stressfaktoren, beispielsweise in Wettkampf- oder Prüfungssituationen. Psychische Stressoren sind aber auch Meinungsverschiedenheiten und schwelende → Konflikte, → Angst, → soziale Isolation, psychischer Druck, Intrigen sowie ein Gefühl der Minderwertigkeit oder der Hilflosigkeit – lauter Faktoren, die durch narzisstische Manipulation hervorgerufen werden können.

Wenn ein Stressor das Zwischenhirn aktiviert, kommt es zu einer Ausschüttung von sogenannten Peptiden. Dies sind organische Verbindungen, die man sich als kleine Eiweißketten oder Eiweißringe vorstellen kann. Vom Zwischenhirn gelangen sie in die Hirnanhangsdrüse (Hypophyse), die im Körper den Hormonhaushalt reguliert. Von den Peptiden angeregt, veranlasst die Hypophyse, dass die Nebenniere die Stresshormone Adrenalin und kurz darauf Cortisol produziert und in das Blut ausschüttet. Dieser Vorgang wird Stressachse genannt.

Die Alarmreaktion, die durch einen Stressor ausgelöst wird, verläuft in den drei Phasen des Stresskreislaufs. Dieser umfasst die Vorphase, in der Adrenalin und Cortisol ausgeschüttet werden und sich der Körper darauf vorbereitet, Energie zu mobilisieren, die eigentliche Alarmphase und die Erholungsphase, in der der Körper den Erregungszustand wieder abbaut.

Das Adrenalin versetzt den menschlichen Körper in Hochspannung, indem es unter anderem die Herzfrequenz und den Blutdruck steigert und für eine effizientere Atmung die Bronchiolen erweitert. Es wird schnell wieder abgebaut. Das Cortisol reguliert die körperliche Leistungskraft und wird in Stresssituationen vermehrt gebildet, um einerseits den Körper vor einer zu langen Hochaktivierung durch Adrenalin zu schützen und andererseits die erhöhte Leistungsfähigkeit aufrechtzuerhalten.

Die Ausschüttung von Cortisol ist also die optimale Reaktion auf einen zeitlich begrenzten Stress. Bei Dauerstress verliert jedoch das Cortisol seine positive Wirkung und ist ständig erhöht. Dies wiederum kann zu psychischen Erkrankungen wie → Depression führen und sich zudem auf die körperliche Gesundheit auswirken. Mögliche Folgen sind unter anderem Schlafstörungen, Bluthochdruck, Störungen im Blutzuckerhaushalt und im Fettstoffwechsel, Abbau von Muskelmasse und Knochen, Verschlechterung des Immunsystems, Konzentrations- und Gedächtnisstörungen. In extremen Fällen kann die ständige Kampf-oder-Flucht-Reaktion in der Dauerstressschleife zu einem Zusammenbruch des Organismus führen – oder zu einer Art Totstellreflex. In diesem Zustand werden selbst alltägliche Tätigkeiten wie zum Beispiel die Körperpflege zu einer Herkulesaufgabe oder gar vollkommen unmöglich.

Was tun?

Dauerstress kann zu schweren Symptomen und Erkrankungen führen. Zögern Sie nicht, sich professionelle medizinische und → therapeutische Hilfe zu suchen, denn Ihre körperliche und seelische → Gesundheit steht auf dem Spiel. Lassen Sie sich gegebenenfalls auch ein Stressprofil erstellen und anhand der Ergebnisse von einem Profi die für Sie erforderlichen natürlichen Nahrungsergänzungsmittel und pflanzlichen Substanzen verschreiben.

Es gibt eine Reihe von Stressbewältigungstrainings, die Ihnen helfen können, Stress abzubauen. Häufig werden diese von der Krankenversicherung als Präventionsmaßnahme bezahlt. Erkundigen Sie sich bei Ihrer Krankenkasse über das Angebot und die Kostenübernahme. Sparen Sie sich auf diese Weise finanziellen Stress!

Bauen Sie in Ihren Alltag kleine Zeitoasen ein, in denen Sie → Selbstfürsorge betreiben und zur Ruhe kommen. Halten Sie sich beispielsweise an die Ratschläge, die MedizinerInnen Burn-out-Gefährdeten geben:

» Sorgen Sie für ausreichenden Schlaf in der Nacht. Legen Sie wenn möglich untertags ein 10- bis 20-minütiges Powerschläfchen ein oder ziehen Sie sich zumindest von der Umgebung zurück. Schon eine kurze Erholungsphase hilft, den Stresspegel zu reduzieren.
» Bewegen Sie sich jeden Tag eine halbe Stunde lang an der frischen Luft, gehen Sie spazieren oder einfach mal zu Fuß zur Arbeit, fahren Sie Fahrrad oder Ähnliches. Wichtig ist, dass Sie sich dabei nicht unter Zeitdruck und/oder Leistungszwang setzen.

» Gönnen Sie sich regelmäßig entspannende Zeit für sich. 15 bis 30 Minuten reichen schon, um einen positiven Effekt zu erzielen.
» Ernähren Sie sich bewusst und nehmen Sie sich Zeit zum Essen. Vermeiden Sie möglichst, Ihre Mahlzeiten unter Stress schnell hinunterzuschlingen.
» Verbringen Sie Zeit mit Menschen, die Sie gerne haben, und unternehmen Sie regelmäßig Dinge, die Ihnen Spaß machen. Lachen ist ein hervorragendes Mittel, um Stress abzubauen.
» Richten Sie sich einen Tag in der Woche ein, an dem Sie Ihre Verpflichtungen auf ein Minimum reduzieren. Der Erholungseffekt ist enorm.
» Vergessen Sie nicht, wie wichtig und heilsam Berührungen sind. Kuscheln Sie mit Ihren Kindern, nehmen Sie sich Zeit für Zärtlichkeit.
» Lernen Sie Entspannungstechniken wie autogenes Training, Atemtechniken oder bestimmte stressabbauende Yogaübungen, um regelmäßig zur Ruhe zu kommen.
Das hilft auch dabei, sich gegen bevorstehende Stresssituationen zu wappnen und diese besser zu überstehen.

Suchterkrankungen

Wie → Suizid stehen auch Suchterkrankungen und Narzissmus in enger Verbindung. Sie betreffen sowohl die NarzisstInnen selbst als auch die Betroffenen von → narzisstischem Missbrauch. NarzisstInnen sind unter anderem deshalb suchtgefährdet, weil sie aufgrund ihres brüchigen → Selbstwertgefühls, der großen Diskrepanz zwischen grandiosem Ego und Realität und ihres katastrophalen Umgangs mit Kränkungen und Kritik leicht in tiefe Krisen stürzen. Es sind dies auch die wenigen Gelegenheiten, in denen sie sich in psychologische Behandlung begeben und sich einer → Therapie unterziehen.

NarzisstInnen greifen oft bis zur Abhängigkeit zu Alkohol, Tabletten oder Rauschmitteln, um sich über den Verlust → narzisstischer Zufuhr hinwegzuretten oder ihre als quälend empfundene innere Leere zu überdecken. Viele entwickeln auch sogenannte Verhaltensabhängigkeiten wie Spielsucht, Kaufsucht, Kauf- und Besitzsucht sowie – besonders häufig – eine Sexsucht und damit eng verbunden eine Pornografiesucht.

Aber auch Betroffene von narzisstischem Missbrauch greifen immer wieder zu Alkohol, Psychopharmaka und/oder sonstigen Rauschmitteln, um sich ihre Situation erträglicher zu machen. Bis zur Sucht konsumiert, können diese eine ganze Palette von schweren gesundheitlichen Schädigungen bewirken. Dies erklärt auch, warum viele Betroffene so schwere körperliche Symptome und Erkrankungen aufweisen.

FALLBEISPIEL

M. war trockener Alkoholiker. Als wir uns kennengelernt hatten, hatte er das freimütig zugegeben. Und ganz offensichtlich hatte er die Krankheit im Griff, was mir imponierte. Doch der Alkohol war nicht sein einziges Suchtmittel. Irgendwann fand ich auf seinem Computer Internetpornografie, was ich zutiefst verabscheue. Er spielte das Ganze herunter und beschimpfte mich schließlich, dass ich ihm nachspioniere, hysterisch und prüde sei. Er gab auch den Frauen via Live-Cams Befehle, was sie tun sollten, um nach stundenlangen, teuren Sitzungen aufgegeilt zu mir ins Bett zu kommen und mich zum Sex zu überreden. Und wehe, ich lehnte ab! Später fand ich heraus, dass er sexsüchtig war und mich andauernd mit anderen Frauen und auch Prostituierten betrogen hatte.

Was tun?

Substanz- oder Verhaltensabhängigkeiten sind eine häufige Begleiterscheinung des Narzissmus. Wenn Ihr Partner oder Ihre Partnerin eine solche Abhängigkeit aufweist, sollten Sie sich umgehend um → Hilfe bemühen. Gerade die Einnahme von Alkohol oder anderen Drogen kann zu häuslicher → Gewalt bzw. zu einer hochgefährlichen Eskalation häuslicher Gewalt führen. Doch auch wenn eine Sexsucht vorliegt, sollten Sie sich dessen bewusst sein, dass Ihre → Gesundheit stark gefährdet ist. Sie können nicht darauf vertrauen, dass sich Ihr Partner oder Ihre Partnerin ausreichend vor sexuell übertragbaren Krankheiten schützt. Auch Sie könnten angesteckt werden!

Ihre Gesundheit ist aber selbstverständlich auch in höchster Gefahr, wenn Sie selbst zum Beispiel häufig zu Alkohol oder angstlösenden Psychopharmaka greifen, weil Sie ohne diese nicht mehr »funktionieren« oder glauben, Ihr Leben ohne diese Hilfsmittel nicht ertragen zu können. In diesem Fall sollten Sie unbedingt die Reißleine ziehen! Suchen Sie so schnell wie möglich Hilfe. Diese finden Sie bei → Ärztinnen und Ärzten und TherapeutInnen sowie bei → Selbsthilfegruppen, bei den Sozialdiensten in den Krankenhäusern, bei den Sozial- und Gesundheitsämtern und bei den psychosozialen Beratungsstellen der Gemeinden. Weitere Hinweise zu möglichen Anlaufstellen finden Sie unter »Weiterführende Informationen«.

Weiterführende Informationen

Informations- und Beratungsportale

Deutschland

Der Beauftragte der Bundesregierung für Sucht- und Drogenfragen. Auf der Website findet man Informationen zu Suchtstoffen und Suchtformen sowie einen Überblick über Hilfs- und Beratungsangebote.
www.bundesdrogenbeauftragter.de

Sucht & Drogen Hotline. Die Initiative stellt unter ihrer (kostenpflichtigen) Hotline täglich von 8 bis 24 Uhr anonym und bundesweit Hilfe bereit: 01806 31 30 31.
www.sucht-und-drogen-hotline.de

Blaues Kreuz. Der Suchthilfeverband bietet ein breites Informations-, Beratungs- und Hilfsangebot.
www.blaues-kreuz.at

Österreich

Österreichischer Suchthilfekompass. Auf der Website findet man ein Verzeichnis zu ambulanten und stationären Hilfeeinrichtungen. https://suchthilfekompass.goeg.at/presentation

Drogen-Hotline Österreich. Tel. 0810 20 88 77

Schweiz

Blaues Kreuz. www.blaues-kreuz.ch

Infodrog. Auf der Website der schweizerische Koordinations- und Fachstelle Sucht findet man Informationen zu Suchtstoffen und Suchtformen sowie Links zu Beratungs- und Hilfseinrichtungen. www.infodrog.ch

Suizid

Selbsttötung und Narzissmus gehen eine unheilige Allianz ein, sowohl was die Betroffenen von → narzisstischem Missbrauch als auch was die NarzisstInnen selbst betrifft.

Narzisstischer Missbrauch kann bei den Betroffenen schwere → gesundheitliche Folgen nach sich ziehen, viele erkranken beispielsweise an einer → Depression. Es kommt immer wieder vor, dass sie so tief in Verzweiflung versinken, dass sie daran denken, ihrem Leben ein Ende zu setzen – und leider begehen tatsächlich immer wieder Betroffene Suizid.

Ausgeprägte NarzisstInnen sind insofern suizidgefährdet, als sie aufgrund ihres gestörten → Selbstwertgefühls infolge (oft nur vermeintlicher) Kränkungen und des Verlusts → narzisstischer Zufuhr leicht in tiefe Krisen stürzen. Misserfolge, der Verlust des Arbeitsplatzes, das Ende von Beziehungen oder chronische Erkrankungen können sie so schwer erschüttern, dass sie eine Depression und/oder → Suchterkrankungen entwickeln. Es sind dies auch die wenigen Gelegenheiten, bei denen sie sich in psychologische Behandlung begeben und sich einer → Therapie unterziehen.

»Wenn du gehst, bring ich mich um!« Betroffene berichten zudem häufig, dass sie von ihren narzisstischen PartnerInnen durch Suiziddrohungen emotional erpresst werden – eine besonders belastende Form der emotionalen → Gewalt. Schrecklicherweise kommt es auch immer wieder vor, dass Menschen, die solche Drohungen ausstoßen, nicht nur sich selbst töten, sondern auch ihre Familie oder andere Menschen aus ihrem → Umfeld. Fachleute gehen davon aus, dass es sich in diesen Fällen häufig um NarzisstInnen handelt.

Was tun?

Wenn Sie das Gefühl haben, dass Sie nicht mehr weiterwissen, wenn die seelischen Qualen schier übermächtig erscheinen, wenn Ihre Gedanken darum kreisen, dass Sie sich das Leben nehmen möchten – suchen Sie unbedingt Hilfe! Es gibt viele Menschen, die Ihnen helfen können, diese Krise zu überstehen. Dies können Personen aus Ihrem Umfeld sein, aber auch Menschen, die sie professionell unterstützen – Ihr Arzt oder Ihre Ärztin, TherapeutInnen oder Fachpersonal in Krankenhäusern oder psychiatrischen Kliniken. Vielen Menschen helfen auch Gespräche mit SeelsorgerInnen oder spirituellen LehrerInnen. All diese professionellen Helfer unterliegen der Schweigepflicht bzw. dem Seelsorgegeheimnis und werden deshalb alles, was Sie ihnen erzählen, vertraulich behandeln.

In Deutschland, Österreich und der Schweiz gibt es eine Vielzahl von Hilfsangeboten, an die Sie sich – auch anonym – telefonisch, online oder persönlich wenden können. Diese Stellen sind auch für Sie da, wenn ein Mensch in Ihrem Umfeld Suizidgedanken äußert oder Sie das Gefühl haben, dass er suizidgefährdet ist.

Für das richtige Verhalten, wenn Sie von einem anderen Menschen mit einer Suiziddrohung erpresst werden, gibt es keine allgemeingültige Regel. Jeder Fall und jede Situation ist einzigartig, und manchmal wird aus einer Drohung doch eine realisierte Tat. Suchen Sie auf jeden Fall psychologische Hilfe und lassen Sie sich beraten, wie Sie sich am besten verhalten.

Wenn Sie das Gefühl haben, dass ein Mensch suizidgefährdet ist und möglicherweise auch anderen gefährlich werden kann: Bringen Sie sich sofort zusammen mit Ihren Kindern in

Sicherheit und suchen Sie → Hilfe bei der Polizei oder anderen Einrichtungen, die Sie vor → Gewalt schützen können!

Persönlicher Kommentar

In jeder Gemeinde unterstützen sozialpsychiatrische Dienste Menschen in psychischen Krisen und vermitteln weitere Hilfen. Adressen und Telefonnummern erfährt man über die Gemeinden.

Weiterführende Informationen

Hilfsangebote

Deutschland

Suizid-Nothilfe 116 123

Telefonseelsorge. Die Telefonseelsorge bietet rund um die Uhr sofortige Hilfe für Betroffene und deren Angehörige. Tel. 0800 111 0 111 oder 0800 111 02 22. www.telefonseelsorge.de

Deutsche Gesellschaft für Suizidprävention. Auf der Website findet man Informationen und einen Überblick über Hilfsangebote. www.suizidprophylaxe.de

Österreich

Suizid-Nothilfe 142

Suizidprävention Austria. Auf der Website sind Informationen, Erste-Hilfe-Ratschläge, Notfallkontakte und Hilfsangebote für Suizidgefährdete und Angehörige zusammengestellt. www.suizid-praevention.gv.at

Hilfsangebote in der Schweiz

Suizid-Nothilfe 143

Die Dargebotene Hand. Anonyme und kostenlose Beratung für Menschen in Krisensituationen per Mail, Chat oder Telefon, 24 Stunden täglich erreichbar. www.143.ch

Reden kann retten. Auf der Website der Initiative findet man umfassende Informationen, viele Ratschläge für Angehörige und eine Aufstellung der Hilfsangebote – generell und in Akutsituationen. www.reden-kann-retten.ch

TherapeutInnen und ÄrztInnen

Die Zahl der TherapeutInnen und ÄrztInnen, die die Problematik des → narzisstischen Missbrauchs kennen und in der Behandlung berücksichtigen, wächst langsam. Doch leider können noch immer viele TherapeutInnen die → gesundheitlichen Folgen nicht richtig einordnen. Deshalb kommt es immer wieder vor, dass zum Beispiel bei körperlichen Erkrankungen nur die Symptome behandelt und die zugrunde liegenden seelischen Schädigungen nicht erkannt werden. Vielen Fachleuten ist zudem nicht bewusst, dass die Betroffenen nach der → Trennung einen regelrechten Entzug von ihren narzisstischen PartnerInnen durchleiden und eine psychisch und körperlich besonders schlimme Phase ihres Missbrauchs erleben. So kommt es, dass sie häufig nicht die Hilfestellung geben können, die in dieser kritischen Zeit erforderlich wäre. Von diesem professionellen

Unverständnis berichten Betroffene immer wieder, verletzt, wütend und manchmal mit großer Bitterkeit.

FALLBEISPIEL

Ich bin von einer Therapeutin mehr oder minder aus der Praxis komplimentiert worden, als ich mich in einem akuten psychischen Notfall befand und kurz vor einem Zusammenbruch stand. Sie konnte meinen Zustand einfach nicht verstehen. Später erfuhr ich, dass ich nicht die Einzige war, der dies oder Ähnliches passiert war. Nur wenige Therapeuten haben schon direkte Erfahrungen mit Narzissten gemacht, weshalb die ganze Problematik des narzisstischen Missbrauchs kaum zum therapeutischen Allgemeinwissen gehört. Auf meiner Suche nach Hilfe begegnete ich auch Therapeuten, die Narzissten ganz naiv faszinierend oder hilfsbedürftig finden, ohne aus erster Hand den Schaden zu kennen, den diese bei ihren Opfern anrichten.

Was tun?

Es ist wichtig, sich guten und verständnisvollen (Haus-)Ärztinnen/Ärzten, HeilpraktikerInnen oder ganzheitlich orientierten MedizinerInnen anzuvertrauen. Es ist jedoch für den Erfolg jeder Behandlung wichtig, dass Narzissmus und narzisstischer Missbrauch für diese keine Fremdwörter sind.

Persönlicher Kommentar

Ich kann nur raten, bei der medizinischen Behandlung und in der psychologischen → Therapie das Missbrauchstrauma offen anzusprechen. Jede Information kann den Fachleuten nur helfen, Sie besser zu verstehen, gezielter zu behandeln oder gegebenenfalls zu anderen ExpertInnen zu überweisen.

Weiterführende Informationen

Webseiten mit Verzeichnissen von TherapeutInnen sind unter dem Stichwort → Therapie – von narzisstischem Missbrauch Betroffene angegeben.

Therapie – NarzisstInnen

Auch wenn ihr Lebensweg und ihr → Umfeld gänzlich anderes erzählen, sind NarzisstInnen grundsätzlich davon überzeugt, dass mit ihnen alles in Ordnung ist. Wenn Probleme auftauchen, sind andere dafür verantwortlich, denn in ihrem Weltbild sind sie selbst schlicht perfekt und sehen keinen Grund, sich zu verändern. Das gilt auch dann, wenn ihr Leben von Brüchen, Ungereimtheiten und Chaos geprägt ist, wenn ihre Beziehungen scheitern, die Kinder von ihnen entfremdet sind, ihr zur Schau gestellter Wohlstand sich mit Insolvenzen abwechselt oder ihre gesellschaftliche Anerkennung Schaden nimmt.

Tatsächlich sind sich Fachleute weitgehend darin einig, dass sich Menschen mit extrem ausgeprägten narzisstischen Zügen oder einer narzisstischen Persönlichkeitsstörung kaum oder gar nicht therapieren lassen. Zum einen sind NarzisstInnen nur sehr selten zu der Erkenntnis fähig, dass sie aufgrund ihres Narzissmus therapeutische Hilfe brauchen. Zum anderen leiden sie an einer sehr komplexen Störung, über die die Wissenschaft noch nicht allzu viel weiß, was übrigens nicht überraschend ist: Da NarzisstInnen sich im Normalfall nicht in Behandlung begeben, gibt es nur wenige klinische Studien. Optimistische TherapeutInnen gehen davon aus, dass sie einen narzisstischen Menschen zumindest dahin bringen, mehr → Empathie zu entwickeln und sich der Auswirkungen seines Handelns stärker bewusst zu werden.

Eine Behandlung nehmen narzisstische Menschen fast nur in Krisensituationen an, wenn durch Fehlschläge, Kränkungen oder (vermeintliche) Ungerechtigkeiten ihr großes Selbst auf ein realistisches kleines Maß gestutzt wurde. Dies kann beispielsweise passieren, wenn sich der berufliche Erfolg nicht einstellt oder wenn der sicher geglaubte Partner die Beziehung auflöst. In solchen Situationen können sie so erschüttert werden, dass sie eine → Depression mit → Suizidgefahr oder → Suchterkrankungen entwickeln. Wenn sich NarzisstInnen in Therapie begeben, wird also in der Regel nicht ihre narzisstische Persönlichkeitsstörung behandelt. Vielmehr versucht man, die Symptome ihrer Folgeerkrankungen zu heilen.

Therapie – von narzisstischem Missbrauch Betroffene

Für viele von → narzisstischem Missbrauch Betroffene ist die Therapie ein notwendiger Schritt, um ihr → Trauma verarbeiten zu können und → Heilung zu finden. Nicht wenige beginnen mit einer Psychopharmakatherapie, um erst einmal ihre schweren Symptome zu lindern. Unter der Aufsicht von erfahrenen Fachleuten kann dies zunächst eine Hilfe sein. Man sollte sich jedoch immer dessen bewusst sein, dass Psychopharmaka schwere, lang andauernde Nebenwirkungen auslösen können, wenn ihr Einsatz nicht sorgfältig gehandhabt und überwacht wird. Darüber hinaus sind sie im Gegensatz zu anderen Therapien nicht für eine Ursachenbekämpfung geeignet.

Erfahrungsgemäß ist Betroffenen von narzisstischem Missbrauch meist am besten mit einer Therapie geholfen, die sich an Seele, Geist und Körper gleichermaßen wendet, mit Visualisierungen und körperlichen Manifestationen von Leiden arbeitet und auf die → Ressourcen der Betroffenen zurückgreift. Dies können zum Beispiel Kombinationen aus bekannten Psychotherapieformen, etwa Verhaltens- oder Gesprächstherapie, mit körperbezogenen Methoden sein. Erstere helfen den Betroffenen, Sachverhalte zu verstehen sowie Gefühle neu zu bewerten und einzuordnen, um sie im Alltag verändert und konstruktiver einsetzen und erleben zu können. Letztere wirken dagegen auf der Zell- oder gar DNA-Ebene, wo sich das Trauma des psychischen Missbrauchs niederschlägt.

Zwei therapeutische Programme, die auf solchen Ansätzen basieren, wurden von Betroffenen speziell für Betroffene entwickelt: das → Narcissistic Abuse Recovery Program (NARP) der Australierin Melanie Tonia Evans und die ganzheitliche Therapieform → EDEN der österreichischen Psychologin Katharina Schuldner.

Gute Erfahrungen haben viele Betroffene auch mit dem Zürcher Ressourcenmodell gemacht, das das Unbewusste und dessen Körpersignale in die Therapie einbezieht und mit positiv besetzten Bildern arbeitet. Hilfreich zeigte sich auch die Psychodynamische Imaginative Traumatherapie (PITT) nach Luise

Reddemann sowie die Arbeit am »inneren Kind«. All diesen Methoden ist gemeinsam, dass sie Körperwahrnehmung und Achtsamkeit schärfen. Man lernt Körpersignale bewusster wahrzunehmen und zu interpretieren sowie sich besser abzugrenzen.

Eine hilfreiche körperintegrierende Therapieform ist zudem die bei der → Traumabehandlung eingesetzte EMDR-Methode (Eye Movement Desensitization and Reprocessing/Augenbewegungsdesensibilisierung und Wiederaufarbeitung). Weiterhin sind Kinesiologie, EFT (Emotionale Freiheitstechnik), Hypnotherapie, Herzratenvariabilitätstraining, Bioresonanz und Biofeedback, Simonton-Methode und achtsamkeitsbasierte Stressreduktion zu nennen. Vielen Betroffenen, die sehr unter → Stress leiden, helfen auch autogenes Training sowie die progressive Muskelentspannung nach Jacobson. Bei diesem körpertherapeutischen Verfahren werden Muskelpartien nach einem bestimmten Muster bewusst angespannt und, nachdem die Spannung kurz gehalten wurde, wieder entspannt.

Die Wahrnehmung von körperlichen und seelischen Vorgängen unterstützen darüber hinaus Yoga, Tai-Chi, Qigong und Meditation durch ihre Verbindung von Zentrierung, bewusster Körperhaltung und Entspannung. Die Selbstwahrnehmung schärfen zudem kreativtherapeutische Methoden wie Mal-, Musik-, Tanz- oder Theatertherapie oder kreatives Schreiben.

Was tun?

Für welche Therapie man sich letztendlich entscheidet, hängt von den persönlichen Überzeugungen, Vorlieben und unter Umständen auch vom Angebot in der Region und den finanziellen

Mitteln ab. Da jeder Mensch anders ist, lässt sich keine allgemeingültige Empfehlung geben.

Möglicherweise müssen Sie einige Therapieformen testen, bevor Sie die für sich richtige und wirksame Methode gefunden haben. Nehmen Sie sich für die Suche die nötige Zeit. Möglicherweise können Ihnen auch andere Betroffene in → Selbsthilfegruppen und Onlineforen gute Tipps geben.

In Deutschland, Österreich und der Schweiz gibt es in allen Städten bzw. Kantonen psychologische oder psychosoziale Beratungsstellen und sozialpsychiatrische Stellen, die Ihnen weiterhelfen können. Die Adressen finden Sie auf den Webseiten der Gemeinden.

Falls Sie sich in einer akuten psychischen Krise befinden, wenden Sie sich an

» Ihren Arzt oder Ihre Ärztin;
» die Krisenintervention Ihrer Gemeinde, deren Adresse und Telefonnummer Sie direkt bei der Gemeinde bzw. auf deren Homepage erfahren;
» das nächste Krankenhaus mit psychiatrischer Abteilung;
» einen ärztlichen Bereitschaftsdienst bzw. eine der Beratungsstellen, die unter dem Stichwort → Suizid aufgelistet sind.

Was man vermeiden sollte – Paartherapien

Auch wenn man es sich vielleicht noch so sehr wünscht, dass sich alles zum Guten ändern und der → ideale Partner, die ideale Partnerin wie Kai aus der Kiste wieder auftauchen wird: Paartherapien mit narzisstischen PartnerInnen sind in der Regel nicht hilfreich und auch nicht erfolgreich – NarzisstInnen sind (kaum) therapierbar, und es liegt ihnen üblicherweise auch gar nichts daran, eine Beziehung zu verbessern. Durch eine gemeinsame Therapie liefert man der narzisstischen Person nur weitere Munition, indem man seine Ängste und Schwächen preisgibt. Damit kann man mehr Schaden anrichten als Nutzen erzielen.

Persönlicher Kommentar

Wer heilt, hat recht. Wenn ich an dieser Stelle etwas empfehlen kann, dann nur die einzige Regel, dass es hinsichtlich der besten Therapie keine Regel gibt. Alles, was hilft, ist gut und richtig! Seien Sie aber vorsichtig bei der Langzeiteinnahme von verschreibungspflichtigen Medikamenten. Erfahrungsgemäß können diese schwere Symptome lindern, das Heilen der Ursachen des emotionalen Missbrauchs verlangt aber oft eine (begleitende) intensive Psycho-Trauma-Therapie.

Weiterführende Informationen

Hilfsangebote

Deutschland

Kassenärztliche Bundesvereinigung KBV. Die Website bietet ein Verzeichnis von ÄrztInnen und PsychotherapeutInnen. www.arztsuche.116117.de

Pro Therapie e.V. Die Website des Verbands bietet einen guten Überblick über Therapieverfahren und eine Datenbank mit TherapeutInnen und PsychotherapeutInnen. www.therapie.de

Österreich

Öffentliches Gesundheitsportal Österreich. Zur Website gehört eine Liste der psychosozialen Dienste sowie Informationen über psychologische und psychotherapeutische Hilfe. www.gesundheit.gv.at

bestHELP. Auf der Website findet man ein umfassendes Verzeichnis von ExpertInnen und Therapieangeboten sowie eine kostenlose und anonyme Onlineberatung. www.besthelp.at

Schweiz

Doc24.ch. Auf der Website findet man über eine Datenbank schnell Ärztinnen und PsychotherapeutInnen. www.doc24.ch

FSP. Mit dem »PsyFinder« auf der Website der Föderation der Schweizer Psychologinnen und Psychologen findet man PsychologInnen und PsychotherapeutInnen für Beratung und/oder Therapie. www.psychologie.ch

Trauma und Posttraumatische Belastungsstörung

Ein psychisches Trauma ist eine seelische Verletzung, eine starke psychische Erschütterung, wie sie beispielsweise durch einen schweren Unfall, Gewaltverbrechen oder Kriegserlebnisse hervorgerufen wird. Solche traumatisierenden Erlebnisse lösen ein tiefes Gefühl der Hilflosigkeit, Angst, Panik und Entsetzen aus und setzen die Betroffenen unter extremen → Stress. Menschen, die traumatisierende Situationen erlebten oder durchleben, entwickeln häufig körperliche und psychische Symptome, beispielsweise Essstörungen oder → Depression. Ein besonders schweres Krankheitsbild ist die Posttraumatische Belastungsstörung oder kurz PTBS, die auch bei → Kindern auftreten kann.

Der Schweregrad einer solchen Traumafolgestörung hängt in hohem Maß davon ab, wie belastend die traumatisierende Situation war, wie lange sie andauerte und ob sie zufällig – wie eine Naturkatastrophe oder ein Autounfall – oder zielgerichtet ausgelöst wurde. Besonders zerstörerisch sind traumatisierende Situationen, die mit Absicht und von vertrauten Menschen herbeigeführt wurden. Deshalb ziehen emotionaler, körperlicher und sexueller Missbrauch in Familien und Beziehungen für die Betroffenen so verheerende → gesundheitliche Folgen nach sich. Menschen, die eine komplexe Posttraumatische Belastungsstörung entwickeln, können im Verlauf der Erkrankung unter einer Vielzahl von Symptomen leiden:

» Veränderung der Selbstwahrnehmung. Die Betroffenen entwickeln → Scham und → Schuldgefühle und → bagatellisieren das Vorgefallene. Ihr → Selbstwertgefühl ist stark geschwächt, und sie fühlen sich hilflos.
» Bewusstseins- und Aufmerksamkeitsveränderungen. Hierzu gehören Konzentrationsstörungen sowie Gedächtnisstörungen bis hin zur Amnesie, aber auch eine veränderte Körperwahrnehmung und ein verändertes Körpererleben.
» Veränderungen in den Gefühlen. Die Betroffenen sind leicht reizbar und hochnervös. Manchmal sind sie überaus schreckhaft und ängstlich, manchmal aber auch extrem risikobereit und selbstzerstörerisch. Viele versuchen einen → Suizid, weisen Störungen der Sexualität oder auch eine emotionale Distanziertheit oder Taubheit auf. Sie sind psychisch erstarrt.

» Veränderung in den sozialen Beziehungen. Die Betroffenen sind äußerst misstrauisch, ja sogar feindselig gegenüber anderen Menschen, fühlen sich von ihrer Umwelt entfremdet und ziehen sich bis zur → sozialen Isolation zurück.
» Veränderung der Lebenseinstellung. Die Betroffenen quälen tiefe Verzweiflung, Gefühle der Leere und → Hoffnungslosigkeit.
» Quälende Intrusionen oder Flashbacks, in denen die Betroffenen traumatisierende Erlebnisse emotional, körperlich und sinnlich wieder durchleiden. Intrusionen werden durch bestimmte Schlüsselreize oder Trigger ausgelöst. Häufig treten sie überfallartig auf, wobei sich die intensiven, stark belastenden Gedanken, Bilder, Wahrnehmungen und Albträume so aufdrängen, dass die Betroffenen nichts oder kaum etwas dagegen tun können. Folglich meiden sie mit aller Kraft Situationen, die Intrusionen auslösen können.
» Körperliche Symptome wie chronische Schmerzen, Probleme mit dem Magen-Darm-Trakt, Herz- und Blutdruckprobleme, Unruhe und Schlafstörungen, Antriebslosigkeit und Passivität. Hinzu kommt eine Anfälligkeit für Suchterkrankungen.

Was tun?

Traumatisierende Erlebnisse sind schwer belastende Erfahrungen, deren psychische und körperliche Folgen unbedingt behandelt werden sollten. Ein guter erster Schritt für Betroffene ist, sich über Traumata und Traumafolgen sowie über Traumatherapien zu informieren. Viele sind beruhigt, wenn sie ihre Symptome verstehen und einordnen können.

Wer unter starken Symptomen oder einer PTBS leidet, sollte

sich unbedingt in die Hände von erfahrenen Profis begeben, die einfühlsam auf dem schwierigen Weg aus dem Trauma begleiten. Diese → TherapeutInnen müssen mit all ihrem Wissen und Können darauf achten, dass man im Rahmen der → Therapie nicht retraumatisiert wird.

Bewährt haben sich unter anderem Therapieformen, die auf der Imaginationsfähigkeit der Betroffenen aufbauen, das heißt auf ihrer Fähigkeit, positive innere Bilder zu erzeugen, wie die Psychodynamisch imaginative Traumatherapie (PITT) oder die Imaginative traumazentrierte Psychotherapie. Gute Erfolge lassen sich auch mit der EMDR-Methode (Eye Movement Desensitization and Reprocessing/Augenbewegungsdesensibilisierung und Wiederaufarbeitung) erzielen.

Persönlicher Kommentar

Ein Trauma fährt einem tief in die Knochen, und es braucht oft lange, bis es »wieder draußen« ist. Viele Betroffene erleben über Jahre kleine und große Traumata, die für sie mit der Zeit so selbstverständlich werden, dass sie diese gar nicht mehr als solche wahrnehmen. Deshalb ist es wichtig, darüber Bescheid zu wissen und sich zuzugestehen, dass man Hilfe braucht und Hilfe verdient hat.

Weiterführende Informationen

Informationsportale

Deutschland

Deutsches Institut für Psychotraumatologie (DIPT). Auf der Website der wissenschaftlich-therapeutischen Einrichtung zur Erforschung, Psychotherapie und Prävention psychotraumatischer Störungen findet man eine Liste klinischer Einrichtungen zur Behandlung von Traumata und ein Verzeichnis von TherapeutInnen, die Traumabehandlung anbieten, sowie Informationen zur Selbsthilfe. www.psychotraumatologie.de

Österreich

Österreichisches Netzwerk für Traumatherapie. Das ÖNT ist eine Interessensgemeinschaft von traumatherapeutisch weitergebildeten TherapeutInnen, die Kontaktdaten findet man auf der Website. www.oent.at

Schweiz

Schweizerische Institut für Trauma Therapie SITT. Auf der Website der Privatinitiative gibt es auch ein TherapeutInnenverzeichnis. www.sitt.ch

Trennung – emotionale und körperliche Belastungen

Die Beziehung zu einem narzisstischen Menschen zu lösen öffnet den Weg in ein neues Leben. Doch angesichts der Leiden, die mit einer solchen Trennung verbunden sind, fordert dieser Schritt der Befreiung den Betroffenen unendlich viel mehr ab, als sich Außenstehende in der Regel vorstellen können: Es ist ein immenser psychischer Kraftakt.

Gefühlsfelder während und nach der Trennung

Egal, ob man die Trennung selbst herbeiführt oder von der narzisstischen Person verlassen wird: Man durchlebt starke, verstörende Gefühle, die Randi G. Fine, selbst eine Betroffene, mit denen der Sterbe- und Trauerphasen vergleicht, die die Psychiaterin Elisabeth Kübler-Ross erforschte. Die einzelnen Phasen treten dabei nicht in einer bestimmten Reihenfolge auf und können auch gleichzeitig erfahren werden. Sie sind mehr als Gefühlskreise oder Gefühlsfelder zu verstehen.

» ***Leugnen:*** Es kann nicht sein, es darf nicht sein – Betroffene kämpfen immer wieder damit, dass sie die Trennung nicht wahrhaben wollen oder können. Sie suchen nach Gründen, warum sie die Beziehung fortsetzen sollten, stellen sich immer wieder vor, dass sie die narzisstische Person durch ihr Verhalten ändern und die Beziehung retten könnten. Dabei → bagatellisieren oder leugnen sie häufig die → Gewalt, der sie ausgesetzt sind und waren.

» ***Zorn:*** Die Betroffenen sind von → Wut auf die narzisstische Person erfüllt, die ihnen schweren Schaden zufügte. Sie sehnen sich danach, dass diese ihre Taten eingesteht, um Verzeihung bittet und dafür zur Rechenschaft gezogen wird. Und sie sehnen sich nach Rache, die sie sich häufig in verschiedensten Szenarien vorstellen. Sie sind wütend auf ihr → Umfeld, das ihnen in dieser Situation nicht geholfen hat, und hadern mit ihrem Schicksal, das ihnen so viel Leid auferlegt. Nicht zuletzt sind sie aber auch zornig auf sich selbst, weil sie den Missbrauch mit sich haben geschehen lassen. Und sie hassen sich selbst für ihre rasende Wut und ihre negativen Gefühle und sind zornig auf die narzisstische Person, die für diese Gefühle verantwortlich ist.

- » ***Verhandeln:*** Der Verlust wird als so schrecklich erfahren, dass man zu Verhandlungen bereit ist. Man möchte der narzisstischen Person verzeihen, will ihr zugestehen, dass sie sich ändern kann – zum Beispiel durch eine Therapie –, und man möchte ihr eine weitere Chance geben. Und man will auch sich eine weitere Chance geben und ist bereit, sich dafür zu ändern.
- » ***Depression und Leid:*** Man fällt in ein tiefes Loch der → Verzweiflung und Hoffnungslosigkeit, fühlt sich tieftraurig und hilflos. Man ist untröstlich, verliert jeden Antrieb, wird lethargisch und zieht sich von der Welt zurück.

All diese starken Gefühle beherrschen die Betroffenen, bevor sie schließlich die fünfte Phase erreichen:

- » ***Akzeptanz:*** Man findet sich mit dem Verlust und dem Ende der Beziehung ab. Man lässt die narzisstische Person ohne Wenn und Aber aus seinem Leben ziehen. Man überwindet seine negativen Gefühle, akzeptiert das, was geschehen ist, ebenso wie die Entscheidungen, die man getroffen hat. Man findet Frieden und ist bereit, ein neues Leben zu beginnen.

Das Nachbeben

Diese Gefühle erlebt jeder, der eine schmerzhafte Trennung durchlebt, in unterschiedlichem Maß. Auf Menschen, die sich von einer narzisstischen Person lösen, strömen sie jedoch in den ersten vier Phasen mit unvorstellbarer Intensität ein. Hinzu kommen häufig starke → Scham- und → Schuldgefühle. Die Betroffenen empfinden weder Erleichterung, endlich ihrer Missbrauchssituation entronnen zu sein, noch geht es ihnen nach dem ersten großen Trennungsschmerz schnell besser. Ganz im

Gegenteil: Sie fühlen sich wie in einem tintenschwarzen Strudel, der sie immer tiefer in die Verzweiflung zieht.

Diese Phase nach der Trennung wird Nachbeben genannt, und die Erschütterungen, die dieses Beben auslöst, können zerstörerisch sein. Während der Beziehung waren die Betroffenen durch den andauernden → Stress, den ihnen ihre narzisstischen PartnerInnen auferlegten, auf Überlebensmodus eingestellt. Sie hatten keine Zeit, die → Verletzungen zu verarbeiten, die ihnen zugefügt worden sind, oder sich mit den alten Wunden auseinanderzusetzen, die die narzisstische Person für sich genutzt und vertieft hat. Jetzt, nach dem Ende der Beziehung, tauchen die Betroffenen aus diesem Modus wieder auf und sind auf sich selbst zurückgeworfen. Sie befinden sich in einem tiefen Schockzustand – und sind wie besessen. Wie eine Droge beherrscht der narzisstische Mensch ihren Kopf, ihren Körper und ihre Seele. Ihre Gedanken kreisen ständig um ihn, und alles, was sie mit ihm erlebt haben, wird bis ins kleinste Detail wieder und wieder in Erinnerung gerufen, analysiert, bewertet, infrage gestellt. Die Gefühle, die sie empfinden, sind extrem und so widersprüchlich, dass sie sie bis zur Selbstzerstörung innerlich zerreißen können: Sie sind zutiefst verzweifelt, weil sie sich ein Leben ohne diesen Menschen nicht vorstellen können – zugleich sind sie unglaublich wütend und ergehen sich in immer wieder neuen Rachefantasien. Sie sind noch immer besessen von der Person, und es drängt sie, → Kontakt mit ihr aufzunehmen, obwohl sie genau wissen, dass ihnen das nur schadet. Und sobald sie wieder Kontakt zu ihr haben, durchströmt sie Hoffnung, dass »alles wieder gut werden kann«, obwohl sie wissen, dass sie jeder Kontakt, jede Ablehnung, jede neue Enttäuschung in ein noch tieferes Loch der Verzweiflung stürzen lässt.

Das Nachbeben kann von Fall zu Fall unterschiedlich lang

anhalten – doch stets ist es für die Betroffenen gefährlich. Sie durchleben während der Ablösung und Trennung eine besonders schlimme Phase ihres Missbrauchs, und die → gesundheitlichen Folgen auf psychischer und körperlicher Ebene können sie mit einer schier desaströsen Wucht stärker denn je überfallen. Nicht selten greifen die Betroffenen in dieser Phase zu Alkohol, Drogen und Tabletten, um ihre seelischen Schmerzen zu betäuben. Die → Depressionen können so schwer werden, dass eine Einweisung in die Psychiatrie unumgänglich ist. Immer wieder kommt es vor, dass Betroffene an → Suizid denken, versuchen, sich selbst zu töten – und leider auch erfolgreich Suizid begehen.

Für Außenstehende, die meist medizinische und therapeutische Laien sind, ist dies schwer nachzuvollziehen, schlimmer noch ist, dass auch manche Ärztinnen und Ärzte und → TherapeutInnen die Situation nicht immer in ihrer ganzen Tragweite erfassen. Weil die → Aufklärung fehlt, geben sie häufig den Betroffenen nicht die Unterstützung, die in dieser kritischen Zeit erforderlich wäre.

Körperliche Abhängigkeit von NarzisstInnen

Narzisstischer Missbrauch bedeutet Dauerstress und traumatisierende Erlebnisse. Ein gefährlicher Cocktail, der sich verheerend auf die Psyche der Opfer auswirkt, aber auch eine körperliche Kettenreaktion auslöst. Betroffene entwickeln in ihrer Beziehung zu NarzisstInnen eine starke Abhängigkeit, die ihr Leben auf allen Ebenen beherrscht. Über den extremen emotionalen Trennungsschmerz hinaus durchleben sie einen regelrechten körperlichen Entzug mit Symptomen, wie man sie vom Drogenentzug kennt: starke Schmerzen, Zittern, Schweißausbrüche und vieles mehr. Dabei spielt es keine Rolle, ob man verlassen wird oder ob man die Trennung aus eigener Kraft schafft.

Verantwortlich hierfür ist der Dauerstress während der Beziehung, der den Körper ständig in Alarmbereitschaft versetzt. Mit der Zeit vergessen die Betroffenen, wie man ein ruhiges, normales Leben führt, und werden süchtig nach dem Stresskreislauf. Sie werden zum Adrenalinjunkie, und wenn die »Droge Stress« ausbleibt, erleben sie einen schweren körperlichen Entzug. Aber sie leiden auch psychisch, weil sie das Leben ohne diese ständigen Reize unerträglich langweilig finden – und weil sie auf einmal mit sich selbst konfrontiert sind.

Die »Stresssucht« ist ein Grund, warum es Betroffenen so schwerfällt, sich von narzisstischen BeziehungspartnerInnen zu lösen. Denn selbst nach einer erwünschten oder gar ersehnten Trennung führen diese bei jeder Kontaktaufnahme wieder den Stresskreislauf herbei und lösen bei ihrem Gegenüber ein Hochgefühl aus. Häufig wird das High des Stresskreislaufs jedoch als schrecklich empfunden, löst → Ängste aus und führt zu einem körperlichen und/oder psychischen Zusammenbruch. In dieser Phase sind die Betroffenen oft stark suizidgefährdet.

Verantwortlich sind möglicherweise aber auch die körpereigenen Peptide. Bei Menschen, die narzisstisch missbraucht werden, sind sie an einem komplexen biochemischen Vorgang beteiligt, der zu einer körperlichen Abhängigkeit führt. Dieser Prozess läuft folgendermaßen ab: Menschen reagieren auf verschiedenste Reize mit unterschiedlichen emotionalen Reaktionen, an die sie sich im Lauf des Lebens gewöhnt haben. Für jeden dieser emotionalen Zustände produziert das Zwischenhirn Peptide genannte Eiweißverbindungen, die im Blutkreislauf durch den ganzen Körper bis zu den Zellen geschickt werden. Als Boten geben sie ein bestimmtes Signal ab, auf das die Zellen in gewohnter, erlernter Weise reagieren. Wir nehmen dies als starke, körperlich spürbare Emotionen wahr, beispielsweise als überbordende Freude, die einem das »Herz aufgehen lässt«, oder als Angst, bei der einem der kalte Schweiß ausbricht. In der Fachsprache nennt man diese Phänomene somatische Marker, was so viel heißt wie körperliche Kennzeichen.

Je mehr die Körperzellen mit bestimmten Peptiden versorgt werden, desto stärker gehen diese ihnen ab, wenn sie ausbleiben. Diesen Mangel »funken« die Zellen zurück an das Gehirn. Unbewusst wollen sich Menschen deshalb immer wieder in Situationen begeben, in denen die von den Zellen ersehnten Peptide gebildet werden. Und auch diese Entwicklung kann suchtartige Züge annehmen.

Genau an dieser Stelle kommt der psychische Missbrauch durch NarzisstInnen ins Spiel: Sie reißen immer wieder die emotionalen Verletzungen anderer Menschen auf, um sie so zu → manipulieren. Dadurch lösen sie auch die starken Gefühle aus, die ihnen zusammen mit ihren inneren Wunden einprogrammiert wurden, zum Beispiel Hilflosigkeit, Furcht oder das Gefühl der Minderwertigkeit. Auf diese Weise werden die Zellen mit den damit verbundenen Peptiden versorgt, nach denen die Betroffenen schon zuvor unbewusst süchtig waren, selbst wenn diese Emotionen negativ und mit Leid behaftet sind.

FALLBEISPIEL

Nach meiner Trennung von C., als das ganze Ausmaß seines Betrugs deutlich wurde, fühlte ich mich, als ob meine Seele vergewaltigt worden wäre. Ich war am Boden zerstört und litt in einem Maße unter der Trennung, wie ich es mir nie hätte vorstellen können. Meine seelischen Qualen äußerten sich auch körperlich: Ich konnte meinen Oberkörper nicht mehr vorbeugen, weil mich dann starke Schmerzen in der

Brust durchzuckten, als ob mir ein Speer hineingerammt würde. Ich musste erfahren, was es heißt, wenn einem das Herz gebrochen wird. Es dauerte einige Zeit, bis ich aus diesem Zustand mithilfe einer Therapie, Sport und viel Ruhe wieder herauskam. Aber es schockiert mich noch immer, wenn ich heute daran zurückdenke.

Was tun?

Der emotionale und körperliche Entzug nach der Trennung von einem narzisstischen Menschen kann für Betroffene kaum auszuhalten sein. In dieser Phase brauchen die meisten die Unterstützung ihres → Umfelds – im schlimmsten Fall, um diese Phase zu überleben.

Psychische und körperliche Leiden verstärken sich in dieser Phase noch einmal, Körper und Seele sind erschöpft und auch anfällig für neue Erkrankungen. Deshalb ist es unendlich wichtig, dass man sich so gut wie möglich um die → Gesundheit kümmert und → Selbstfürsorge betreibt.

Ganz wichtig ist auch, so wenig Kontakt wie möglich zu der narzisstischen Person zu haben – am besten gar keinen.

Persönlicher Kommentar

Mein Leben fiel buchstäblich in Trümmer, als ich merkte, womit ich es zu tun hatte: mit dem zerstörerischen Einfluss eines Narzissten. Es kostete Mut, mir einzugestehen: Ich bin jetzt ganz unten. Gleichzeitig realisierte ich, es kann von hier nur noch aufwärtsgehen.

Trennung – praktisches Vorgehen

Die Trennung von einem narzisstischen Menschen ist unendlich schwierig. Die Betroffenen stehen häufig unter Schock, durchleben einen seelischen und körperlichen Entzug, der ihnen psychisch und physisch alles abverlangt, werden von → Scham- und → Schuldgefühlen gequält und fallen in ein tiefes Loch der → Verzweiflung.

Die Emotionen kochen in dieser Phase aber auch bei den NarzisstInnen hoch; sie verspüren insbesondere → Wut über die narzisstische Kränkung, wenn sie die Beziehung nicht von sich aus gelöst haben, → Angst, ihre sichere Quelle der → narzisstischen Zufuhr zu verlieren, und Ärger über drohende → finanzielle Einbußen. Unabhängig davon, ob sie verlassen worden sind oder ob sie selbst die Beziehung gelöst haben: Mit wenig oder ohne → Empathie für die andere Person oder ggf. für die → Kinder werden sie in vielen Fällen versuchen, das beste Ergebnis für sich zu erzielen, indem sie → Kontaktabbrüche ignorieren, → lügen, das → Umfeld zum Beispiel durch Rufmordkampagnen → manipulieren, mit allen Tricks und Finessen bei Behörden, Institutionen und vor Gericht für ihren Vorteil kämpfen, drohen, einschüchtern und auch zu körperlicher → Gewalt greifen. Es wird gekämpft um jeden Preis, sei es um Geld, um gemeinsamen Besitz oder die Umgangsregeln mit den Kindern, selbst wenn sie an diesen gar nicht interessiert sind.

Betroffene sollten sich also auf alles gefasst machen, was sie sich vorstellen können – und auch auf einiges, was sie sich (noch) nicht vorstellen können. Suchen Sie sich deshalb → Hilfe bei Profis, Behörden und Institutionen sowie Unterstützung von Ihrem → Umfeld, Sie werden sie brauchen.

Was tun?

Machen Sie sich immer wieder in aller Deutlichkeit klar, warum Sie die Beziehung lösen:

Sie leiden psychisch, und auch Ihre körperliche → Gesundheit ist angeschlagen.

- » Sie erleben Gewalt, die sich jederzeit steigern kann.
- » Sie machen sich Sorgen um Ihre Kinder.
- » Sie fürchten, dass Sie sich umso schwerer lösen können, je länger die Beziehung andauert.

Machen Sie sich auch immer wieder in aller Deutlichkeit klar, was Sie durch die Trennung gewinnen:

- » Sie finden → Heilung.
- » Ihre Lebenssituation verbessert sich, selbst wenn Sie finanzielle Einbußen hinnehmen müssen.
- » Die Lebensumstände Ihrer Kinder verbessern sich.

Und es kann nicht oft genug gesagt werden: Wenn Sie körperliche Gewalt erleiden, verlassen Sie die Person zusammen mit Ihren Kindern so schnell wie möglich.

Die Trennung vorbereiten

Was macht Ihnen Angst? Was macht Ihnen Sorgen? In welchen Bereichen fühlen Sie sich unsicher? Was erwartet Sie nach einer Trennung oder Scheidung? – An erster Stelle stehen Information und Beratung. Dabei können Sie auch nach der Methode des → Grauen Fels heimlich vorgehen, sodass Ihr Partner oder Ihre Partnerin von Ihrem Vorhaben nichts erfährt.

- Lassen Sie sich rechtlich beraten. Wenden Sie sich dazu an juristische Profis, die nicht mit der narzisstischen Person in Verbindung stehen, also beispielsweise nicht an den gemeinsamen Familienanwalt. Suchen Sie sich am besten JuristInnen, die Erfahrung mit NarzisstInnen haben. Fragen Sie zum Beispiel in → Selbsthilfegruppen oder Onlineforen, ob Ihnen jemand empfohlen werden kann. Juristische Beratung und Unterstützung bieten zudem die Behörden und Institutionen, die unter den Stichwörtern »Hilfe«, »Gewalt«, »Kinder« und »Finanzen« angeführt sind. Hier werden Sie genau an die Beratungsstellen weitergeleitet, die mit der Problematik Trennung, Scheidung und Sorgebzw. Umgangsrecht befasst sind und Ihnen bestmöglich helfen können. Diese bieten ihre Dienste auch an, wenn man sich anonym an sie wendet. Und sie behandeln alles, was Sie mit ihnen besprechen, vertraulich, sodass der Partner oder die Partnerin nicht erfährt, dass Sie sich informiert und um Hilfe gebeten haben. Fragen Sie im Vorfeld immer, ob die Betreffenden Erfahrung mit NarzisstInnen haben, betreiben Sie gegebenenfalls → Aufklärung oder bitten Sie darum, dass Sie jemand berät, der diese Erfahrung aufweist. Erarbeiten Sie zusammen mit den juristischen Profis, welche Möglichkeiten Ihnen offenstehen und welche Schritte Sie in der Folge unternehmen können. Auch dies kann bei Behörden und Beratungsstellen anonym vorbereitet werden.
- Regeln Sie Ihre Finanzen.

- Stellen Sie sicher, dass Sie nach der Trennung samt Ihren Kindern sofort unterkommen – im Freundeskreis, bei Familienmitgliedern, in einer neu angemieteten Wohnung, gegebenenfalls in einem Frauenhaus oder Ähnlichem.
- Suchen Sie auch im Privatbereich nach Unterstützung. Eine Trennung, zumal wenn sie heimlich und schnell erfolgen soll und/oder Kinder betroffen sind, ist immer schwerer zu bewerkstelligen, wenn man ganz auf sich allein gestellt ist. Auch wenn Sie weitgehend → sozial isoliert sind: Vielleicht gibt es ja noch eine enge Freundin, einen engen Freund oder Familienangehörige, die Sie zwar lange nicht mehr kontaktiert haben, die aber trotzdem bereit sind, Ihnen in Ihrer Notsituation zu helfen.
- Wenn Sie nicht möchten, dass der Partner oder die Partnerin mit Ihnen → Kontakt aufnehmen kann: Schärfen Sie allen, die von Ihren Plänen wissen und Ihren Aufenthaltsort nach der Trennung kennen, ein, dass sie diese Informationen weder an die betreffende Person noch an Personen aus deren Umfeld weitergeben.
- Holen Sie sich schon bei der Trennungsvorbereitung und nach der Trennung die Fachkräfte mit ins Boot, die mit Ihren Kindern zu tun haben. Informieren Sie die Angestellten in der Kindertagesstätte und das Lehrpersonal, pochen Sie dabei auf Vertraulichkeit. In Deutschland haben solche Fachkräfte Schweigepflicht, sie dürfen den Partner oder die Partnerin in solchen Fällen nicht informieren. Bitten Sie sie um Rückmeldung, wenn sie am Kind ein auffälliges Verhalten feststellen. Das ist gegebenenfalls wichtig für die therapeutische Unterstützung und/oder die Jugendhilfe – und auch die Fachkräfte können besser auf die Kinder eingehen, wenn sie Bescheid wissen.

» Halten Sie Ihre Kinder je nach Alter so lange wie möglich von den Trennungsvorbereitungen fern – das raten Fachkräfte. Kinder merken zwar, dass etwas nicht stimmt, aber wenn man sie schon im Voraus mit solchen Entscheidungen konfrontiert, machen sie sich unnötig Sorgen über Dinge, die sie gar nicht regeln können und die Aufgabe der Eltern sind. Sie sind psychisch überfordert. Wenn die räumliche Trennung ansteht, ist es insbesondere bei kleineren Kindern oft besser, wenn man nicht sagt, dass man auszieht – man fährt beispielsweise für einige Tage zur Oma. Lassen Sie sich schon im Vorfeld professionell beraten, wie Sie am besten vorgehen. Wenn die räumliche Trennung erfolgt ist, erklären Sie dann, unter Umständen auch mit der Unterstützung von Fachkräften, Ihren Kindern altersgemäß und kindgerecht die Situation.
» Bereiten Sie die Trennung so gut wie möglich vor. Je besser sie organisiert ist, desto leichter können Sie sie vollziehen – auch zum Wohl der Kinder. Auf diese Weise verringern Sie zudem die Möglichkeiten Ihres narzisstischen Partners oder Ihrer Partnerin, Ihnen Steine in den Weg zu legen und Sie von der Trennung abzuhalten.

Wenn Sie verlassen wurden, gelten die obigen Ratschläge natürlich auch: juristische Beratung und Hilfe suchen, Finanzen regeln, Unterstützung aus dem Umfeld annehmen, die Kinder schützen, den Kontakt auf ein Minimum reduzieren.

Nach der Trennung

Nach der räumlichen Trennung haben viele Betroffene noch einen schwierigen Weg vor sich, der ihnen seelisch und körperlich häufig Enormes abverlangt. Schieben Sie deshalb Scheidungsprozesse, die Gestaltung der Umgangsregeln mit den Kindern, Eigentumsvereinbarungen und güterrechtliche Schritte möglichst so lange auf, bis Sie sich wieder stark und ausgeglichen fühlen. Wenn Sie noch unter Schock stehen, traumatisiert sind oder Angst- und Rachegefühle hegen, können Sie, so die Erfahrung, gegenüber manipulativen NarzisstInnen nur verlieren. Welchen Weg auch immer Sie wählen, versuchen Sie stets, aus einer Situation der inneren Stärke und Überzeugung heraus zu agieren.

Was Sie ablehnen oder vermeiden sollten, sind die folgenden Dinge:

» Eine Mediation zur Stabilisierung der Partnerschaft und Familie oder eine Paartherapie. Diese Ansätze sind nur sinnvoll, wenn beide Parteien gewillt sind, die gemeinsame Situation zu verbessern. Bei NarzisstInnen ist dies nicht der Fall.
» Eine Mediation bei Trennung und Scheidung. Auch sie ist nur sinnvoll, wenn alle Beteiligten nach der besten Lösung für alle suchen und sich gütlich einigen wollen. Mit NarzisstInnen ist dies in der Regel jedoch nicht möglich. Sie werden höchstens die MediatorInnen so → manipulieren, dass es dem Partner oder der Partnerin zum Nachteil gereicht.
» Personen aus dem Umfeld, die einem raten, dass man es doch noch einmal probieren solle. Sie sind häufig von der narzisstischen Person geblendet oder manipuliert. Auch fehlt ihnen in der Regel die fachliche Distanz, um die Situation richtig einschätzen zu können. Ab einem gewissen Punkt muss man auf sein → Bauchgefühl hören und seinen Weg ohne den Partner oder die Partnerin gehen, alles

andere ist sinnlos. Bessere Hilfe und Unterstützung erhält man in solchen Fällen von Profis.

» Kontakt mit der narzisstischen Person. Es ist empfehlenswert, den Kontakt zur narzisstischen Person ganz oder zumindest weitestmöglich zu vermeiden.

Persönlicher Kommentar

Ein neues, eigenes Leben aufzubauen ist das Beste, was ich je im Leben erreicht habe. Es brauchte Mut, viel Mut. Es dauerte lange, bis ich begriffen hatte: Ich bin nicht schuld, ich bin aber verantwortlich für mich und mein weiteres Leben.

Umfeld

Kein Mensch ist eine Insel. In der Regel gibt es zumindest eine Person in seinem Umfeld, an die er sich wenden und der er genügend vertrauen kann, um sich ihr gegenüber zu öffnen, sei es in der Familie, im Freundes-, Bekannten- oder Kollegenkreis. Selbst wer unter extremer → sozialer Isolation leidet, kann professionelle → Hilfe finden. Unterstützung von außen ist unendlich wichtig, um sich von einer narzisstischen Person zu lösen und den Weg der → Heilung zu beschreiten. Dennoch sollten Betroffene auch darauf gefasst sein, dass ihr Umfeld mangels → Aufklärung nicht die → Gewalt erkennt, der sie ausgesetzt sind, und nicht versteht, dass sie Opfer → narzisstischen Missbrauchs sind. Das gilt leider auch für viele Personen, die Betroffene im Rahmen ihres Berufs unterstützen sollen, wie medizinisches und psychologisches Fachpersonal, Fachkräfte bei Jugend- und Sozialämtern, bei Polizei und Gerichten. Es kommt deshalb immer wieder vor, dass das private und professionelle Umfeld das Leiden der Betroffenen aus Unwissenheit nicht ernst nimmt und → bagatellisiert.

Bisweilen reagieren Menschen aus dem näheren Umfeld, der Familie, Freundes- und Kollegenkreis, auch deshalb erst einmal ungläubig, weil sie schockiert und überfordert sind. Und manche möchten die Wahrheit vielleicht nicht für sich zulassen, weil sie das Gefühl haben, damit auch ihr eigenes Verhalten hinterfragen zu müssen: Hätte ich es nicht erkennen müssen? Hätte ich mich anders verhalten müssen? Habe ich unfreiwillig dazu beigetragen? Narzisstischer Missbrauch erfordert in der Regel auch für das Umfeld der Betroffenen einen Lern- und Erkenntnisprozess.

Und nicht zuletzt kommt es sehr häufig vor, dass das Umfeld von der narzisstischen Person so gekonnt → manipuliert und belogen wird, dass es sich auf deren Seite schlägt. Dies kann so weit führen, dass sich die narzisstische Person selbst erfolgreich als Opfer stilisiert, das angeblich unter den Lügen, Intrigen und psychischen Schwächen der Person leidet, die in Wahrheit das Opfer ist. Verkehrte Welt! In einer solch frustrierenden, ausweglos erscheinenden Situation ist es für die Betroffenen besonders schwer, sich zu öffnen, ernst genommen zu werden und Unterstützung zu finden.

Im Gegenzug kann es aber auch sein, dass Personen aus dem Umfeld die Situation erkennen, aber nicht zum Opfer durchdringen. Nicht selten können und wollen Betroffene den Missbrauch nicht wahrhaben, bagatellisieren die damit verbundene Gewalt und ihre → gesundheitlichen Folgen und sind nicht bereit, auch nur einen Gedanken in diese Richtung zuzulassen, sei es aus → Scham, aus → Angst oder weil sie bis in die letzte Faser ihrer Existenz von der narzisstischen Person manipuliert wurden.

FALLBEISPIEL

Einige wenige sehr gute Freunde und mir nahestehende Familienangehörige merkten lange vor mir, dass etwas mit meiner Beziehung mit M. nicht stimmte. Doch wenn sie nur den kleinsten Versuch starteten, mir gegenüber etwas in diese Richtung anzudeuten, machte ich total zu. Erst als ich mich von ihm getrennt hatte, verstand ich endlich, dass ich mit einem extremen Narzissten verheiratet gewesen war, und konnte im Nachhinein die Zeichen deuten. In Gesprächen erfuhr ich erst später, dass ein Teil meines nahen Umfelds meinen narzisstischen Ehemann schon immer als Blender eingeschätzt hatte. Die Betreffenden hielten jedoch den Kontakt aufrecht, weil sie mich nicht verlieren wollten.

Was tun?

Betreiben Sie in Ihrem Umfeld → Aufklärung, auch mithilfe von Büchern, Filmen, Blogs, Webseiten. Möglicherweise werden Sie nicht alle sofort oder nach kurzer Zeit überzeugen können. Geben Sie nicht auf, auch wenn es schwerfällt. Es ist wichtig, dass andere Ihre Situation verstehen. Entscheidend ist, dass man → Schuldgefühle vermeidet.

Manche NarzisstInnen sind charismatisch und sehr charmant und versammeln eine regelrechte Entourage um sich. Hier kann es schwer oder gar unmöglich sein, aufzuklären, um so Verständnis und Unterstützung zu finden. Konzentrieren Sie sich auf die Menschen in Ihrem privaten Umfeld, von denen Sie einfühlsame Hilfe erwarten können. Dies gilt auch für alle, die im weitesten Sinn in medizinisch-therapeutischen Berufen arbeiten und zu denen Sie sich in Behandlung begeben.

Wenn eine betroffene Person sich Ihnen gegenüber öffnet, ist Folgendes wichtig:

» Hören Sie der Person zu! Seien Sie offen für alles, was sie Ihnen erzählt.
» Bestätigen Sie ihr, dass Sie ernst nehmen, was sie Ihnen erzählt. Bagatellisieren oder stellen Sie nichts in Abrede, was Sie vielleicht nicht glauben können. Informieren Sie sich gegebenenfalls über das Thema, wenn Sie darüber nicht Bescheid wissen.
» Stehen Sie der betroffenen Person bei und helfen Sie ihr, Hilfe sowie ärztliche und therapeutische Unterstützung zu finden.
» Seien Sie absolut zuverlässig! Spielen Sie nie und auf keiner Weise der narzisstischen Person in die Hände. Geben Sie deshalb niemals Informationen weiter, die diese für sich nutzen könnte. Unterlaufen Sie beispielsweise auch nie das Kein-Kontakt-Gebot.
» Helfen Sie der betroffenen Person bei drohender oder akuter Gefährdung, dass sie Sicherheit findet.

Wenn Sie als Person aus dem Umfeld eines Opfers → narzisstischen Missbrauch und → Gewalt erkennen:

» Versuchen Sie vorsichtig, die betroffene Person darauf anzusprechen. Stellen Sie sich darauf ein, dass diese selbst möglicherweise die Situation noch gar nicht erkannt hat, sie bagatellisiert oder leugnet. Signalisieren Sie, dass Sie für sie da sind.

- Setzen Sie die betroffene Person nicht unter Druck, denn das kann genau das Gegenteil der beabsichtigten Wirkung zur Folge haben. Anstatt sich zu öffnen, zieht die betroffene Person sich noch mehr zurück oder bricht den Kontakt ab. Stellen Sie beispielsweise keine Warum-Fragen (Warum lässt du dir das gefallen? Warum trennst du dich nicht von ihm/ihr? Warum gehst du zu ihm/ihr zurück?). Durch solche Fragen zwingt man die Person, sich zu rechtfertigen – ein absolut kontraproduktives Vorgehen. Signalisieren Sie stattdessen, dass Sie die Situation erkannt haben und bereitstehen, wenn die betroffene Person Hilfe braucht und sucht.
- Wenn die betroffene Person sich immer mehr zurückzieht, geben Sie nicht auf, sondern versuchen Sie, weiterhin mit ihr Kontakt zu halten.
- Wenn die betroffene Person sich ein Leben außerhalb der Beziehung nicht vorstellen kann oder Angst hat, die Beziehung zu beenden: Machen Sie ihr Mut und zeigen Sie ihr die für sie bestehenden Möglichkeiten auf. Seien Sie geduldig, denn in den seltensten Fällen führen Betroffene diesen schweren Schritt schnell aus, auch wenn ihnen ihre Situation klar geworden ist.
- Helfen Sie der betroffenen Person bei drohender oder akuter Gefährdung, dass sie Sicherheit findet.

Persönlicher Kommentar

Verlieren Sie nicht den Mut und nicht die Hoffnung. Sie sind nicht allein. Zum Umgang mit dem Umfeld können oft auch → Selbsthilfegruppen und Onlineforen wertvolle Unterstützung bieten.

Verletzungen, seelische

Bei der Ausbildung unserer inneren Identität und Persönlichkeit spielen die Botschaften, die wir ab der frühesten Kindheit von unseren Bezugspersonen erhalten, eine entscheidende Rolle. Sie sind in großem Maß mit dafür verantwortlich, ob wir psychisch eher resilient – widerstandsfähig – oder vulnerabel – verletzlich – sind. Durch diese Botschaften, die wir als Kinder schlicht als wahr empfinden, entwickeln wir Überzeugungen, Wertvorstellungen und Verhaltensmuster, die wir verinnerlichen. Wir stellen sie nie infrage und lassen uns auch als Erwachsene noch unbewusst davon steuern.

Wenn diese Botschaften verletzend sind, reißen sie tiefe Wunden in die Seele. Menschen mit solchen seelischen Verletzungen entwickeln häufig Selbstzweifel und → Ängste, negative innere Überzeugungen und Skripte. Die Verletzungen belasten ihr Fühlen und Handeln wie ein schwarzer Schatten, ohne dass sie es selbst merken. Ein Beispiel hierfür sind Menschen, die sich unbewusst für wertlos und nicht liebenswert halten, weil sie als Kinder nicht um ihrer selbst willen geliebt wurden, sondern nur durch ein bestimmtes Verhalten oder durch ihre Leistungen Aufmerksamkeit und Anerkennung erhielten. Sie wurden innerlich darauf programmiert. Diese selbstabwertende innere Überzeugung beeinflusst ihr Verhalten und ihre Selbsteinschätzung auch als Erwachsene: Egal, wie beliebt, intelligent und fähig sie auch sein mögen, sie fühlen sich nur durch die Anerkennung anderer bestätigt. Die Suche nach Bestätigung wird für sie zu einem Lebensziel, für das sie sich bis zur völligen Selbstaufgabe einsetzen können.

Damit stehen sie im Gegensatz zu NarzisstInnen, die ihre

äußere Bestätigung auf Kosten anderer zu erreichen suchen – und dafür auch tief verborgene Verletzungen des »inneren Kindes« anderer Menschen missbrauchen. Für NarzisstInnen sind diese seelischen Wunden wie weit geöffnete Tore, durch die sie in die Seele und den Geist anderer eindringen. Sie nutzen sie, um andere zu → manipulieren und emotional von sich abhängig zu machen. Und sie reißen sie nach Bedarf immer wieder auf, um diese Abhängigkeit aufrechtzuerhalten.

In den tiefen Schichten unserer Psyche haben wir alle seelische Verletzungen, die wir seit frühester Kindheit mit uns herumtragen. Besonders → anfällig für NarzisstInnen, → narzisstischen Missbrauch und → kollusives Verhalten sind jedoch Menschen mit folgenden inneren Skripten:

Menschen, die ein äußerst ausgeprägtes Verantwortungsgefühl gegenüber anderen besitzen. Zu dieser Gruppe zählen häufig Menschen, die schon früh lernen mussten, Verantwortung für andere zu übernehmen, um dadurch Anerkennung zu erhalten. Sie sind aufgrund ihrer → Empathie, Hingabe und Opferbereitschaft sehr anfällig für NarzisstInnen. Diese können solche »Hochverantwortlichen« leicht manipulieren, indem sie ihnen → Schuldgefühle für die Probleme in der Beziehung und generell für alle Pannen im Leben einimpfen. Die Betroffenen setzen sich im Gegenzug bis zur Selbstaufgabe ein, um die Beziehung und ihren narzisstischen Partner oder ihre narzisstische Partnerin zu retten.

Menschen, die davon überzeugt sind, dass sie innere Sicherheit nur durch äußere Quellen erlangen können. Dieses Skript tragen sehr viele Menschen in sich: Es ist die Vorstellung der → idealen Partnerin bzw. des idealen Partners als Quelle für Ansehen, materielle Sicherheit, Wertschätzung und Status. NarzisstInnen können sich perfekt den Anschein geben, genau der Märchenprinz oder die Märchenprinzessin zu sein, von dem ihr Gegenüber träumt. Die Betroffenen, die dieser Illusion verfallen sind, unternehmen alles, um die scheinbare Traumbeziehung aufrechtzuerhalten – selbst wenn diese sich schon längst in einen Albtraum verwandelt hat. Sie sind voller Angst, verlassen zu werden und (wieder) allein zu sein. Sie sind überzeugt, dass sie ihr Leben nur mit der Hilfe eines Partners oder einer Partnerin schaffen.

Menschen, deren → Selbstwertgefühl auf der Anerkennung basiert, die sie von außen erhalten. Viele Menschen, die in der Kindheit keine oder kaum Anerkennung erhalten haben, wenden später sehr viel Energie auf, um Bestätigung von anderen zu erlangen. Meist sind sie sehr leistungsbereit, doch sie lassen sich auch leicht ausbeuten. Sie sind äußerst anfällig für → Love Bombing.

Menschen, deren Selbstwertgefühl auf der Zustimmung basiert, die sie von anderen erhalten. Diese Menschen sind stark darauf bedacht, sich »richtig« zu verhalten und anderen ihre Integrität, ihre guten Absichten, ihre Ehrlichkeit oder ihre Gutmütigkeit zu beweisen. Sie sind besonders anfällig dafür, sich durch (haltlose) Beschuldigungen von narzisstischen PartnerInnen manipulieren zu lassen – sogar bis zum psychischen Zusammenbruch.

Menschen, die loyal und treu bis zur Selbstaufgabe sind. Zu dieser Gruppe zählen einsame, anlehnungsbedürftige Menschen, die sich tendenziell für andere aufopfern und nie gelernt haben, Nein zu sagen, Grenzen zu setzen und sich selbst durchzusetzen. Häufig sind dies Menschen, die in der Kindheit misshandelt oder vernachlässigt wurden. Viele von ihnen leiden unter → Suchterkrankungen oder haben andere psychische Probleme. Hier erscheint die narzisstische Person oft als rettende Lichtgestalt – ein katastrophaler Trugschluss.

FALLBEISPIEL

L. hatte mir zu Beginn unserer Beziehung viele offensichtliche Lügen über sein Vorleben erzählt. Aber ich blieb mit ihm zusammen, obwohl er mich zahllose Male betrog, mein Vertrauen missbrauchte und mich einfach grässlich behandelte. »Wie sollst du ohne ihn leben – ohne ihn bist du nichts!«, sagte ich mir. »Du wirst nie mehr einen anderen Partner finden, und dann bist du für immer allein …« Eine kleine, gemeine Stimme tief in meinem Inneren übertönte die Warnungen, die mir Verstand und Bauchgefühl zuriefen. Ich hatte so große Angst vor dem Alleinsein, dass es mir unvorstellbar schien, ihn zu verlassen. Und damit er mich nicht verließ, ordnete ich mich unter, kämpfte nicht für mich und forderte auch keinen Respekt ein. Obwohl unsere Beziehung eine Katastrophe für mich war, war ich weder bereit noch fähig, sie zu beenden.
Erst nachdem er mich verlassen hatte, wurde mir in der Therapie klar, dass ich schon als Kind darauf getrimmt worden war, andere zu unterstützen und mich und meine Bedürfnisse hintanzustellen. Ich hatte immer das Gefühl gehabt, dass es mir nicht zustand, Ansprüche an andere zu stellen. Mit einer solchen unbewussten Einstellung ist man natürlich Wachs in den Händen eines manipulativen Narzissten. Aber sobald ich sie einmal erkannt hatte, wurde ich meine Selbstzweifel und negativen Überzeugungen ganz leicht los – es war befreiend.

Was tun?

Warum bin ich auf einen narzisstischen Menschen hereingefallen? Warum habe ich nicht erkannt, welches böse Spiel mit mir gespielt wurde? Warum habe ich selbst mitgespielt? Warum konnte ich mich nicht wehren? Warum konnte ich mich nicht lösen? Warum ...?

Solche Fragen schwirren Betroffenen immer wieder durch den Kopf, und sie können sie unendlich quälen und mit ungerechtfertigten → Scham- und → Schuldgefühlen belasten. Es ist entscheidend für die → Heilung, dass man → Selbstverantwortung übernimmt und sich auf Ursachensuche begibt, um Antworten zu finden.

Dazu gehört, sich über Narzissmus zu informieren, um das Verhalten und das Vorgehen des Menschen zu verstehen, der einem all dies Leid zugefügt hat. Es ist jedoch genauso wichtig, die eigenen tief sitzenden Verletzungen aus der Kindheit zu erkennen, die der narzisstische Mensch für seine Zwecke missbrauchen konnte. Die Erfahrungen von zahllosen Betroffenen bestätigen, dass man die Folgen des narzisstischen Missbrauchs erst überwinden und heilen kann, wenn man die eigenen negativen Überzeugungen erkennt, annimmt und transformiert. Kurz gesagt: Um neue Wunden heilen zu können, muss man erst die alten kurieren.

Die seelischen Verletzungen aus der Kindheit aufzuspüren und sich bewusst zu machen kann eine schwierige, schmerzhafte Reise in die tiefsten Bereiche der Psyche erfordern. Am besten unternimmt man sie im Rahmen einer → Therapie.

Wen dies erst einmal abschreckt, der sollte sich vor Augen halten, was er dadurch gewinnen kann. Die Heilung der seelischen Verletzungen hilft, die eigenen Grenzen kennenzulernen und selbst Grenzen setzen zu können. So wird die Fähigkeit zur Selbstliebe gefördert. Menschen, denen es gelungen ist, sich ihren inneren Verletzungen zu stellen und diese zu heilen, sind in der Lage, sich von blockierenden Überzeugungen und Verhaltensmustern zu befreien. Sie gewinnen so die Fähigkeit, für beide PartnerInnen befriedigende Beziehungen auf Augenhöhe zu führen. Sie können Probleme und Krisen gelassener und besser bewältigen und sind weitaus weniger gefährdet, noch einmal von einem narzisstischen Menschen missbraucht zu werden.

Persönlicher Kommentar

Die Beschäftigung mit den eigenen seelischen Verletzungen, Sehnsüchten, Ängsten und Schwächen ist harte Arbeit, die einem niemand abnehmen kann. Doch sie birgt auch eine große Chance. Wenn es gelingt, diese Wunden aufzuspüren und zu heilen, übersteht und heilt man nicht nur die Folgen des narzisstischen Missbrauchs, sondern kann auch an dem Erlebten wachsen. Man zimmert sich die Grundlage für ein glücklicheres Leben, indem man es schafft, sich selbst zu vergeben (→ Forgiveness) und im Rahmen des → Coming Home ein stärkeres, authentisches Selbst zu entwickeln, das keine große Bestätigung mehr von außen mehr braucht (→ Selbstwertgefühl). Man lernt endlich, sich als die Person, die man ist, zu schätzen, und gewinnt eine neue Basis, um sich weiterzuentwickeln.

Vertrauen und Vertrauensbruch

Gegenseitiges Vertrauen ist entscheidend für gelungene Beziehungen. Es ist wichtig, dass wir sicher davon ausgehen können, dass uns ein anderer Mensch die Wahrheit sagt, unsere engste Privatsphäre gegenüber anderen schützt, sich an Absprachen hält und uns nicht schaden möchte.

Für narzisstische Menschen ist Vertrauen jedoch eine Größe, die in ihrer Lebenswirklichkeit nicht vorhanden ist. Wie → Lügen ist für sie auch Vertrauensbruch ein gängiges Verhalten, und die dahinterstehende Absicht ist die gleiche: Kontrolle und Abwertung, das Erzielen von Vorteilen und das Erlangen → narzisstischer Zufuhr. Sehr häufig saugen NarzisstInnen wie ein Schwamm intime Informationen über andere auf, um sie für ihre Zwecke zu verwenden, und sie genießen es, wenn sie andere dadurch → manipulieren können.

Aufgrund ihrer mangelnden → Empathie haben sie in der Regel kaum oder keine Skrupel, andere zu verletzen, indem sie gezielt ihre Geheimnisse oder Schwächen verraten und ausnutzen. Und sie haben kein schlechtes Gewissen, wenn sie Menschen, die ihnen vertrauen, bestehlen oder → sexuell betrügen. Im Gegenzug sind NarzisstInnen meist äußerst misstrauische Menschen, da sie davon ausgehen, dass andere mit dem Vertrauen, das ihnen geschenkt wird, genauso zerstörerisch umgehen.

FALLBEISPIEL

Vor meiner Mutter war nichts sicher – Tagebücher, Briefe, Telefonate … Sie wollte immer auf eine extrem übergriffige

Weise wissen, was mit uns los war. Mit den Informationen ging sie vollkommen willkürlich um, so wie sie es für sich gut fand. Auf unsere Gefühle nahm sie dabei keine Rücksicht. Als meine Schwester in der Pubertät war und sich von der Familie langsam ein wenig löste, passte das meiner Mutter gar nicht. Als »Strafe«, so denke ich mir das im Nachhinein, las sie der versammelten Familie aus dem Tagebuch meiner Schwester vor und machte sich darüber lustig. Und auch die Briefe, die mein Bruder von seiner Freundin bekam, waren vor ihr nicht sicher. Er erhielt sie erst, wenn sie sie gelesen hatte – sie hatte die absolute Kontrolle.

Was tun?

Wenn Sie im privaten → Umfeld oder in der Arbeit die Erfahrung gemacht haben, dass Ihre Informationen nicht so vertraulich behandelt werden, wie Sie es für richtig halten, oder gar gegen Sie verwendet werden: Ziehen Sie die Konsequenz und lassen Sie der entsprechenden Person so wenig persönliche Informationen wie möglich zukommen.

Insbesondere während der → Trennung ist es wichtig, den narzisstischen ExpartnerInnen möglichst keine persönlichen Informationen zukommen zu lassen. Sie werden sie immer als Munition verwenden. Auch deshalb ist es äußerst wichtig, keinen oder nur geringen → Kontakt zu halten.

Verzweiflung überwinden

siehe Hoffnung

Wut und Aggression

Gerade noch Dr. Jekyll – und plötzlich Mr. Hyde: Wie die Hauptperson in Robert Louis Stevensons Novelle können NarzisstInnen ohne Vorwarnung vor Wut explodieren. Diese Wutgewitter ziehen häufig urplötzlich am Himmel auf und entladen sich unkontrolliert über andere Menschen – verbal und nicht selten auch in tätlichen Angriffen.

Die mörderische Wut, die NarzisstInnen auszeichnet, steigt in ihnen auf, sobald sie eine Kränkung erleben, die ihr schwaches → Selbstwertgefühl erschüttert. Dabei spielt es keine Rolle, ob diese Kränkung vermeintlich oder tatsächlich geschehen ist. Wer mit der Wut von NarzisstInnen konfrontiert wird, kann die Ursache oft gar nicht nachvollziehen: eine vollkommen harmlose Kritik, die allzu häufig gar keine war, eine kleine Abweichung im gewünschten Verhalten, ein winziger Fehler … Wir alle erleben immer wieder Kränkungen und reagieren darauf mit Wut und → Scham, doch narzisstische Menschen erleben diese Gefühle mit unvergleichlicher Intensität. Wer sie kränkt, ist der Feind. Absolut, ohne Abstufung und Zwischentöne. Die Wut der NarzisstInnen ist auch deshalb so extrem, weil es ihnen an → Empathie mangelt. Sie können sich kaum oder gar nicht in diejenigen einfühlen, die sie (vermeintlich) beleidigt haben, und diese als Personen mit eigenständigen Beweggründen, Wünschen und Einstellungen verstehen. Sie sehen sie als fehlerhafte Teile ihres erweiterten Selbst, wie es in der Fachsprache heißt. Die »Fehler« der anderen erscheinen ihnen wie Störungen im narzisstischen Ich-Universum, die unbedingt ausgemerzt werden müssen.

Die Wut des Mr. Hyde ist ein typisches und besonders erschreckendes Charakteristikum von NarzisstInnen. Sie ist gewaltig, und für ihre Adressaten in Familien und Beziehungen bedeutet sie pure → Gewalt. »Sie schrie mich an, sobald etwas nicht nach ihrem Kopf ging.« – »Er beschimpfte mich auf unglaubliche Weise, immer und immer wieder.« – »Sie warf mit allem nach mir, was ihr in die Hände fiel.« – »Irgendwann begann er, mich zu schlagen.« Die Beschreibungen von Betroffenen ähneln sich teils bis aufs Wort, und auch ihre Reaktion ist häufig gleich: Um den Attacken zu entgehen, nehmen sich Betroffene vollständig zurück, wobei auch Schamgefühle eine Rolle spielen. Sie schämen sich für das Verhalten ihres narzisstischen Gegenübers, aber auch dafür, dass sie seiner Wut nichts entgegensetzen können. Durch die Attacken zutiefst verunsichert, lassen sie sich durch diese Gefühle und nicht zuletzt durch ihre → Angst leicht → manipulieren und kontrollieren.

NarzisstInnen erleben intensive Wut, aber sie schaffen es selbstverständlich auch, dass andere Menschen ihretwegen starke Wutgefühle entwickeln. In Beziehungen oder am Arbeitsplatz bringen sie durch ihr Verhalten andere Menschen immer wieder dazu, dass diese aus der Haut fahren. Häufig provozieren und manipulieren sie gezielt, um ihr Gegenüber zu verunsichern oder im schlechten Licht dastehen zu lassen. Ein Klassiker ist der Umgang mit Kindern in Familien: Der narzisstische Elternteil hetzt den anderen so gründlich gegen sie auf, dass dieser ganz entgegen seiner Absicht wütend wird und mit den Kindern zu schimpfen beginnt – und sich damit in die Rolle des Buhmanns drängen lässt. Der narzisstische Elternteil treibt auf diese Weise einen Keil zwischen den anderen Elternteil und die Kinder. Dies gelingt ihm auch, wenn er den anderen ständig dazu bringt, wütend auf ihn zu sein. Der manipulierte Elternteil wird so zum genervten, lauten, schimpfenden Störfaktor in der Familie – eine Quelle des Unfriedens und des Unglücklichseins, der scheinbar an allem, was in der Familie nicht funktioniert, schuld ist.

Wenn NarzisstInnen verlassen werden, kann ihre Wut grenzenlos sein. Es kommt leider immer wieder vor, dass sie die PartnerInnen, von denen sie verlassen werden, auch körperlich attackieren oder sie als → Stalker verfolgen.

Aber auch die Betroffenen erleben bei → Trennungen ein intensives Wechselbad der Gefühle, unter denen die Wut eine Hauptrolle spielt. Sie hadern mit ihrem Schicksal, das ihnen so viel Leid auferlegte. Sie sind wütend auf die narzisstische Person, die ihnen schweren Schaden zufügte, und ergehen sich in wilden Racheszenarien. Sie sehnen sich nach Genugtuung und sie haben das Gefühl, dass sich ihre Wut nur legen kann, wenn der narzisstische Mensch sie um Verzeihung bittet – was selbstverständlich nie geschehen wird. Sie sind aber auch wütend auf ihr → Umfeld, das ihnen nicht half, vielleicht auch nicht helfen konnte – und nicht zuletzt sind sie unglaublich wütend auf sich selbst, weil sie sich nicht helfen ließen, weil sie sich auf den narzisstischen Menschen einließen und den Missbrauch mit sich geschehen ließen. Und sie hassen sich selbst für ihre rasende Wut.

FALLBEISPIEL

Je länger unsere Beziehung andauerte, desto verärgerter reagierte A., wenn ich ihm widersprach oder etwas für mich durchsetzen wollte. Seine Wutanfälle wurden immer heftiger und kamen auch immer häufiger. Anfangs gingen nur Dinge zu Bruch, doch ab einem gewissen Zeitpunkt drohte er mir auch mit Schlägen. Ich wusste, dass er diese Drohung sicher irgendwann wahr machen würde. Ich konnte dem einfach nichts entgegensetzen und knickte regelrecht ein. Ich traute mich nicht mehr, eigenständig zu handeln oder eine Auseinandersetzung mit ihm zu führen, weil ich mich davor fürchtete, verletzt zu werden. Zum Schluss reichte nur ein bestimmter Blick, eine veränderte Körperhaltung oder eine Geste von ihm, dass ich mich in mich selbst verkroch. Aber ich schaffte es nicht, ihn zu verlassen, ich hatte einfach zu große Angst. Es dauerte lange, bis ich mich nach unserer Trennung wieder wie ein eigenständiger Mensch fühlte. Obwohl er mich verlassen hatte, hatte ich trotzdem weiterhin Angst vor seiner Wut. Es dauerte lange und bedurfte einer intensiven Therapie, bis ich diese Angst verarbeitet hatte.

Was tun?

Ständige, übermächtige, plötzliche, überraschende Aggressionen und Wutanfälle, die an ein Höllengewitter erinnern – wer narzisstischer Wut ausgesetzt ist, sollte handeln. Von ständigen lauten Beschimpfungen ist es bisweilen nur ein kleiner Schritt zu körperlichen Attacken. Überlegen Sie gut, ob Sie in Ihrer Partnerschaft dieser emotionalen Gewalt ausgesetzt sind und ob Ihnen sogar körperliche Gewalt drohen könnte. Und man kann es nicht oft genug wiederholen: Wenn Wutanfälle in körperlicher Gewalt enden, dann ist es für die Person, die sie erleiden muss, höchste Zeit, → Hilfe zu suchen und sich und ihre Kinder in Sicherheit zu bringen.

Vor allem in der Trennungsphase sollte man darauf gefasst sein, dass der verlassene narzisstische Expartner oder die Expartnerin extrem wütend ist. Nicht zuletzt deshalb sollten Sie sich an die Regel halten, keinen oder zumindest möglichst wenig → Kontakt mit ihm oder ihr zu halten. Stellen Sie sich auch darauf ein, dass wütende, gekränkte NarzisstInnen lieber zahllose → Prozesse führen, als sich mit ihren ExpartnerInnen gütlich zu einigen. Lassen Sie sich deshalb von Profis in allen Belangen helfen und wenden Sie sich auch an die Stellen, die unter den Stichwörtern »Finanzen und materieller Besitz«, »Gewalt« und »Hilfe« aufgelistet sind.

Wer nach der Trennung von einem narzisstischen Menschen von Wutgefühlen erschüttert wird, tut sich schwer, den Weg der → Heilung einzuschlagen. Es ist wichtig, diese Gefühle erst zuzulassen, sie aber dann loszulassen, um dem narzisstischen Menschen gegenüber völlig neutral zu werden. Dies ist ein entscheidender, wenn auch unglaublich schwerer Schritt.

Wer ständig selbst aggressiv ist, sollte überdenken, warum dies so ist. Narzisstische Menschen können einen so weit bringen, dass man sich hilflos und zornig fühlt und sich leider auch gegenüber anderen aggressiv verhält, sei es in der Familie, im Freundes- und Bekanntenkreis oder im beruflichen Umfeld. Beobachten Sie sich selbst und klären Sie die Ursache Ihre Wutgefühle gegebenenfalls im Rahmen einer → Therapie. Vielleicht werden Sie ja manipuliert.

Narzisstische KollegInnen können auch durch ihre Aggressivität eine Herausforderung sein. Versuchen Sie, sich so wenig wie möglich in Streitereien hineinziehen zu lassen und stets sachlich zu bleiben. Dokumentieren Sie alles und lassen Sie sich nicht einschüchtern. Wenn sich die Aggressivität zum → Mobbing auswächst, leiten Sie die erforderlichen Schritte ein.

Persönlicher Kommentar

Wenn Sie nach der charmanten, liebenswürdigen und faszinierenden Person suchen, die Sie einst getroffen haben: Hören Sie auf damit – es gab sie nie! Es hätte mir unglaublich geholfen, wenn ich diese Erkenntnis schon damals, während meiner Beziehung, gehabt hätte. Aber so ließ ich mir viele Jahre lang Aggressionen und verbale Gewalt antun in dem festen Glauben, dass diese gar nicht ernst zu nehmen und in den Griff zu bekommen sei. Ich suchte sehr, sehr lange, zu lange, jene Person, die mir anfänglich vorgegaukelt wurde. Ich hatte buchstäblich Schuppen vor den Augen!

Dank

Prof. Dr. Reinhard Haller für das Vorwort.

Franziska Pürstinger, Finanzexpertin, und Jennifer Koller, Versicherungsexpertin, München, für ihre überaus hilfreichen Ratschläge rund um das Thema Finanzen.

Dr. Ingrid Riedel, Zürich, für ihre Unterstützung beim Thema Gesundheit.

Lena Windmayer, M.A., Expertin für soziale Arbeit, München, für ihre sachkundigen Beiträge rund um die Themen Hilfe und Kinder.

Katharina Schuldner, MSc, Wien, für ihr Engagement, ein angepasstes Therapieprogramm für Betroffene zu entwickeln, die auf ihr vertieftes Verständnis von narzisstischem Missbrauch zählen können.

R., der über das Empfinden von narzisstisch missbrauchten Männern detailliert Auskunft gegeben hat.

Alle Betroffenen, die durch Rückmeldungen und Kommentare zum Inhalt dieses Buches aktiv beigetragen haben.

Ausgewählte Bibliografie

Beck, Svenja et al.: *Unglaublich, aber wahr … … … wir haben es erlebt*, Forchheim 2023

Celik, Monika: *Kaltes Herz. Narzisstischen Missbrauch überwinden*, Marbach 2018

Ehring, Thomas und Anke Ehlers: *Ratgeber Trauma und Posttraumatische Belastungsstörung. Informationen für Betroffene und Angehörige*, Göttingen 2012

Evans, Melanie Tonia: *Endlich frei! Ausstieg aus narzisstischen Beziehungen. Mit einem 10-Schritte-Programm*, München 2020

Gigerenzer, Gerd: *Bauchentscheidungen. Die Intelligenz des Unbewussten und die Macht der Intuition*, München 2007

Haller, Reinhard: *Die Narzissmusfalle. Anleitung zur Menschen- und Selbstkenntnis*, Salzburg 2013

Haller, Reinhard: *Die Macht der Kränkung*, Wals 2015

Hill, Louise: *Teufelskreis. Mein bitteres Leben mit dem Zuckerbäcker*, Gockhausen 2013

Hirigoyen, Marie-France: *Die Masken der Niedertracht*, 18. Auflage, München 2017

Kernberg, Otto: *Hass, Wut, Gewalt und Narzissmus*, Stuttgart 1976

McBride, Karyl: *Werde ich jemals gut genug sein? Heilung für Töchter narzisstischer Mütter*, Lichtenau 2017

Merzeder, Christine: *Wie schleichendes Gift. Narzisstischen Missbrauch in Beziehungen überleben und heilen,* München 2015

Mitterer, Renate Apollonia: *Narzissmus überlebt,* story one 2023

Morschitzky, Hans und Sigrid Sator: *Die zehn Gesichter der Angst. Ein Selbsthilfe-Programm in 7 Schritten,* München 2015

Rankin, Lissa: *Mind over Medicine. Warum Gedanken oft stärker sind als Medizin. Wissenschaftliche Beweise für die Selbstheilungskraft,* München 2014

Reddemann, Luise: *Imagination als heilsame Kraft. Ressourcen und Mitgefühl in der Behandlung von Traumafolgen,* 20. Auflage, Stuttgart 2017

Rosenberg, Marshall B.: *Gewaltfreie Kommunikation. Eine Sprache des Lebens,* Paderborn 2015

Teuschel, Peter: *Mobbing. Dynamik – Verlauf – gesundheitliche und soziale Folgen,* Stuttgart 2009

Vaknin, Sam: *Malignant Self Love – Narcissism Revisited,* Prag 2007

Van der Kolk, Bessel: *Verkörperter Schrecken. Traumaspuren in Gehirn, Geist und Körper und wie man sie heilen kann.* Lichtenau 2015

Wardetzki, Bärbel: *Weiblicher Narzissmus,* München 2012

Filme

»Narcissist – The Movie« (2014 von Eric Casaccio, Kurzfilm über Narzissmus in einer homosexuellen Beziehung; Informationen unter www.narcissistthemovie.com)

Sam Vaknin, diverse Filme. Auf YouTube unter dem Stichwort »Sam Vaknin« zu finden

»The LoVe of my Life, me.« (2024 von Akhila D. Kotowski. Dokufiktion über den Weg aus einer narzisstischen Missbrauchsbeziehung. Informationen unter https://www.facebook.com/the.love.of.my.life.me/)

Einmal Hölle und zurück: narzisstischen Missbrauch überwinden

Narzisstischer Missbrauch kann genauso katastrophal sein wie physische Gewalt – und kommt weitaus häufiger vor. Narzissten benutzen andere Menschen als Energiequelle, um die eigene innere Leere aufzufüllen. Die Beziehung mit ihnen ist wie schleichendes Gift, das seine Opfer langsam zerstört. Christine Merzeder, selbst ehemalige Betroffene, beschreibt Auswege aus narzisstischem Missbrauch, besonders in Paarbeziehungen. Ihr Buch ist eine Überlebenshilfe für Betroffene, die auf ihrem eigenen Erleben und den Erfahrungen mit dem Narcissistic Abuse Recovery Program (NARP) basiert.

www.scorpio-verlag.de

SCORPIO

Klappenbroschur, 208 Seiten · ISBN 978-3-95803-549-2